COMPROMETIDA

OBJETIVA

ELIZABETH GILBERT

COMPROMETIDA

UMA HISTÓRIA DE AMOR

Tradução
Beatriz Medina

OBJETIVA

EDITORA OBJETIVA LTDA. Rua Cosme Velho, 103
Rio de Janeiro — RJ — CEP: 22241-090
Tel.: (21) 2199-7824 — Fax: (21) 2199-7825
www.objetiva.com.br

Título original
Committed: a Skeptic Makes Peace with Marriage

Capa
Andrea Vilela de Almeida

Imagem de capa
© Mike Kemp / Getty Images

Revisão
Rafaella Lemos
Joana Milli
Tamara Sender

Editoração eletrônica
Abreu's System

CIP-BRASIL. CATALOGAÇÃO-NA-FONTE
SINDICATO NACIONAL DOS EDITORES DE LIVROS, RJ

G393c

Gilbert, Elizabeth
Comprometida : uma história de amor / Elizabeth Gilbert ; tradução Beatriz Medina. - Rio de Janeiro : Objetiva, 2010.

236p. ISBN 978-85-390-0076-0
Tradução de: *Committed : a skeptic makes peace with marriage*

1. Gilbert, Elizabeth, 1969-. 2. Casamento. 3. Mulheres - Guias de experiência de vida. I. Título.

10-2273 CDD: 306.8
CDU: 392.3

Para J. L. N. — o meu coroa

Não há risco maior que o matrimônio.
Mas nada é mais feliz do que um casamento feliz.

Benjamin Disraeli, 1870,
numa carta a Louise, filha da rainha Vitória,
cumprimentando-a pelo noivado

Sumário

Nota ao leitor

Há alguns anos, escrevi um livro chamado *Comer, Rezar, Amar* que contava a história da viagem que fiz pelo mundo, sozinha, depois de um divórcio horrível. Estava com 30 e poucos anos quando o escrevi, e tudo a respeito dele constituiu uma enorme mudança minha como escritora. Antes de *Comer, Rezar, Amar*, eu era conhecida nos círculos literários (se é que era conhecida) como uma mulher que escrevia predominantemente para e sobre homens. Trabalhei anos como jornalista em revistas como *GQ* e *Spin*, voltadas para o público masculino, e usava essas páginas para examinar a masculinidade de todos os ângulos possíveis. Do mesmo modo, os protagonistas dos meus três primeiros livros (de ficção e não ficção) eram todos personagens supermachos: caubóis, pescadores de lagostas, caçadores, caminhoneiros, sindicalistas do setor de transportes, lenhadores...

Naquela época, me diziam que eu escrevia como homem. Acontece que não sei direito o que significa escrever "como homem", mas acredito que, em geral, seja elogio. Sem dúvida, na época entendi como elogio. Numa reportagem da *GQ*, cheguei a me fazer de homem durante uma semana. Cortei o cabelo, achatei os seios, enfiei na calça uma camisinha cheia de alpiste e colei uma mosca debaixo do lábio inferior, tudo na tentativa de viver e compreender, de certa forma, os mistérios sedutores da masculinidade.

Aqui eu deveria acrescentar que a minha fixação em homens também chegava à vida privada. Muitas vezes isso causou complicações.

Não; isso *sempre* causou complicações.

Entre os rolos românticos e as obsessões profissionais, fiquei tão concentrada no tema da masculinidade que nunca passei um segundo sequer pensando no tema da feminilidade. Sem dúvida, nunca passei um segundo sequer pensando na *minha* feminilidade. Por essa razão, assim como por uma indiferença generalizada para com o meu bem-estar, nunca me familiarizei muito comigo mesma. Assim, quando uma onda enorme de depressão finalmente me atingiu por volta dos 30 anos, não consegui entender nem articular o que estava acontecendo comigo. O meu corpo desmoronou primeiro, depois o casamento e, então, durante um intervalo terrível e assustador, a minha mente. A dureza masculina não serviu de consolo nessa situação; a única maneira de sair do labirinto emocional foi tatear até achar o caminho. Divorciada, infeliz e sozinha, deixei tudo para trás e parti para um ano de viagem e introspecção, com a intenção de me examinar com a mesma atenção com que já estudara o arisco caubói americano.

Então, por ser escritora, escrevi um livro a respeito.

Então, porque às vezes a vida é estranhíssima, esse livro se transformou num hipermega best-seller internacional e, de repente, depois de uma década escrevendo exclusivamente sobre homens e masculinidade, passei a ser chamada de escritora *chick-lit*. Mais uma vez, não sei direito o que significa "*chick-lit*", mas tenho quase certeza de que nunca foi elogio.

Seja como for, agora todos me perguntam o tempo todo se eu sabia que isso ia acontecer. Querem saber se, quando escrevi *Comer, Rezar, Amar*, consegui prever que o livro se transformaria naquilo. Não. Não havia a mínima possibilidade de prever nem de planejar uma reação tão avassaladora. Quando escrevi o livro esperava, no mínimo, ser perdoada por escrever memórias. É verdade que eu só tinha um punhado de leitores, mas eram leitores leais e sempre gostaram da moça valente que escrevia histórias realistas sobre homens masculinos que faziam coisas masculinas. Não previa que esses leitores fossem gostar de uma crônica bastante emocional, em primeira pessoa, sobre a busca de uma mulher divorciada pela cura psicoespiritual. No entanto, esperei que fossem generosos a ponto de entender que precisei escrever aquele livro por razões pessoais, e talvez todos o deixassem para lá e depois pudéssemos todos seguir vivendo.

Não foi assim que aconteceu.

(E só para ser clara: o livro que você tem nas mãos também não é uma história realista sobre homens masculinos fazendo coisas masculinas. Nunca diga que não foi avisado!)

Outra pergunta que todo mundo me faz o tempo todo hoje em dia é como *Comer, Rezar, Amar* mudou a minha vida. Essa é difícil de responder, porque o alcance foi imenso. Uma analogia útil da minha infância: certa vez, quando pequena, os meus pais me levaram ao Museu Americano de História Natural, em Nova York. Ficamos lá juntos no Salão dos Oceanos. O meu pai apontou para o teto, para o modelo em tamanho natural da grande baleia azul, que pendia suspenso sobre a nossa cabeça. Ele tentou me fazer entender o tamanho dessa criatura descomunal, mas eu não conseguia ver a baleia. Veja bem, eu estava bem embaixo e olhava diretamente para ela lá em cima, mas não consegui absorver a baleia. A minha cabeça não tinha mecanismos para compreender uma coisa tão grande. Só consegui ver o teto azul e o deslumbre no rosto de todo mundo (era óbvio que alguma coisa empolgante estava acontecendo!), mas não conseguia compreender a baleia propriamente dita.

Às vezes, é assim que me sinto com *Comer, Rezar, Amar*. A trajetória desse livro chegou a um ponto em que eu não conseguia mais absorver as suas dimensões com sanidade, e aí desisti de tentar e voltei a minha atenção para outros objetivos. Cultivar uma horta ajudou; não há nada melhor do que catar caramujos dos tomateiros para entender melhor as coisas.

Dito isso, senti uma certa perplexidade ao tentar imaginar se, depois desse fenômeno, eu conseguiria voltar a escrever sem constrangimento. Não que eu queira fingir saudade da obscuridade literária, mas no passado sempre escrevi os meus livros achando que quase ninguém os leria. É claro que saber disso quase sempre me deixava deprimida. Entretanto, de um jeito importantíssimo, era um conforto: se eu me humilhasse demais, pelo menos não haveria muitas testemunhas. Seja como for, agora a questão era supérflua: de repente, eu tinha milhões de leitores esperando o próximo projeto. Como é que se consegue escrever um livro que satisfaça milhões de pessoas? Eu não queria bajular, mas também não queria desprezar de uma vez só toda essa maioria inteligente e apaixonada de leitores, não depois de tudo o que passamos juntos.

Sem saber como agir, agi de qualquer jeito. No decorrer de um ano, escrevi todo o primeiro esboço deste livro aqui — 500 páginas —, mas, quando terminei, percebi na mesma hora que havia algo errado. A voz não parecia minha. A voz não parecia de ninguém. Parecia uma voz maltraduzida saída de um megafone. Deixei o manuscrito de lado para nunca mais ser visto e voltei para a horta, para mais um pouco de cavucação, cutucação e ponderação contemplativa.

Aqui quero deixar claro que não foi exatamente uma *crise*, um período em que não conseguia imaginar como escrever — ou, pelo menos, em que não conseguia imaginar como escrever com naturalidade. Fora isso, a vida estava muito boa, e eu, tão grata pela satisfação pessoal e pelo sucesso profissional que não ia transformar em calamidade esse quebra-cabeça específico. Mas não há dúvida de que era um quebra-cabeça. Cheguei a pensar que a minha carreira de escritora talvez tivesse acabado. Não ser mais escritora não parecia o pior destino do mundo, se é que era mesmo o meu destino, mas, francamente, eu ainda não sabia. Só vou dizer que tive de passar muito mais horas no canteiro de tomates para destrinchar essa coisa.

No final, senti um certo alívio quando admiti que não poderia — *não posso* — escrever um livro que satisfaça milhões de leitores. Pelo menos, não de propósito. O fato é que não sei escrever por encomenda um best-seller adorado. Se soubesse escrever por encomenda best-sellers adorados, posso garantir que os escreveria o tempo todo, porque desse modo há muito tempo a minha vida seria muito mais fácil e confortável. Mas não é assim que funciona, pelo menos não com escritores como eu. Só escrevemos os livros que precisamos escrever, ou conseguimos escrever, e depois temos de libertá-los, admitindo que o que vai lhes acontecer depois não é da nossa conta.

Por um monte de razões pessoais, portanto, o livro que eu precisava escrever era exatamente *este*: mais um livro de memórias (com partes sócio-históricas como bônus extra!) sobre o meu esforço para fazer as pazes com a instituição complicada do casamento. Nunca pus o assunto em dúvida; só que, por algum tempo, tive dificuldade de encontrar a minha voz. Finalmente, descobri que o único jeito de voltar a escrever era limitar imensamente, pelo menos na minha imaginação, o número de pessoas *para quem* escreveria. Então, comecei tudo de novo. E não escrevi esta versão de *Comprometida* para milhões de leitores. Em vez disso, escrevi para exatas 27 leitoras. Para ser bem clara, eis os nomes dessas 27 leitoras: Maude, Carole, Catherine, Ann, Darcey, Deborah, Susan, Sofie, Cree, Cat, Abby, Linda, Bernadette, Jen, Jana, Sheryl, Rayya, Iva, Erica, Nichelle, Sandy, Anne, Patricia, Tara, Laura, Sarah e Margaret.

Essas 27 mulheres compõem o meu círculo pequeno mas importantíssimo de amigas, parentas e vizinhas. A idade varia de 20 e poucos a 90 e poucos anos. Uma delas, por acaso, é minha avó; outra é minha enteada. Uma é a minha amiga mais antiga; outra, a mais nova. Uma é recém-casada; duas, mais ou menos, querem muito se casar; algumas se casaram de novo recentemente; uma, em particular, é indizivelmente grata por nunca ter se casado; outra acabou de encerrar uma década de relacionamento com uma mulher. Sete são mães; duas (enquanto escrevo) estão grávidas; o resto, por várias razões e com vários sentimentos a respeito, não tem filhos. Algumas são donas de casa; outras, profissionais liberais; poucas, benza Deus, são donas de casa *e* profissionais. A maioria é branca; algumas são negras; duas nasceram no Oriente

Médio; uma é escandinava; duas são australianas; uma é sul-americana; outra, do sul dos Estados Unidos. Três são devotamente religiosas; cinco não têm o mínimo interesse por questões de divindade; a maioria mostra certa perplexidade espiritual; as outras, de algum jeito, com o passar do tempo, fizeram com Deus os seus acordos particulares. Todas essas mulheres têm um senso de humor acima da média. Todas elas, em algum momento da vida, sofreram perdas terríveis.

Durante muitos anos, durante muitas xícaras de chá e muitos drinques, sentei-me com uma ou outra dessas almas queridas e devaneei em voz alta sobre questões de casamento, intimidade, sexualidade, divórcio, fidelidade, família, responsabilidade e autonomia. Este livro foi construído sobre as vigas dessas conversas. Enquanto montava as várias páginas desta história, eu me via falando literalmente em voz alta com essas amigas, parentas e vizinhas, respondendo perguntas que às vezes tinham décadas ou fazendo perguntas novas só minhas. Este livro jamais existiria sem a influência dessas 27 mulheres extraordinárias, e sou gratíssima a elas pela presença coletiva. Como sempre, foi uma aula e um alívio tê-las aqui na sala.

ELIZABETH GILBERT
Nova Jersey, 2009

CAPÍTULO UM

Casamento e surpresas

O CASAMENTO É UMA AMIZADE RECONHECIDA PELA POLÍCIA.

Robert Louis Stevenson

Em 2006, num fim de tarde de verão, eu me encontrava numa pequena aldeia do norte do Vietnã, sentada junto ao fogo fuliginoso de uma cozinha com várias mulheres locais, cujo idioma não sei falar, tentando lhes fazer perguntas sobre casamento.

Já havia vários meses eu viajava pelo sudeste da Ásia com um homem que logo se tornaria meu marido. Suponho que o nome convencional de um indivíduo desses seja "noivo", mas nenhum de nós gostava muito dessa palavra e, por isso, não a usávamos. Na verdade, nenhum de nós gostava muito dessa ideia de matrimônio como um todo. O casamento nunca tinha passado pelos nossos planos em comum nem era coisa que quiséssemos. Mas a providência interferiu nos nossos planos, e por isso agora perambulávamos ao acaso no Vietnã, na Tailândia, no Laos, no Camboja e na Indonésia, tomando providências urgentes e até desesperadas para voltar aos Estados Unidos e nos casar.

Nessa época, o homem em questão era meu amante, meu namorado, havia mais de dois anos, e nestas páginas vou chamá-lo de Felipe. Felipe é um cavalheiro brasileiro gentil e afetuoso, 17 anos mais velho do que eu, que conheci em outra viagem (uma viagem planejada de verdade) que fiz pelo mundo, alguns anos antes, na tentativa de remendar um coração gravemente partido. Perto do fim da viagem, encontrei Felipe, que havia anos morava sozinho e tranquilo em Bali, cuidando do seu coração partido. O que veio em seguida foi atração, depois uma lenta corte e, finalmente, para nosso espanto mútuo, amor.

A nossa resistência ao casamento na época nada tinha a ver com ausência de amor. Ao contrário, Felipe e eu nos amávamos sem reservas. Fazer todo tipo de promessa de ficarmos juntos e sermos fiéis para sempre nos satisfazia. Já tínhamos até jurado fidelidade vitalícia um ao outro, embora em particular. O problema é que éramos sobreviventes de divórcios difíceis, e a experiência nos deixou tão feridos que bastava a ideia de um casamento formal — com *qualquer pessoa*, mesmo com pessoas tão legais como nós dois — para provocar uma sensação pesada de pavor.

Em geral, é claro que a maioria dos divórcios é bem difícil (Rebecca West observou que "quase sempre, divorciar-se é uma ocupação tão alegre e útil quanto quebrar louças muito valiosas"), e os nossos não foram exceção. Na poderosa Escala Cósmica de Ruindade do Divórcio, que vai de um a dez (na qual um é igual a uma separação amigável e dez é... digamos, uma verdadeira pena capital), provavelmente eu daria ao meu a nota 7,5. Não houve suicídios nem homicídios, mas fora isso o rompimento foi um processo dos mais feios possíveis entre duas pessoas bem-educadas. E se arrastou durante mais de dois anos.

Quanto a Felipe, seu primeiro casamento (com uma profissional liberal australiana inteligente) terminara quase uma década antes de nos conhecermos em Bali. Na época, o divórcio se desenrolara bastante bem, mas perder a mulher (e, junto com ela, o acesso à casa, aos filhos e a quase duas décadas de história) deixara a esse homem bom uma herança de tristeza duradoura, com ênfase especial no arrependimento, no isolamento e na ansiedade econômica.

Assim, a nossa experiência nos deixara exauridos, perturbados e com firme desconfiança diante das alegrias do sagrado matrimônio. Como todos os que já passaram pelo vale das sombras do divórcio, Felipe e eu tínhamos aprendido em primeira mão a seguinte verdade desagradável: toda intimidade traz consigo, escondidos sob a superfície adorável do início, os mecanismos sempre engatilhados da catástrofe total. Já tínhamos aprendido que o casamento é um terreno no qual é muito mais fácil entrar do que sair. Sem as restrições da lei, o amante não casado pode sair do mau relacionamento a qualquer momento. Mas o casado legalmente que quiser escapar do amor infeliz logo descobre que uma parcela significativa do contrato de casamento pertence ao Estado e que, às vezes, demora muito para o Estado lhe dar permissão de partir. Portanto, é bem possível ficar preso durante meses e até anos numa união legal sem amor que mais se parece com um prédio em chamas. Um prédio em chamas onde você, amigo, está algemado a um aquecedor em algum ponto do porão, incapaz de se soltar, enquanto a fumaça sobe em nuvens e as vigas vêm caindo...

Desculpe; será que tudo isso soa pouco entusiástico?

Só exponho esses pensamentos desagradáveis para explicar por que Felipe e eu fizemos um pacto bastante incomum desde o início da nossa história de amor. Juramos, de todo o coração, nunca, jamais, em nenhuma circunstância, nos casar. Chegamos até a prometer nunca misturar as nossas finanças nem o nosso patrimônio terreno, para evitar o possível pesadelo de, mais uma vez, ter de desenterrar a reserva de munição pessoal e explosiva de hipotecas, escrituras, propriedades, contas bancárias, eletrodomésticos e livros favoritos em comum. Depois de feitas essas devidas promessas, avançamos com uma verdadeira sensação de calma nesse companheirismo cuidadosamente dividido. Afinal, assim como o compromisso do noivado dá a tantos outros casais uma sensação envolvente de proteção, o nosso voto de *nunca* nos casar nos cobriu com a segurança emocional necessária para experimentarmos o amor mais uma vez. E esse nosso pacto, conscientemente privado de compromisso oficial, parecia milagroso com sua libertação. Foi como se tivéssemos encontrado o Caminho Marítimo para as Índias da Intimidade Perfeita, algo que, como escreveu Gabriel García Márquez, "lembrava o amor, mas sem os problemas do amor".

E foi isso que passamos a fazer até a primavera de 2006: cuidar da nossa vida, construir juntos, com irrestrito contentamento, uma vida delicadamente dividida. E poderíamos continuar a viver assim, felizes para sempre, se não fosse uma interferência muitíssimo inconveniente.

O Departamento de Segurança Interna dos Estados Unidos se envolveu.

O problema era que Felipe e eu, embora tivéssemos muitas semelhanças e graças, não tínhamos a mesma nacionalidade. Ele era um brasileiro com cidadania australiana que, quando nos conhecemos, morava principalmente na Indonésia. Eu era uma americana que, fora as minhas viagens, morava principalmente na costa leste dos Estados Unidos. A princípio, não prevíamos nenhum problema na nossa história de amor sem pátria, embora, em retrospecto, talvez desse para antever as complicações. Como diz o velho ditado: um peixe e um passarinho podem até se apaixonar, mas vão morar onde? Achamos que a solução desse dilema era nós dois sermos viajantes hábeis (eu, um pássaro que sabia mergulhar; Felipe, um peixe que sabia voar) e, pelo menos durante o nosso primeiro ano juntos, vivemos praticamente no ar, mergulhando e sobrevoando oceanos e continentes para ficarmos juntos.

Felizmente, a nossa vida profissional facilitou esse sistema livre, leve e solto. Como escritora, posso levar o meu trabalho comigo para qualquer lugar. Como joalheiro e importador de pedras preciosas que vendia as suas mercadorias nos Estados Unidos, Felipe vivia sempre viajando mesmo. Só precisaríamos coordenar a nossa locomoção. Assim, eu ia para Bali; ele vinha para os Estados Unidos; íamos ambos para o Brasil; voltávamos a nos encontrar em Sydney. Aceitei um emprego temporário como professora de criação literária na Universidade do Tennessee e, durante alguns meses esquisitos, moramos juntos no quarto de um velho hotel decadente em Knoxville. (Aliás, recomendo *esse* modo de viver para quem quiser testar o nível real de compatibilidade num relacionamento novo.)

Vivíamos em ritmo *staccato*, ao sabor dos acontecimentos, juntos na maior parte do tempo, mas sempre em trânsito, como num estranho programa internacional de proteção a testemunhas. A nossa relação, embora estabilizadora e tranquila no nível pessoal, era um desafio logístico constante e, com tantas viagens aéreas internacionais, absurdamente cara. Também provocava abalos psicológicos. A cada reunião, eu e Felipe tínhamos de aprender tudo de novo um sobre o outro. Havia sempre aquele momento nervoso no aeroporto em que eu ficava lá esperando que ele chegasse e me perguntava: *Será que ainda o conheço? Será que ele ainda me conhece?* Então, depois do primeiro ano, começamos a querer algo mais estável, e foi Felipe quem deu o grande passo. Abrindo mão da cabana modesta mas adorável em Bali, mudou-se comigo para uma casinha minúscula que eu alugara recentemente nos arredores da Filadélfia.

Embora a troca de Bali pelo subúrbio da Filadélfia talvez pareça uma escolha singular, Felipe jurou que se cansara havia muito tempo da vida nos trópicos. Queixava-se de que viver em Bali era fácil demais, porque cada dia era uma réplica agradável e tediosa da véspera. Insistiu que já sonhava em partir havia tempos, antes mesmo de me conhecer. Agora, para quem nunca morou no paraíso deve ser impossível entender como alguém se entedia com ele (eu mesma acho a ideia meio maluca), mas, com o passar dos anos, Bali, a terra dos sonhos, passou mesmo a ser de uma chatice insuportável para Felipe. Nunca esquecerei uma das últimas noites encantadoras que passamos juntos na sua casinha, sentados ao ar livre, descalços, com a pele orvalhada pelo ar quente de novembro, tomando vinho e observando o mar de constelações a cintilar sobre os arrozais. Enquanto o vento perfumado fazia as palmeiras farfalharem e a música de uma cerimônia num templo distante flutuava na brisa, Felipe me olhou, suspirou e disse, sem rodeios: "Não aguento mais essa merda. Não vejo a hora de voltar para a Filadélfia."

Assim, devidamente, levantamos acampamento para a Filadélfia (cidade do amor fraterno, como diz o lema oficial? Dos buracos fraternos, isso sim)! O fato é que nós dois gostávamos bastante de lá. A casinha alugada ficava perto de minha irmã e da família dela, cuja proximidade, com o passar dos anos, se tornara vital para eu me sentir feliz, e isso trouxe intimidade. Além do mais, depois de todos os nossos anos conjuntos de viagem para lugares distantes, era bom e até revitalizador morar nos Estados Unidos, país que, apesar das falhas, ainda era *interessante* para nós dois: um lugar rápido, multicultural, sempre evoluindo, doido de tão contraditório, desafiador em termos criativos e, basicamente, vivo.

Lá na Filadélfia, então, eu e Felipe montamos o nosso quartel-general e praticamos, com sucesso encorajador, as nossas primeiras sessões reais de domesticidade em comum. Ele vendia joias; eu trabalhava em projetos que me obrigavam a ficar num lugar só e pesquisar para escrever. Ele cozinhava; eu cuidava do gramado; de vez em quando, um de nós ligava o aspirador de pó. Funcionávamos bem juntos na mesma casa, dividindo as tarefas diárias sem briga. Passamos a nos sentir ambiciosos, produtivos e otimistas. A vida era boa.

Mas esses intervalos de estabilidade nunca duravam muito. Devido às restrições do visto de Felipe, três meses era o máximo que podia ficar legalmente nos Estados Unidos; em seguida, tinha de passar algum tempo em outro país. Assim, lá voava ele, e eu ficava sozinha com os meus livros e vizinhos enquanto ele estava fora. Então, dali a algumas semanas, ele voltava aos Estados Unidos com outro visto de noventa dias e recomeçávamos a nossa vida doméstica conjunta. A comprovação da cautela que tínhamos com os compromissos de longo prazo é que esses bocados de noventa dias nos pareciam quase perfeitos: era o volume exato de planejamento futuro que dois trêmulos sobreviventes de divórcios conseguiam aceitar sem se sentir muito ameaçados. E às vezes, quando o meu cronograma permitia, eu me unia a ele nesses passeios fora do país para renovar o visto.

Isso explica por que certo dia voltamos juntos aos Estados Unidos de uma viagem de negócios ao exterior e pousamos — devido à peculiaridade das passagens baratas e da conexão que tínhamos de fazer — no Aeroporto Internacional de Dallas/Fort Worth. Passei primeiro pela Imigração, seguindo rapidamente pela fila dos meus concidadãos americanos repatriados. Do outro lado, esperei Felipe, que estava no meio de uma longa fila de estrangeiros. Vi quando se aproximou do funcionário da Imigração, que estudou atentamente o passaporte australiano de Felipe, grosso como uma bíblia, examinando cada página, cada marcação, cada holograma. Normalmente, não eram tão observadores, e fiquei nervosa com o tempo que aquilo estava levando. Olhei e aguardei, à espera daquele som importantíssimo de toda travessia de fronteira bem-sucedida: aquele *tump* grosso, sólido e bibliotecário do carimbo de boas-vindas do visto de entrada. Mas ele não veio nunca.

Em vez disso, o funcionário da Imigração pegou o telefone e fez uma ligação silenciosa. Momentos depois, um policial com a farda do Departamento de Segurança Interna dos Estados Unidos chegou e levou o meu amor embora.

Os homens fardados do aeroporto de Dallas interrogaram Felipe durante seis horas. Durante seis horas, proibida de vê-lo e de fazer perguntas, fiquei sentada ali, na sala de espera da Segurança Interna: um espaço insípido, com luz fluorescente, cheio de gente apreensiva do mundo inteiro, todos nós igualmente rígidos de medo. Eu nem imaginava o que estavam fazendo com Felipe lá dentro nem o que lhe perguntavam. Sabia que ele não tinha desobedecido a nenhuma lei, mas isso não era tão confortador assim. Estávamos nos últimos anos do governo do presidente George W. Bush: não era um momento tranquilo da história para ter o namorado estrangeiro mantido sob a custódia do governo. Tentei me acalmar com a famosa oração da mística Juliana de Norwich, do século XIV ("Tudo dará certo, e tudo dará certo, e todo tipo de coisa dará certo"), mas não acreditei numa só palavra. Nada estava dando certo. Nenhum tipo de coisa estava dando certo.

De vez em quando, me levantava da cadeira de plástico e tentava obter mais informações com o funcionário da Imigração atrás do vidro à prova de balas. Mas ele ignorava os meus apelos e recitava sempre a mesma resposta: "Senhorita, quando tivermos alguma coisa a lhe dizer sobre o seu namorado, avisamos." Numa situação dessas, se me permitem, talvez não haja palavra de som mais fraco do que *namorado*. A maneira desdenhosa com que o funcionário pronunciava essa palavra mostrava a pouca importância que dava ao meu relacionamento. Por que diabos um funcionário do governo deveria dar informações sobre um mero *namorado*? Queria me explicar com o funcionário da imigração, dizer "ouça aqui, o homem que vocês estão mantendo aí dentro é muito mais importante para mim do que você jamais conseguiria imaginar". Mas, mesmo no meu estado de aflição, duvido que isso adiantasse alguma coisa. No mínimo, tive medo de forçar demais a barra e causar repercussões desagradáveis lá onde Felipe estava e, assim, indefesa, me segurei. Só agora me ocorre que eu deveria ter dado um jeito de chamar um advogado. Mas não tinha celular, não queria abandonar o posto na sala de espera e não conhecia nenhum advogado em Dallas, e ainda por cima era uma tarde de domingo: quem eu conseguiria encontrar?

Finalmente, seis horas depois, veio um guarda e me levou pelos corredores, por um labirinto de mistérios burocráticos, até uma salinha mal iluminada onde Felipe estava sentado com o agente da Segurança Interna que o interrogara. Ambos pareciam igualmente cansados, mas só um deles era *meu* — o meu amado, para mim o rosto mais conhecido do mundo. Vê-lo naquele estado fez o meu peito doer de saudade. Queria tocá-lo, mas senti que não seria permitido e fiquei ali de pé.

Felipe me sorriu com fadiga e disse:

— Querida, a nossa vida está prestes a ficar muito mais interessante.

Antes que eu pudesse responder, o agente do interrogatório assumiu rapidamente o controle da situação e de todas as explicações:

— Madame — disse —, chamamos a senhora aqui para explicar que não permitiremos mais que o seu namorado entre nos Estados Unidos. Ele ficará preso até arranjarmos um avião que o leve de volta para a Austrália, já que tem passaporte australiano. Depois disso, não poderá mais voltar aos Estados Unidos.

A minha primeira reação foi física. Foi como se todo o sangue do meu corpo se evaporasse no mesmo instante e, por um segundo, os olhos se recusaram a entrar em foco. Então, no momento seguinte, a minha cabeça entrou em ação. Repassei acelerada um resumo rápido dessa crise grave e súbita. Desde muito antes de nos conhecermos, Felipe ganhava a vida nos Estados Unidos e visitava o país várias vezes por ano em estadas curtas, importando legalmente pedras preciosas e joias do Brasil e da Indonésia para vender no mercado americano. Os Estados Unidos sempre receberam bem empresários internacionais como ele, pois trazem para o país mercadorias, dinheiro e comércio. Em troca, Felipe prosperou nos Estados Unidos. Pagou os estudos dos filhos (hoje adultos) nas melhores escolas particulares da Austrália com a renda que havia décadas obtinha nos Estados Unidos. Os Estados Unidos eram o centro de sua vida profissional, muito embora nunca tivesse morado lá até recentemente. Mas todo o seu estoque ficava ali, todos os seus contatos estavam ali. Se nunca mais pudesse voltar aos Estados Unidos, o seu meio de vida estava efetivamente destruído. Isso sem falar que eu morava ali nos Estados Unidos e que Felipe queria ficar comigo e que, devido à minha família e ao meu trabalho, eu sempre quisera continuar estabelecida nos EUA. E Felipe também passara a fazer parte da minha família. Fora integralmente adotado por meus pais, minha irmã, meus amigos, meu mundo. E como continuaríamos a viver juntos se ele fosse banido para sempre? O que faríamos? ("*Onde eu e você dormiremos?*", diz a letra de uma lamentosa canção de amor dos índios wintus. "*Na orla recortada e pendente do céu? Onde eu e você dormiremos?*")

— Com base em quê vão deportá-lo? — perguntei ao agente da Segurança Interna, tentando soar autoritária.

— Estritamente falando, madame, não é uma deportação. — Ao contrário de mim, o agente não precisava soar autoritário; nele, isso era natural. — Só estamos lhe recusando a permissão de entrar nos Estados Unidos, com base em que visitou o país com demasiada frequência no ano passado. Ele nunca ultrapassou o tempo permitido nos vistos, mas, com tantas idas e vindas, parece que ele mora com a senhora na Filadélfia durante períodos de três meses e depois sai do país só para voltar logo depois. — Isso seria difícil negar, já que era exatamente o que Felipe vinha fazendo.

— Isso é crime? — perguntei.

— Não exatamente.

— Não ou não exatamente?

— Não, madame, não é crime. É por isso que não vamos prendê-lo. Mas a concessão de vistos de três meses que o governo dos Estados Unidos oferece aos cidadãos de países amigos não foi feita para visitas consecutivas infinitas.

— Mas não sabíamos disso — disse eu.

Nisso, Felipe entrou na conversa.

— Na verdade, senhor, certa vez um agente da Imigração de Nova York nos disse que eu poderia visitar os Estados Unidos quantas vezes quisesse, desde que nunca ultrapassasse os noventa dias de validade do visto.

— Não sei quem lhe disse isso, mas não é verdade. — Ouvir o agente dizer isso me lembrou de um aviso que Felipe me fizera certa vez sobre a travessia de fronteiras internacionais: "Nunca leve na brincadeira, querida. Lembre-se sempre de que algum dia, por qualquer razão que seja, algum guarda de fronteira do mundo pode decidir que não quer deixar você entrar."

— O que o senhor faria agora, se estivesse na nossa situação? — perguntei. Essa é uma técnica que, com o tempo, aprendi a usar sempre que me vejo num impasse com um funcionário indiferente do atendimento ao cliente ou um burocrata apático. Fazer esse tipo de pergunta estimula a pessoa que detém todo o poder a parar um instante e se pôr no lugar de quem está impotente. É um apelo sutil à empatia. Às vezes ajuda. Na maioria das vezes, para ser honesta, não adianta nada. Mas ali eu estava disposta a tentar tudo.

— Bom, se o seu namorado pretende voltar aos Estados Unidos, vai precisar arranjar um visto melhor e mais permanente. Se eu fosse a senhora, tentaria lhe conseguir isso.

— Então está bem — disse eu. — Qual é a maneira mais rápida de conseguirmos um visto melhor e mais permanente para ele?

O agente da Segurança Interna olhou Felipe, depois me olhou, depois olhou Felipe outra vez.

— Honestamente? — perguntou. — Vocês dois precisam se casar.

Quase deu para ouvir o meu coração afundar. Do outro lado da salinha, consegui sentir o coração de Felipe se afundar com o meu, numa queda livre total e sincronizada.

Em retrospecto, parece inacreditável que essa proposta nos pegasse de surpresa. Céus, será que eu nunca tinha ouvido falar de casamentos para tirar o *green card*? Talvez também pareça inacreditável que, dada a natureza urgente das circunstâncias, a sugestão do matrimônio me causasse angústia em vez de alívio. Quer dizer, pelo menos tínhamos uma opção, não é? Mas a proposta me pegou de surpresa. E doeu. Eu tinha expulsado tão completamente a noção de casamento da minha psique que ouvir a ideia dita agora em voz alta foi um choque. Fiquei me sentindo arrasada, pega de surpresa, pesada, expulsa de algum aspecto fundamental do meu ser, e mais do que tudo, me senti *pega*. Senti que ambos tínhamos sido pegos. O peixe voador e o pássaro mergulhão tinham caído na rede. E a minha ingenuidade, não pela primeira vez na vida, confesso, me atingiu na cara como uma toalha molhada: *por que fui tão boba a ponto de imaginar que conseguiríamos levar a vida que queríamos para sempre?*

Ninguém disse nada por algum tempo até que o agente da Segurança Interna, vendo as nossas caras silenciosas de condenados, perguntou:

— Me desculpem, mas qual é o problema dessa ideia?

Felipe tirou os óculos e esfregou os olhos — sinal, como eu sabia por muita experiência, de completa exaustão. Suspirou e disse:

— Ah, Tom, Tom, Tom...

Eu ainda não percebera que aqueles dois já eram íntimos, mas acho que isso tinha de acontecer durante uma sessão de interrogatório de seis horas. Ainda mais quando o interrogado é Felipe.

— Não, sério: qual é o problema? — perguntou o agente Tom. — É óbvio que vocês dois já moram juntos. É óbvio que gostam um do outro, que não são casados com mais ninguém...

— Você tem de entender, Tom — explicou Felipe, se inclinando para a frente e falando com uma intimidade que ia contra o ambiente oficial —, que no passado Liz e eu passamos por divórcios muito ruins mesmo.

O agente Tom fez um barulhinho, um tipo de "*Oh...*" suave e solidário. Depois, tirou também os óculos e esfregou os olhos. Instintivamente, dei uma espiada no terceiro dedo da mão esquerda. Nenhuma aliança. Pela mão esquerda nua e pela reação pensativa de comiseração cansada, fiz um rápido diagnóstico: divorciado.

Foi aí que a conversa ficou surrealista.

— Ora, vocês podem assinar um contrato pré-nupcial — sugeriu o agente Tom. — Quer dizer, se têm medo de passar outra vez por toda a confusão financeira do divórcio. Mas se são as questões de relacionamento que assustam, talvez fosse boa ideia procurar orientação psicológica.

Ouvi aquilo espantadíssima. *Um agente do Departamento de Segurança Interna dos Estados Unidos estava nos dando conselhos conjugais? Numa sala de interrogatório? Nas entranhas do Aeroporto Internacional de Dallas/Fort Worth?*

Recuperei a voz e sugeri essa solução brilhante:

— Agente Tom, e se eu desse um jeito de *contratar* Felipe, em vez de me casar com ele? Não daria para trazê-lo para os Estados Unidos como meu funcionário, em vez de meu marido?

Felipe se endireitou na cadeira e exclamou:

— Querida! Que ideia maravilhosa!

O agente Tom nos olhou com uma cara esquisita. Perguntou a Felipe:

— Honestamente, prefere ter essa mulher como chefe em vez de esposa?

— Meu Deus, claro!

Consegui sentir o agente Tom se segurar quase fisicamente para não perguntar: "Que tipo de gente maluca vocês *são*?" Mas ele era profissional demais para esse tipo de coisa. Em vez disso, pigarreou e disse:

— Infelizmente, o que a senhora acaba de propor não é legal neste país.

Felipe e eu desmoronamos de novo, novamente com sincronização total, num silêncio deprimido.

Depois de um bom tempo, falei de novo.

— Tudo bem — disse, derrotada. — Vamos acabar com isso. Se eu me casar com Felipe agora, aqui mesmo na sua sala, o senhor deixa ele entrar no país hoje? Não haveria um capelão aqui no aeroporto que pudesse fazer isso?

Há momentos na vida em que o rosto de um homem comum pode assumir um ar de quase divindade, e foi bem isso que aconteceu. Tom, agente texano da Segurança Interna com distintivo e tudo, cansado e com barriguinha, sorriu para mim com uma tristeza, uma bondade, uma compaixão luminosa totalmente deslocadas naquela sala estagnada e desumanizadora. De repente, parecia até um capelão.

— Ah, nããããão... — disse, suavemente. — Acho que não é assim que funciona.

Agora, ao recordar tudo isso, é claro que percebo que o agente Tom já sabia muito melhor do que nós o que nos esperava. Ele sabia muito bem que obter um visto oficial de noivo nos Estados Unidos, ainda mais depois de um "incidente de fronteira" como aquele, não seria nada fácil. O agente Tom podia prever todas as dificuldades que teríamos agora: advogados em três países — em três continentes, aliás —, que teriam de obter todos os documentos legais necessários; os nada-consta exigidos da polícia federal de cada país onde Felipe já tivesse morado; as pilhas de cartas pessoais, fotos e outras efemérides que teríamos de compilar para provar que a nossa relação era real (inclusive, como louca ironia, provas como contas bancárias conjuntas, coisas que fazíamos um esforço enorme para manter *separadas*); impressões digitais; vacinas; radiografias do tórax para ver se havia tuberculose; entrevistas nas embaixadas americanas no exterior; documentos do serviço militar no Brasil, trinta e cinco anos atrás, que de algum modo teríamos de recuperar; o tempo enorme que Felipe teria de passar fora do país e a quantia imensa que teria de gastar enquanto esse processo se desenrolasse; e, pior de tudo, a incerteza horrível de não saber se todo esse esforço bastaria, ou seja, sem saber se o governo dos Estados Unidos (que, nesse aspecto, se comportava como um pai rígido das antigas) aceitaria algum dia esse homem como marido dessa sua filha natural ciosamente guardada.

Assim, o agente Tom já sabia tudo isso, e o fato de ter demonstrado solidariedade conosco pelo que estávamos prestes a passar foi um toque inesperado de gentileza numa situação aflita daquelas. O fato de que, até esse momento, nunca me imaginei elogiando por escrito um agente do Departamento de Segurança Interna pela ternura pessoal destaca mais ainda como toda aquela situação ficara esquisita. Mas devo dizer aqui que o agente Tom também nos prestou outro serviço gentil. (Isto é, antes de algemar Felipe e o levar para a prisão do condado de Dallas, depositando-o numa cela cheia de criminosos de verdade para passar a noite.) O gesto do agente Tom foi o seguinte: ele nos deixou juntos e sozinhos na sala de interrogatório durante dois minutos inteiros, para que pudéssemos nos despedir com privacidade.

Quando a gente só tem dois minutos para dizer adeus a quem mais ama no mundo e não sabe quando vai ver de novo, é como se o esforço de dizer e fazer e combinar tudo ao mesmo tempo provocasse um engarrafamento. Então, nos nossos dois minutos sozinhos na sala de interrogatório, fizemos um plano apressado e sem fôlego. Eu iria para a Filadélfia, me mudaria da casa alugada, guardaria tudo num depósito, arranjaria um advogado especializado em imigração e poria em andamento o processo jurídico. É claro que Felipe iria para a cadeia. Depois seria deportado para a Austrália, ainda que, em termos estritos, não fosse legalmente "deportado". (Perdoem-me por usar a palavra "deportado" em todas as páginas deste livro, mas ainda não sei direito como dizer de outra maneira que alguém foi expulso de um país.) Como não vivia mais na Austrália, não tinha casa lá nem perspectivas financeiras, Felipe daria um jeito, o mais rápido possível, de ir morar em algum lugar mais barato — no sudeste da Ásia, provavelmente — e eu me encontraria com ele naquele lado do mundo assim que tudo estivesse encaminhado da minha parte. Lá, esperaríamos juntos que esse período indefinido de incerteza passasse.

Enquanto Felipe rabiscava o telefone do seu advogado, dos filhos adultos e dos sócios para que eu pudesse avisar todo mundo da situação, esvaziei a bolsa, procurando freneticamente o que poderia lhe dar para que tivesse mais conforto na cadeia: chiclete, todo o meu dinheiro, uma garrafa d'água, uma fotografia nossa e o romance que eu estava lendo no avião, com o título muito adequado de *O Ato de Amor do Povo*.

Depois, os olhos de Felipe se encheram de lágrimas, e ele disse:

— Obrigado por entrar na minha vida. Agora não importa o que acontecer, não importa o que você fizer, saiba que me deu os dois anos mais alegres que já tive e que nunca esquecerei você.

Percebi num relâmpago: *meu Deus, o cara acha que vou abandoná-lo.* A reação dele me surpreendeu e me comoveu, mas, mais do que tudo, me envergonhou. Não passou pela minha cabeça, depois que o agente Tom revelara a opção, que agora eu *não* me casaria com Felipe para salvá-lo do exílio; mas parece que passou pela cabeça *dele* que talvez fosse chutado. Ele temia mesmo que eu o abandonasse, deixando-o ao relento, falido e quebrado. Será que eu merecia essa fama? Será que eu era conhecida, até mesmo dentro dos limites da nossa pequena história de amor, como quem pula do barco na primeira dificuldade? Mas os temores de Felipe seriam mesmo infundados, dada a minha história? Se a nossa situação se invertesse, eu jamais duvidaria, nem por um segundo, da solidez da lealdade dele nem da sua disposição de sacrificar praticamente tudo por mim. Será que ele podia ter certeza de que eu seria igualmente firme?

Tive de admitir que, se esse estado de coisas acontecesse dez ou quinze anos antes, o mais certo seria eu largar o meu parceiro em perigo. Sinto confessar que, na juventude, eu possuía um volume bem pequeno de honra, se é que possuía, e que a minha especialidade era me comportar de maneira leviana e impensada. Mas, hoje, ser uma pessoa de caráter é importante para mim, e quanto mais envelheço mais importante é. Naquele momento, então — e só tinha um momento para ficar sozinha com Felipe —, fiz a única coisa certa ao lado desse homem que adorava. Prometi a ele, dizendo as palavras no seu ouvido para que percebesse a minha sinceridade, que não o deixaria, que faria o que fosse preciso para ajeitar tudo e que, mesmo que não conseguisse ajeitar tudo nos Estados Unidos, ficaríamos juntos de qualquer jeito, em algum lugar do mundo, onde quer que fosse.

O agente Tom voltou à sala.

No último instante, Felipe me cochichou:

— Eu te amo tanto que até me caso com você.

— E eu *te* amo tanto — prometi — que até me caso com você.

Então, os bondosos agentes da Segurança Interna nos separaram, algemaram Felipe e o levaram embora — primeiro para a cadeia, depois para o exílio.

Naquela noite, quando peguei o avião sozinha de volta à nossa vidinha já obsoleta na Filadélfia, pensei com mais sobriedade no que acabara de prometer. Fiquei surpresa ao descobrir que não me sentia chorosa nem apavorada; não sei por quê, mas a situação me parecia grave demais. Em vez disso, o que tive foi uma sensação feroz de concentração, de que a situação tinha de ser tratada com a máxima seriedade. No espaço de apenas poucas horas, a minha vida com Felipe fora totalmente virada de cabeça para baixo, como por uma grande espátula cósmica. E agora parecia que estávamos noivos. Sem dúvida, foi uma cerimônia de noivado estranha e apressada. Parecia mais coisa de Kafka do que de Jane Austen. Mas ainda assim era um noivado oficial, porque tinha de ser.

Então, ótimo. Pois que seja. Com certeza eu não seria a primeira mulher na história da minha família a se casar por causa de uma situação grave — embora, pelo menos, a minha situação não envolvesse gravidez acidental. Ainda assim, o remédio era o mesmo: juntar os trapinhos, e depressa. E era isso o que faríamos. Mas aí estava o verdadeiro problema, que identifiquei naquela noite, sozinha no avião de volta a Filadélfia: eu não fazia ideia do que *era* o casamento.

Já cometera esse erro — entrar no casamento sem entender absolutamente nada sobre a instituição — uma vez na vida. Na verdade, mergulhara no meu primeiro casamento, com a idade totalmente inacabada de 25 anos, mais ou menos do mesmo modo que um labrador pula na piscina, com exatamente a mesma preparação e capacidade de previsão. Com 25 anos, eu era tão irresponsável que talvez não devessem me deixar escolher nem a pasta de dente, quem dirá o meu próprio futuro, e assim, como se pode imaginar, essa atitude descuidada me saiu caríssima. Colhi as consequências em altíssimo grau, seis anos depois, no ambiente sinistro do tribunal, com uma ação de divórcio.

Ao recordar o dia do meu primeiro casamento, lembro-me do romance *Death of a Hero* (Morte de um herói), de Richard Aldington, no qual ele diz sobre os seus dois jovens amantes no dia fatídico do casamento *deles*: "Será possível tabular as ignorâncias, as ignorâncias relevantes, de George Augustus e Isabel quando se prometeram um ao outro até que a morte os separasse?" Eu também já fui uma noiva jovem e sonsa, bem parecida com a Isabel de Aldington, sobre quem ele escreveu: "O que ela *não* sabia incluía quase toda a gama do conhecimento humano. O enigma é descobrir o que ela *sabia*."

Mas agora, com a idade muito menos sonsa de 37 anos, não me convencera de saber muito mais do que antes sobre a realidade do companheirismo institucionalizado. Fracassara no casamento e, portanto, tinha pavor de casamento, mas acho que isso não me transformava em especialista no assunto; só fazia de mim especialista em fracasso e terror, e esses dois campos específicos já têm especialistas demais. Mas o destino interferira e me exigia o casamento, e aprendi com as experiências da vida o bastante para entender que às vezes as intervenções do destino podem ser entendidas como convites para enfrentar e até superar os nossos maiores medos. Não é preciso ser um grande gênio para admitir que, quando as circunstâncias nos empurram a fazer a única coisa específica que mais detestamos e tememos, no mínimo essa pode ser *uma oportunidade interessante de crescimento.*

Assim, aos poucos, percebi no avião que me levava embora de Dallas, com o meu mundo agora virado do avesso, o meu amor exilado, nós dois efetivamente condenados a nos casar, que talvez eu devesse usar esse período para fazer as pazes com a ideia do matrimônio antes de mergulhar nele outra vez. Talvez fosse uma atitude sábia investir algum esforço para deslindar o mistério do que é na verdade, em nome de Deus e da história humana, essa instituição confusa, irritante, contraditória mas teimosamente duradoura do casamento.

E foi o que fiz. Durante os dez meses seguintes, enquanto viajava com Felipe num estado de exílio sem raízes e trabalhava como louca para levá-lo de volta aos Estados Unidos para que nos casássemos em segurança (o agente Tom nos avisou que, se nos casássemos na Austrália ou em qualquer outro lugar do mundo, isso só irritaria o Departamento de Segurança Interna e retardaria ainda mais o processo de imigração), a única coisa em que pensei, a única coisa que li e quase a única coisa de que falei com alguém foi o assunto desconcertante do matrimônio.

Recrutei a minha irmã na Filadélfia (que tem a vantagem de ser historiadora de verdade) para me mandar caixas de livros sobre casamento. Onde quer que eu e Felipe estivéssemos, eu me trancava no quarto de hotel para estudar, passando horas sem conta na companhia de eminentes especialistas matrimoniais como Stephanie Coontz e Nancy Cott, escritoras cujo nome jamais ouvira mas que se transformaram em heroínas e professoras. Para ser honesta, todo esse estudo me transformou numa péssima turista. Durante esses meses de viagem, Felipe e eu fomos para muitos lugares lindos e fascinantes, mas acho que nem sempre dei a devida atenção ao que nos cercava. De qualquer maneira, esse período de viagens nunca teve mesmo o clima de uma aventura despreocupada. Foi mais uma expulsão, uma hégira. Viajar porque não podemos voltar para casa, porque um de nós não tem permissão oficial para voltar para casa, nunca será uma tarefa agradável.

Além disso, a nossa situação financeira era preocupante. Faltava menos de um ano para *Comer, Rezar, Amar* virar um best-seller lucrativo, mas essa bem-vinda evolução ainda não acontecera nem prevíamos que aconteceria. Agora Felipe estava completamente isolado da sua fonte de renda, de modo que ambos vivíamos dos vestígios do contrato do meu último livro e eu não sabia direito quanto tempo isso duraria. Algum tempo, claro, mas não para sempre. Eu começara a trabalhar recentemente num romance novo, mas a pesquisa e a redação tinham sido interrompidas com a deportação de Felipe. E foi assim que acabamos indo para o sudeste da Ásia, onde, para duas pessoas frugais, é viável viver com trinta dólares por dia. Eu não diria exatamente que sofremos durante esse período de exílio (céus, estávamos longe de ser refugiados políticos famintos), mas foi um modo de vida tenso e esquisitíssimo, com a tensão e a esquisitice ainda aumentadas pela incerteza do resultado.

Perambulamos durante quase um ano à espera do dia em que Felipe seria chamado para a entrevista no consulado americano de Sydney, na Austrália. Enquanto isso, despencando de país em país, parecíamos apenas um casal insone tentando encontrar posição mais sossegada para dormir numa cama estranha e desconfortável. Durante muitas noites ansiosas, em muitas camas bem estranhas e desconfortáveis, eu ficava lá deitada no escuro, elaborando os meus conflitos e preconceitos contra o casamento, filtrando todas as informações que lia, garimpando a história atrás de conclusões reconfortantes.

Aqui, preciso esclarecer logo que limitei os meus estudos principalmente ao exame do casamento na história ocidental e que, portanto, este livro vai refletir essa limitação cultural. Qualquer antropólogo ou historiador matrimonial propriamente dito encontrará lacunas imensas na minha narrativa, já que deixei inexplorados continentes inteiros e séculos de história humana, sem falar que pulei alguns conceitos nupciais importantíssimos (a poligamia é apenas um exemplo). Para mim, teria sido agradável e, sem dúvida, educativo mergulhar mais fundo no exame de todos os costumes conjugais possíveis do planeta, mas eu não tinha tanto tempo assim. Só para compreender a natureza complexa do matrimônio nas sociedades islâmicas, por exemplo, eu precisaria de anos de estudo, e a minha urgência tinha um prazo que impedia contemplação tão extensa. Um relógio bem real batia na minha vida: dali a um ano, quisesse ou não, preparada ou não, eu teria de me casar. Sendo assim, parecia inevitável que eu me concentrasse em desvendar a história do casamento ocidental monogâmico para entender melhor as ideias pressupostas que herdara, o formato da narrativa da minha família e a minha lista de angústias culturalmente específicas.

Tinha esperanças de que todo esse estudo mitigasse a minha profunda aversão ao casamento. Não sabia direito se isso aconteceria, mas, seja como for, no passado a minha experiência sempre foi esta: quanto mais aprendia sobre alguma coisa, menos ela me assustava. (Alguns medos só podem ser vencidos, no estilo do duende Rumpelstiltskin, quando se descobre o seu nome secreto e oculto.) Mais do que tudo, o que eu queria mesmo era dar um jeito de aceitar o casamento com Felipe quando o grande dia chegasse, em vez de apenas engolir o destino como um comprimido duro e horrível. Podem me chamar de antiquada, mas achei que seria um toque legal me sentir feliz no dia do meu casamento. Feliz *e* consciente, quero dizer.

Este livro é a história de como cheguei lá.

E tudo começa — porque toda história tem de começar em algum lugar — nas montanhas do norte do Vietnã.

CAPÍTULO DOIS

Casamento e expectativas

O HOMEM PODE SER FELIZ COM QUALQUER MULHER
DESDE QUE NÃO A AME.

Oscar Wilde

Naquele dia, uma menininha me achou.

Felipe e eu tínhamos chegado àquela aldeia específica depois de partir de Hanói numa viagem noturna, num trem barulhento e sujo da época soviética. Não consigo lembrar direito por que fomos a essa cidade específica, mas acho que alguns jovens mochileiros dinamarqueses a recomendaram. Seja como for, depois da viagem no trem sujo e barulhento veio uma viagem de ônibus longa, suja e barulhenta. Finalmente, o ônibus nos largou num lugar absurdamente bonito que se equilibrava na fronteira com a China: remoto, verdejante e selvagem. Encontramos um hotel e, quando saí sozinha para explorar a cidade e tentar tirar das pernas a rigidez da viagem, a menininha me abordou.

Tinha 12 anos, soube depois, mas era muito menor do que todas as meninas americanas de 12 anos que já conheci. Era lindíssima. A pele era morena e saudável, o cabelo brilhoso e trançado, o corpo compacto, robusto e confiante numa túnica curta de lã. Embora fosse verão e os dias estivessem sufocantes, a batata da perna estava envolta em calças justas de lã de cores vivas. Os pés batucavam sem parar em sandálias chinesas de plástico. Ela ficara algum tempo perto do hotel — eu a avistara quando estávamos fazendo o check-in — e agora, quando saí sozinha, ela se aproximou a toda.

— Como é o seu nome? — perguntou.

— Liz. E o seu?

— Mai — disse ela —, e posso escrever para você saber como é.

— Você fala um inglês muito bom — cumprimentei.

Ela deu de ombros.

— Claro. Pratico muito com os turistas. Também falo vietnamita, chinês e um pouco de japonês.

— O quê? — brinquei. — Nada de francês?

— *Un peu* — respondeu ela com olhar manhoso. Depois, perguntou: — Liz, de onde você é?

— Dos Estados Unidos — respondi. Depois, tentando fazer graça, já que, obviamente, ela era dali mesmo, perguntei: — E *você*, Mai, de onde é?

Ela entendeu a piada na mesma hora e respondeu à altura.

— Sou da barriga da minha mãe — disse, fazendo com que eu me apaixonasse por ela instantaneamente.

Na verdade, Mai era do Vietnã, mas percebi depois que ela nunca se dizia vietnamita. Ela era hmong: pertencia a uma pequena minoria étnica orgulhosa e isolada (que os antropólogos chamam de "povo original") que habita os picos mais elevados das montanhas do Vietnã, da Tailândia, do Laos e da China. Como os curdos, os hmong na verdade nunca pertenceram a nenhum dos países onde moram. Continuam a ser um dos povos mais absurdamente independentes do mundo: nômades, contadores de histórias, guerreiros, anticonformistas natos e um flagelo terrível para todos os países que já tentaram controlá-los.

Para entender como é improvável a continuação da existência dos hmong neste planeta, é preciso imaginar como seria se, por exemplo, os índios mohawk ainda vivessem no norte do Estado de Nova York exatamente como há séculos, com roupas tradicionais, a sua própria língua e recusando terminantemente a assimilação. Assim, dar com uma aldeia hmong como aquela nos primeiros anos do século XXI é uma maravilha anacrônica. A sua cultura é uma janela cada vez mais rara que dá para uma versão mais antiga da experiência humana. Tudo isso para dizer que, se você quiser saber como a sua família era há 4 mil anos, é provável que fosse como os hmong.

— Ei, Mai — disse eu. — Quer ser minha intérprete hoje?

— Por quê? — perguntou ela.

Os hmong são famosos por serem diretos, por isso expliquei diretamente:

— Preciso conversar com algumas mulheres da sua aldeia sobre o casamento.

— Por quê? — perguntou ela outra vez.

— Porque vou me casar em breve e preciso de conselhos.

— Você é velha demais para se casar — observou Mai gentilmente.

— Ora, o meu namorado também é velho — respondi. — Ele tem 55 anos.

Ela me olhou atentamente, soltou um assovio baixo e disse:

— Ora, que homem de sorte.

Não sei direito por que Mai decidiu me ajudar naquele dia. Curiosidade? Tédio? Esperança de que eu lhe desse uns trocados? (O que fiz, é claro.) Mas, fosse qual fosse o motivo, ela concordou. Depois de uma marcha íngreme por uma encosta próxima, logo chegamos à casa de pedra de Mai, que era minúscula, enegrecida de fuligem, iluminada apenas por algumas janelinhas e aninhada no vale de um dos rios mais lindos que se pode imaginar. Mai me levou lá dentro e me apresentou a um grupo de mulheres, todas tecendo, cozinhando ou limpando. De todas as mulheres, foi a avó de Mai que, na mesma hora, achei mais interessante. Era a vovó mais risonha, feliz, baixinha e desdentada que já vi na vida. Além disso, ela me achou hilariante. Parecia que tudo em mim lhe provocava gargalhadas desmedidas. Ela pôs um alto chapéu hmong na minha cabeça, me apontou e riu. Enfiou um bebê hmong minúsculo nos meus braços, me apontou e riu. Enrolou-me num tecido hmong lindíssimo, me apontou e riu.

Aliás, para mim isso não foi problema nenhum. Aprendi há muito tempo que, quando somos o gigantesco visitante de fora numa remota cultura estrangeira, faz parte do serviço virar motivo de ridículo. Na verdade, como hóspedes bem-educados, é o mínimo que podemos fazer. Logo, mais mulheres, vizinhas e parentes, afluíram para a casa. Também me mostraram os seus tecidos, enfiaram os seus chapéus na minha cabeça, encheram os meus braços de bebês, me apontaram e riram.

Como Mai explicou, a família toda, num total de quase uma dúzia de pessoas, morava nessa casa de um cômodo só. Todos dormiam juntos no chão. A cozinha ficava de um lado e o fogão de lenha para o inverno, do outro. O arroz e o milho ficavam guardados num depósito acima da cozinha, enquanto porcos, galinhas e búfalos-asiáticos se mantinham por perto o tempo todo. Só havia um espaço privado na casa inteira e não era muito maior do que um armário de vassouras. Mais tarde, nas minhas leituras, descobri que era ali que os recém-casados de todas as famílias podiam dormir juntos nos primeiros meses de casamento, para fazer as suas descobertas sexuais em particular. Entretanto, depois dessa experiência inicial de privacidade o jovem casal volta a se unir ao resto da família, dormindo no chão com todo mundo pelo resto da vida.

— Já lhe contei que o meu pai morreu? — perguntou Mai enquanto me mostrava tudo.

— Sinto muito — disse eu. — Quando foi?

— Quatro anos atrás.

— De que ele morreu, Mai?

— Morreu — disse ela, friamente, e foi só. O pai morrera de morte. Era assim que todo mundo costumava morrer, acho, antes que soubéssemos mais sobre comos e porquês. — Quando ele morreu, comemos o búfalo no funeral. — Com essa lembrança, o seu rosto mostrou uma mistura complicada de emoções: tristeza pela perda do pai, prazer com a lembrança de como o búfalo era gostoso.

— A sua mãe se sente solitária?

Mai deu de ombros.

Era difícil imaginar solidão ali. Assim como era impossível imaginar, nesse sistema doméstico apinhado, onde seria possível encontrar a feliz irmã gêmea da solidão: a *privacidade*. Mai e sua mãe moravam em proximidade constante com muita gente. Não pela primeira vez em meus anos de viagens me espantei de ver até que ponto, em comparação, a sociedade americana contemporânea parece isoladora. Lá de onde venho, encolhemos a noção de "unidade familiar" até uma coisa tão minúscula que o mais provável é que ninguém, nesses grandes clãs hmong flexíveis e abrangentes, a reconheça *como* família. Hoje em dia, quase precisamos de um microscópio eletrônico para estudar a família ocidental moderna. O que temos são duas, talvez três, algumas vezes quatro pessoas espalhadas num espaço gigantesco, cada uma com um espaço físico e psicológico privativo, cada uma passando boa parte do dia completamente separada das outras.

Não estou dizendo aqui que, nessa moderna unidade familiar encolhida, tudo é necessariamente ruim. Sem dúvida a vida e a saúde das mulheres melhoram quando se reduz o número de filhos, e este é um golpe retumbante na capacidade de sedução da cultura alvoroçada dos clãs. Além disso, os sociólogos sabem há muito tempo que a incidência de incesto e de abuso sexual de crianças aumenta sempre que muitos parentes de idades diferentes moram juntos com tanta intimidade. Num grupo tão grande, pode ser difícil acompanhar ou defender os indivíduos, sem falar da individualidade.

Mas não há dúvida de que algo também se perdeu nos nossos lares modernos, fechados e privadíssimos. Observar a interação das mulheres hmong me fez pensar que a evolução da família ocidental, cada vez menor e mais nuclear, pode ter exercido uma pressão específica sobre os casamentos modernos. Na sociedade hmong, por exemplo, os homens e as mulheres não passam tanto tempo juntos. Claro, todo mundo tem marido. Claro, fazemos sexo com esse marido. Claro, nosso destino está unido. Claro, pode até haver amor. Mas, fora isso, a vida dos homens e das mulheres é separada com bastante firmeza no terreno dividido dos papéis sexuais. Os homens trabalham e se socializam com outros homens; as mulheres trabalham e se socializam com outras mulheres. O caso em questão: naquele dia, não se via um único homem em lugar nenhum perto da casa de Mai. O que quer que os homens estivessem fazendo (trabalhando na roça, bebendo, conversando, jogando), era longe dali, todos juntos, separados do universo das mulheres.

Assim, a mulher hmong não espera, necessariamente, que o marido seja o seu melhor amigo, o confidente mais íntimo, o conselheiro emocional, o par intelectual, o consolo em tempos de tristeza. Em vez disso, elas recebem boa parte desse sustento e apoio emocional de outras mulheres: irmãs, tias, mães, avós. A mulher hmong tem muitas vozes na vida, muitas opiniões e esteios emocionais o tempo todo à sua volta. Em todas as direções, há parentas ao alcance da mão, e as muitas mãos femininas tornam leves, ou pelo menos mais leves, os fardos pesados da vida.

Finalmente, depois de trocadas todas as saudações, ninados todos os bebês e todo o riso atenuado em boa educação, todas nos sentamos. Com Mai como intérprete, comecei perguntando à avó se poderia me falar da cerimônia de casamento hmong.

É tudo muito simples, explicou a avó com paciência. Antes do casamento hmong tradicional, exige-se que a família do noivo visite a casa da noiva para que as famílias façam um acordo, marquem uma data, elaborem um plano. Nessa ocasião sempre se mata uma galinha, para alegrar os fantasmas da família. Quando chega a data do casamento, matam-se muitos porcos. Prepara-se o banquete e os parentes vêm de todas as aldeias para festejar. As duas famílias dividem as despesas. Há uma procissão até a mesa do casamento e um parente do noivo sempre leva uma sombrinha.

Nesse ponto, interrompi para perguntar o que significava a sombrinha, mas a pergunta provocou certa confusão. Confusão, talvez, sobre o que significa a palavra "significa". A sombrinha é a sombrinha, foi o que me disseram, e é levada porque sempre se levam sombrinhas em casamentos. É por isso e pronto, e sempre foi assim.

Assim resolvidas as questões ligadas às sombrinhas, a avó continuou explicando o tradicional costume conjugal hmong do rapto. É um costume antigo, disse ela, embora seja muito menos praticado hoje em dia do que no passado. Mas ainda existe. As noivas, às vezes consultadas antes do rapto, às vezes não, são sequestradas pelos noivos em potencial, que as levam a cavalo até a casa da sua família. Tudo é estritamente organizado e só permitido em certas noites do ano, em festas havidas depois de dias de feira específicos. (Não se pode simplesmente raptar uma noiva quando dá vontade. Existem *regras.*) A moça raptada tem três dias para morar na casa do seu captor, com a família dele, para decidir se gostaria ou não de se casar com o camarada. Na maioria das vezes, disse a avó, o casamento prossegue com o consentimento da moça. Nas raras ocasiões em que não aceita o raptor, a noiva raptada pode voltar para a casa da sua família depois de três dias e a história toda é esquecida. E isso me pareceu bastante sensato, pelo menos no caso dos raptos.

A nossa conversa ficou estranha, para mim e para todas nós na sala, quando tentei pedir à avó que me contasse a história do seu casamento, na esperança de obter dela alguns relatos pessoais ou emocionais sobre a experiência do matrimônio. A confusão começou na mesma hora em que perguntei à velha:

— O que a senhora achou do seu marido quando o conheceu?

Todas as rugas do rosto formaram uma cara de perplexidade. Supondo que ela, ou Mai, talvez, não tivesse entendido direito a pergunta, tentei de novo:

— Quando percebeu que o seu marido era alguém com quem a senhora queria se casar?

Novamente, a pergunta foi recebida com espanto bem-educado.

— A senhora soube que ele era especial na mesma hora? — tentei de novo. — Ou aprendeu a gostar dele com o tempo?

Nisso, algumas mulheres da sala começaram a dar risinhos nervosos, como se rissem de alguém meio maluco — parece que foi nisso que me transformei aos olhos delas.

Voltei atrás e tentei outro caminho:

— Quero dizer, quando a senhora conheceu o seu marido?

Com isso, a avó examinou um pouco a memória, mas não conseguiu me dar nenhuma resposta definitiva que não fosse "há muito tempo". Não parecia mesmo ser uma questão importante para ela.

— Tudo bem. *Onde* a senhora conheceu o seu marido? — perguntei, tentando simplificar as coisas ao máximo.

Mais uma vez, a própria forma da minha curiosidade parecia um mistério para a avó. Mas, educadamente, ela tentou. Nunca *conhecera* especificamente o marido antes de se casar com ele, foi o que tentou explicar. Claro que já o vira antes. Tem sempre muita gente por perto, sabe. Ela não conseguia mesmo se lembrar. Seja como for, não tinha importância se ela o conhecia ou não quando pequena. Afinal de contas, concluiu, para alegria das outras mulheres na sala, sem dúvida agora ela o conhece.

— Mas quando se apaixonou por ele? — perguntei finalmente, à queima-roupa.

Assim que Mai traduziu a pergunta, todas as mulheres da sala, menos a avó, que era educada demais, soltaram uma gargalhada, uma explosão espontânea de riso, que tentaram sufocar polidamente atrás das mãos.

Talvez você ache que isso me assustou. Talvez devesse ter me assustado. Mas persisti, e depois do estrondo de riso fiz uma pergunta que lhes pareceu ainda mais ridícula:

— E, para a senhora, qual é o segredo de um casamento feliz? — perguntei, muito séria.

Com isso, todas realmente se soltaram. Até a avó gargalhava abertamente. O que era bom, certo? Como já determinado, em países estrangeiros fico sempre muito bem disposta a ser motivo de riso para a diversão dos outros. Mas, nesse caso, devo confessar que toda essa hilariedade foi meio incômoda, devido ao fato de que não consegui entender a piada. Eu só conseguia entender que era óbvio que essas senhoras hmong e eu falávamos línguas muitíssimo diferentes (quero dizer, além do fato de que ali falávamos *literalmente* línguas muitíssimo diferentes). Mas o que, em termos específicos, elas viam de tão absurdo nas minhas perguntas?

Nas semanas seguintes, quando recordei essa conversa, fui obrigada a criar uma teoria minha sobre o que nos tornara, a mim e às minhas anfitriãs, tão estranhas e incompreensíveis umas para as outras na questão do casamento. E eis essa minha teoria: nem a avó nem as outras mulheres da sala punham o casamento no centro da sua biografia emocional de um jeito que, para mim, seria familiar, ainda que remotamente. No mundo ocidental, moderno e industrializado de onde venho, a pessoa com quem resolvemos nos casar talvez seja a representação mais viva da nossa própria personalidade. O cônjuge se torna o espelho mais brilhante possível, que reflete para o mundo o nosso individualismo emocional. Afinal de contas, não existe escolha mais íntima do que a pessoa com quem vamos nos casar; em grande parte, essa escolha nos diz quem somos. Assim, quando perguntamos a qualquer mulher ocidental típica como conheceu o marido, quando o conheceu e por que se apaixonou por ele, é quase certo ouvirmos uma narrativa completa, complexa e profundamente pessoal, que essa mulher não só teceu com todo o cuidado em torno da experiência como um todo como decorou, internalizou e reexaminou atrás de pistas da sua própria identidade. Além disso, é mais do que provável que ela conte a história às claras, mesmo que seja a um estranho. Na verdade, com o tempo descobri que a pergunta "Onde você conheceu o seu marido?" é um dos melhores quebra-gelos já inventados para começar uma conversa. Na minha experiência, não importa nem se o casamento foi feliz ou desastroso: a história ainda será contada como se tivesse importância fundamental para o ser emocional daquela mulher, talvez até *A* história mais importante do seu ser emocional.

Seja quem for essa mulher ocidental moderna, posso garantir que a história vai tratar de duas pessoas — ela e o marido — que, como personagens de um filme ou romance, estariam num tipo qualquer de jornada na vida antes de se conhecer, jornadas essas que se cruzaram num momento decisivo. (Por exemplo: "Naquele verão, eu estava morando em São Francisco e não tinha a mínima intenção de continuar por lá, até que conheci Jim naquela festa.") É provável que a história tenha suspense e dramaticidade ("Ele achou que eu estava namorando o cara que tinha ido comigo, mas era só o Larry, meu amigo *gay*!"). A história terá dúvidas ("Ele não fazia mesmo o meu tipo; em geral, prefiro homens mais intelectuais."). O mais importante é que a história terminará com a salvação ("Agora não consigo imaginar a minha vida sem ele!") ou, se o casamento azedou, com críticas e recriminações ("Como é que não vi logo que ele era um bêbado mentiroso?"). Quaisquer que sejam os detalhes, podemos ter certeza de que a mulher ocidental moderna terá examinado todos os ângulos possíveis da sua história de amor e que, com o passar dos anos, a narrativa foi configurada como um mito épico dourado ou embalsamada como conto de amarga advertência.

Agora vou dar um salto no escuro e afirmar: parece que as mulheres hmong não fazem isso. Pelo menos, não *aquelas* mulheres hmong.

Entenda bem, não sou antropóloga e admito que vou muito além do meu nível profissional quando faço alguma conjetura, seja ela qual for, sobre a cultura hmong. A minha experiência pessoal com aquelas mulheres se limitou a uma única tarde de conversa, com uma menina de 12 anos como intérprete, por isso acho muito provável que eu tenha deixado de perceber algumas nuances dessa sociedade antiga e complexa. Também admito que aquelas mulheres podem ter achado as minhas perguntas intrometidas, para não dizer absolutamente ofensivas. Por que contariam a mim, uma bisbilhoteira abelhuda, a sua história mais íntima? E mesmo que tentassem me transmitir informações sobre os seus relacionamentos, é provável que algumas mensagens sutis tenham ficado de fora por erros de tradução ou simples falta de entendimento transcultural.

Mas, dito isso, sou uma pessoa que passou boa parte da vida profissional entrevistando os outros e confio na minha capacidade de observar e escutar com atenção. Além disso, como todos nós, sempre que entro no lar de alguma família desconhecida logo percebo a maneira como pensam e agem de modo diferente da minha família. Digamos, então, que o meu papel naquele dia, naquela casa hmong, foi o de um visitante mais observador do que a média, que prestava mais atenção do que a média às suas anfitriãs mais expressivas do que a média. Nesse papel, e somente nesse papel, sinto bastante confiança para relatar o que *não vi* acontecer naquele dia na casa da avó de Mai. *Não* vi um grupo de mulheres reunidas tecendo mitos minuciosamente estudados e contos de advertência sobre o seu casamento. A razão pela qual acho isso extraordinário é que observei mulheres do mundo inteiro tecer mitos minuciosamente estudados e contos de advertência sobre o casamento em grupos de todos os tipos e ao mais leve estímulo. Mas as mulheres hmong não pareciam nem remotamente interessadas nisso. Também não vi aquelas mulheres hmong construírem o personagem do "marido" como herói ou vilão de alguma vasta e complexa história épica do eu emocional.

Não estou dizendo que aquelas mulheres não amam os seus maridos nem que jamais os amaram nem que nunca *puderam* amá-los. Seria ridículo inferir isso, porque no mundo inteiro as pessoas se amam e sempre se amaram. O amor romântico é uma experiência humana universal. Há provas de paixão em todos os cantos deste mundo. Todas as culturas humanas têm canções de amor, feitiços de amor, orações de amor. O coração de todos se parte independentemente de todo tipo de barreiras sociais, religiosas, sexuais, etárias e culturais. (Na Índia, só a título de informação, 3 de maio é o Dia Nacional do Coração Partido. E, em Papua Nova Guiné, há uma tribo cujos homens escrevem canções de amor lamentosas chamadas *namai* que contam a história trágica de casamentos que nunca aconteceram mas que deveriam ter acontecido.) Certa vez, a minha amiga Kate foi a um concerto de cantores guturais mongóis que passaram por Nova York numa rara turnê mundial. Embora não conseguisse entender a letra das canções, ela achou a música quase insuportável de tão triste. Depois do concerto, Kate procurou o solista mongol e perguntou:

— As canções falam de quê?

Ele respondeu:

— As nossas canções falam das mesmas coisas que todas as canções do mundo: o amor perdido e alguém que roubou o seu cavalo mais veloz.

Logo, é claro que os hmong se apaixonam. É claro que sentem preferência por este em vez daquele, têm saudade da pessoa amada que morreu, descobrem que adoram inexplicavelmente o cheiro ou o riso de alguém específico. Mas talvez não acreditem que nada disso de amor romântico tenha algo a ver com as *verdadeiras razões do casamento*. Talvez não suponham que essas duas entidades distintas (amor e casamento) tenham necessariamente de se cruzar, no início do relacionamento ou, talvez, nunca. Talvez acreditem que o casamento é outra coisa totalmente diferente.

Se essa ideia parece estranha ou maluca, lembre-se de que, não faz muito tempo, todos, na cultura ocidental, tinham esse mesmo tipo de opinião nada romântica sobre o matrimônio. É claro que os casamentos arranjados nunca foram uma característica importante da vida americana, nem o rapto de noivas, mas não há dúvida de que, até bem recentemente, os casamentos *pragmáticos* foram coisa de rotina em determinados níveis da nossa sociedade. Com "casamento pragmático", quero dizer qualquer união em que o interesse da comunidade em geral está acima do interesse dos dois indivíduos envolvidos; esses casamentos foram característicos da sociedade agrária norte-americana, por exemplo, durante muitíssimas gerações.

Aliás, conheço pessoalmente um desses casamentos pragmáticos.

Quando era pequena, numa cidadezinha de Connecticut, os meus vizinhos prediletos eram um casal de cabelos brancos, Arthur e Lillian Webster. Os Webster criavam gado leiteiro e pautavam a vida por um conjunto inviolável de clássicos valores ianques. Eram modestos, frugais, generosos, trabalhadores, religiosos sem exagero e membros socialmente discretos da comunidade, e criaram os três filhos para serem bons cidadãos. Também eram de uma bondade enorme. O sr. Webster me chamava de "Cachinhos" e me deixava passar horas andando de bicicleta no seu estacionamento bem pavimentado. Quando eu era muito boazinha, às vezes a sra. Webster me deixava brincar com a sua coleção de antigos vidros de remédio.

Faz alguns anos que a sra. Webster faleceu. Alguns meses depois da sua morte, saí para jantar com o sr. Webster e passamos a falar da sua esposa. Quis saber como tinham se conhecido, como tinham se apaixonado — todo o início romântico da vida em comum dos dois. Com outras palavras, fiz a ele todas as perguntas que acabaria fazendo às mulheres hmong no Vietnã, e tive o mesmo tipo de resposta — ou falta de resposta. Não consegui arrancar do sr. Webster nenhuma lembrança romântica da origem do seu casamento. Ele confessou que não conseguia nem se lembrar do momento exato em que conhecera Lillian. Ela estava sempre na cidade, pelo que ele recordava. Sem dúvida, não foi amor à primeira vista. Não houve nenhum momento de emoção, nenhuma fagulha de atração instantânea. Ele nunca se apaixonara por ela.

— Então por que se casou com ela? — perguntei.

Como explicou com o seu típico jeito ianque, franco e objetivo, o sr. Webster se casou porque o irmão mandou que se casasse. Arthur logo assumiria a fazenda da família e, portanto, precisava de uma mulher. Não se pode administrar uma fazenda direito sem mulher, assim como não se pode administrar uma fazenda direito sem trator. Foi uma mensagem nada sentimental, mas a criação de gado leiteiro na Nova Inglaterra não era um assunto sentimental, e Arthur sabia que a ordem do irmão era certa. Assim, o jovem sr. Webster, zeloso e obediente, saiu pelo mundo para arranjar devidamente uma esposa. Ao ouvir a narrativa, ficamos com a sensação de que várias moças em vez de Lillian poderiam ter ocupado a vaga de "sra. Webster" e que, na época, isso não faria muita diferença para ninguém. Arthur simplesmente se decidiu pela loura que trabalhava no Serviço de Cursos de Extensão da universidade. Tinha a idade certa. Era simpática. Era saudável. Era boa. Servia.

Portanto, é claro que o casamento dos Webster não começou com um amor febril, pessoal e apaixonado, assim como o casamento da avó hmong também não. Portanto, podemos então supor que essa união é "um casamento sem amor". Mas é preciso tomar cuidado ao fazer suposições assim. Disso eu sei bem, pelo menos no caso dos Webster.

No fim da vida da sra. Webster, diagnosticaram a doença de Alzheimer. Durante quase uma década, essa mulher vigorosa definhou de tal maneira que vê-la era um sofrimento para todos na comunidade. O marido, aquele fazendeiro ianque pragmático, cuidou da mulher em casa durante todo o tempo que ela levou para morrer. Ele lhe deu banho, a alimentou, abriu mão da liberdade para tomar conta dela e aprendeu a suportar as consequências pavorosas da sua decadência. Continuou cuidando da mulher mesmo bem depois que ela já nem sabia quem ele era, e até bem depois que ela já nem sabia mais quem era ela mesma. Todo domingo, o sr. Webster vestia a mulher com boas roupas, punha-a na cadeira de rodas e a levava ao culto, na mesma igreja em que tinham se casado quase sessenta anos antes. Fazia isso porque Lillian sempre amara aquela igreja, e ele sabia que ela apreciaria o gesto caso tivesse consciência dele. Arthur sentava-se no banco ao lado da esposa, domingo após domingo, segurando a mão dela enquanto ela se afastava aos poucos rumo ao esquecimento.

E se isso não é amor, alguém vai ter de se sentar comigo e explicar bem direitinho o que é amor na verdade.

Dito isso, também temos de tomar cuidado para não supor que todos os casamentos arranjados no decorrer da história, ou todos os casamentos pragmáticos, ou todos os casamentos que começam com um rapto, resultaram necessariamente em anos de contentamento. Até certo ponto, os Webster tiveram sorte. (Embora também se possa suspeitar que investiram muito esforço no casamento.) Mas o que talvez o sr. Webster e o povo hmong tenham em comum é a noção de que o ponto emocional onde começa o casamento está longe de ser tão importante quanto o ponto emocional onde se encontra o casamento mais para o fim, depois de muitos anos de parceria. Além disso, o mais provável é que eles concordem que não existe, em nenhum lugar do mundo, uma pessoa especial à nossa espera que, magicamente, vá completar a nossa vida, mas que há muita gente (talvez mesmo na nossa comunidade) com quem é possível selar um vínculo de respeito. Então é possível passar anos vivendo e trabalhando com essa pessoa, na esperança de que a ternura e a afeição sejam o resultado gradual da união.

No final da minha tarde de conversa na casa da família de Mai, tive a imagem mais clara possível dessa noção quando fiz à minúscula avó hmong uma última pergunta, que, mais uma vez, ela achou esquisita e diferente.

— O seu homem é um bom marido? — perguntei.

A velha teve de pedir à neta que repetisse várias vezes a pergunta, para ter certeza de que ouvira direito: *Ele é um* bom *marido?* Depois ela me deu uma olhada confusa, como se eu tivesse perguntado: "Essas pedras das montanhas onde vocês moram são *boas* pedras?"

A melhor resposta que conseguiu me dar foi: o marido não era nem bom nem mau. Era apenas um marido. Era do jeito que os maridos *são*. Enquanto ela falava dele, era como se a palavra "marido" fosse a descrição de um cargo ou até de uma espécie, muito mais do que um indivíduo querido ou frustrante em especial. O papel de "marido" era bastante simples, já que envolvia um conjunto de tarefas que o seu homem, obviamente, cumprira em grau satisfatório durante toda a vida dos dois — como a maioria dos maridos das outras mulheres, acrescentou, a menos que se tivesse muito azar e se arranjasse alguém realmente imprestável. A avó chegou a ponto de dizer que, no final, não importa tanto com que homem a mulher se casa. Com raras exceções, os homens são praticamente iguais.

— O que a senhora quer dizer com isso? — perguntei.

— Todos os homens e mulheres são praticamente iguais a maior parte do tempo — esclareceu ela. — Todo mundo sabe que isso é verdade. — As outras mulheres hmong concordaram com a cabeça.

Posso parar aqui um instantinho para fazer uma colocação boba e talvez perfeitamente óbvia?

É tarde demais para eu ser hmong.

Pelo amor de Deus, talvez seja até tarde demais para eu ser Webster. Nasci numa família americana de classe média no final do século XX. Como incontáveis milhões de outras pessoas no mundo contemporâneo que nasceram em circunstâncias parecidas, fui criada para acreditar que era especial. Os meus pais (que não foram hippies nem radicais; na verdade, votaram duas vezes em Ronald Reagan) acreditavam simplesmente que os seus filhos tinham dons e sonhos específicos que os destacavam dos filhos dos outros. A minha "euzice" sempre foi valorizada e, mais ainda, foi reconhecida como diferente da "elazice" de minha irmã, da "eleszice" dos meus amigos e da "todomundice" de todo mundo. Embora, sem dúvida, eu não tenha sido mimada, os meus pais acreditavam que a minha felicidade pessoal tinha certa importância e que eu deveria aprender a configurar a jornada da minha vida de modo a apoiar e refletir a minha busca individual de contentamento.

Devo acrescentar aqui que todos os meus amigos e parentes foram criados com graus variados dessa mesma crença. Com a possível exceção das famílias mais conservadoras entre nós e das famílias que imigraram mais recentemente entre nós, todo mundo que conhecia tinha, no fundo, esse mesmo respeito inquestionável, de fundo cultural, pelo indivíduo. Seja qual for a religião, seja qual for a classe social e pelo menos de certo modo, todos abraçamos o mesmo dogma, que eu descreveria como bem recente em termos históricos e muito ocidental, e que pode ser assim resumido: "Você tem importância."

Não quero dizer nem insinuar que os hmong não acreditam que os seus filhos tenham importância; ao contrário, nos círculos antropológicos as famílias que eles constroem são famosas por serem das mais excepcionais e amorosas do mundo. Mas é claro que aquela não era uma sociedade que cultuava o Altar da Escolha Individual. Como nas sociedades mais tradicionais, o dogma familiar hmong não pode ser resumido corretamente como "Você tem importância", mas como "O seu *papel* tem importância". Afinal, como todos naquela aldeia pareciam saber, na vida há tarefas a cumprir — algumas que cabem aos homens, outras que cabem às mulheres — e todos devem contribuir com o máximo da sua capacidade. Quem executa as suas tarefas razoavelmente bem pode ir dormir à noite sabendo que é um bom homem ou uma boa mulher e não precisa esperar muito mais do que isso da vida e dos relacionamentos.

Conhecer as mulheres hmong naquele dia, no Vietnã, me fez lembrar de um velho ditado: "Quem planta expectativas colhe decepções." Nunca ensinaram a minha amiga, a avó hmong, a esperar que a tarefa do marido fosse torná-la felicíssima. Aliás, nunca a ensinaram a esperar que a sua tarefa na terra fosse ser felicíssima. Como nunca alimentou essa expectativa, ela não colheu nenhum desencanto específico com o casamento. O casamento cumpriu o seu papel, realizou a tarefa social necessária, tornou-se meramente o que era, e isso era bom.

Ao contrário, a mim sempre me ensinaram que a busca da felicidade era o meu direito de nascença natural (e até *nacional*). A marca registrada emocional da minha cultura é a busca da felicidade. E não é qualquer tipo de felicidade, mas sim uma felicidade profunda, até mesmo exorbitante. E o que poderia nos trazer felicidade mais exorbitante do que o amor romântico? Por exemplo, a minha cultura sempre me ensinou que o casamento tem de ser uma estufa fértil na qual o amor romântico possa vicejar com abundância. Assim, dentro da estufa um tanto dilapidada do meu primeiro casamento, plantei canteiros e canteiros de grandes expectativas. Fui uma semeadora extraordinária de expectativas grandiosas, e tudo o que consegui colher com o meu esforço foi uma safra de frutos amargos.

Fica a sensação de que, se eu tentasse explicar tudo isso à avó hmong, ela não faria a mínima ideia do que eu estava falando. O mais provável seria que ela respondesse exatamente como uma velha que conheci no sul da Itália quando lhe confessei que largara o marido porque o casamento me deixara infeliz.

— Quem é *feliz*? — perguntou, despreocupada, a viúva italiana, e encerrou a conversa para sempre.

Veja, não quero me arriscar aqui a romantizar a vida simples e pitoresca dos camponeses. Vou deixar bem claro que não tenho a mínima vontade de trocar de vida com nenhuma das mulheres que conheci naquela aldeia hmong no Vietnã. Bastam as consequências dentárias para eu não querer a vida delas. Além disso, seria grotesco e ofensivo se eu tentasse adotar a sua visão de mundo. Na verdade, a marcha inexorável do progresso industrial indica que o mais provável é os hmong adotarem a *minha* visão de mundo nos próximos anos.

Na verdade, isso já está acontecendo. Agora que têm contato com mulheres ocidentais modernas como eu no meio da multidão de turistas, as meninas de 12 anos, como a minha amiga Mai, vivem aqueles primeiros momentos importantíssimos de hesitação cultural. Chamo isso de "Momento Espere Aí": aquele instante fundamental em que as meninas das culturas tradicionais começam a pensar no que exatamente as aguarda caso se casem com 13 anos e comecem a ter filhos logo depois. Começam a se perguntar se não gostariam de escolher outra coisa ou, aliás, se simplesmente não gostariam de escolher. Assim que as meninas das sociedades fechadas começam a ter essas ideias, tudo explode. Mai, trilíngue, esperta e observadora, já vislumbrara outro conjunto de opções na vida. Logo, logo, começaria a fazer as suas exigências. Em outras palavras: pode ser tarde demais até para os hmong serem hmong.

Portanto, não, não me disponho — ou talvez nem possa — a abrir mão da minha vida de anseios individualistas, todos direitos de nascença da minha modernidade. Como a maioria dos seres humanos, depois de me mostrarem opções vou sempre preferir ter escolha na vida: escolhas expressivas, individualistas, inescrutáveis e indefensáveis, às vezes talvez arriscadas... mas todas minhas. Na verdade, a simples quantidade de escolhas que já me ofereceram na vida — uma procissão de opções quase embaraçosa — faria saltarem da cabeça os olhos da minha amiga, a avó hmong. Em consequência dessa liberdade pessoal, a minha vida me pertence e se parece comigo a um nível impensável nos morros do norte do Vietnã, mesmo hoje. É quase como se eu fosse uma cepa de mulher inteiramente nova (pode nos chamar de *Homo ilimitatus*). E embora nós dessa admirável nova espécie gozemos de possibilidades vastas e magníficas, com alcance quase infinito, é importante lembrar que essas vidas ricas em escolhas têm o potencial de criar um tipo próprio de problema. Somos suscetíveis a incertezas emocionais e neuroses provavelmente nada comuns entre os hmong, mas que hoje em dia fogem ao controle entre os meus contemporâneos de, digamos, Baltimore.

O problema, falando simplesmente, é que *não podemos escolher tudo ao mesmo tempo*. Assim, corremos o risco de ficar paralisados pela indecisão, com um pavor terrível de que cada escolha esteja errada. (Tenho uma amiga que se recrimina tão compulsivamente que o marido brinca que a autobiografia dela vai se chamar *Eu Devia Ter Pedido Lagosta*.) As ocasiões em que *realmente* optamos e depois sentimos ter assassinado algum aspecto do nosso ser ao tomar aquela única decisão concreta são igualmente inquietantes. Quando escolhemos a Porta Número Três, tememos matar uma parte diferente da nossa alma, mas igualmente decisiva, que só poderia se manifestar se tivéssemos entrado pela Porta Número Um ou pela Porta Número Dois.

O filósofo Odo Marquard observou na língua alemã uma correlação entre a palavra *zwei*, que significa "dois", e a palavra *zweifel*, que significa "dúvida", indicando que dois de *tudo* trazem à nossa vida a possibilidade da incerteza. Agora, imagine uma vida em que, todos os dias, alguém enfrenta, não duas nem três, mas dúzias de escolhas, e dá para começar a perceber por que o mundo moderno, apesar de todas as suas vantagens, se tornou em altíssimo grau uma máquina geradora de neurose. Num mundo de possibilidades tão abundantes, muitos de nós simplesmente brocham de indecisão. Ou então a jornada da vida sai dos trilhos várias vezes, e voltamos para experimentar as portas que deixamos de lado na primeira rodada, desesperados para acertar agora. Ou nos tornamos comparadores compulsivos, sempre medindo a nossa vida em comparação com a dos outros, achando no fundo que deveríamos ter seguido aquele caminho que eles escolheram.

É claro que a comparação compulsiva só leva a casos debilitantes de *Lebensneid*, ou "inveja da vida", como dizia Nietzsche: a certeza de que alguém é muito mais sortudo do que nós e de que, se tivéssemos *aquele* corpo, *aquele* marido, *aqueles* filhos, *aquele* emprego, tudo seria mais fácil, maravilhoso e feliz. (Um terapeuta amigo meu define esse problema simplesmente como "a doença que faz todos os meus pacientes solteiros sonharem secretamente em se casar e todos os meus pacientes casados sonharem secretamente em ser solteiros".) Como é muito difícil ter certeza, as decisões de todos se transformam em acusações às decisões de todos, e como não há mais modelo universal do que é "um bom homem" ou "uma boa mulher", quase se tem de conquistar uma medalha pessoal de mérito em navegação e orientação emocional para achar o caminho pela vida.

Todas essas escolhas e todo esse anseio podem criar um tipo esquisito de assombração na vida, como se os fantasmas de todas as outras possibilidades não escolhidas ficassem para sempre num mundo de sombras à nossa volta, perguntando sem parar: "Tem certeza de que era isso *mesmo* que você queria?" E essa pergunta corre mais risco de nos perseguir no casamento, exatamente porque o investimento emocional nessa escolha personalíssima passou a ser imenso.

Pode acreditar, o casamento ocidental moderno tem muitos pontos positivos em relação ao casamento hmong tradicional (começando com a falta de raptos), e vou dizer de novo: não trocaria de vida com aquelas mulheres. Elas nunca vão conhecer a extensão da minha liberdade; jamais terão o meu nível de instrução; nunca terão a minha saúde e a minha prosperidade; jamais poderão examinar tantos aspectos da sua natureza. Mas há uma dádiva importantíssima que a noiva hmong tradicional quase sempre recebe no dia do casamento e que costuma se esquivar da noiva ocidental moderna: o dom da certeza. Em geral, quando só há um caminho à frente podemos ter confiança de que é o caminho certo. E a noiva cuja expectativa de felicidade é necessariamente pequena talvez esteja mais protegida do risco de sofrer uma decepção devastadora pelo caminho.

Admito que, até hoje, não sei direito como usar essa informação. Não consigo me forçar a adotar como lema oficial "Queira menos!". Também não consigo imaginar que daria a uma moça às vésperas do casamento o conselho de reduzir as expectativas para ser feliz na vida. Essa ideia vai no sentido contrário de todos os ensinamentos modernos que absorvi. Também já vi essa tática sair pela culatra. Tive uma amiga da faculdade que estreitou de propósito as opções da vida, como se quisesse se vacinar contra expectativas demasiado ambiciosas. Descartou a carreira e ignorou a sedução das viagens; voltou para a cidade natal e se casou com o namorado do curso secundário. Com confiança inabalável, anunciou que se tornaria "apenas" esposa e mãe. A simplicidade desse arranjo lhe pareceu totalmente segura: a certeza comparada às convulsões de indecisão de que tantas colegas mais ambiciosas (eu, inclusive) sofríamos. Mas, doze anos depois, quando o marido a trocou por uma mulher mais jovem, a raiva da minha amiga e a sensação de ter sido traída foram as mais ferozes que já vi. Ela praticamente implodiu de ressentimento; não tanto contra o marido, mas contra o universo, que na opinião dela quebrara um trato sagrado feito com ela. "Eu pedi tão *pouco*!", não parava de dizer, como se bastassem as exigências diminutas para protegê-la de decepções. Mas acho que ela se enganava; na verdade, pediu muito. Ousara pedir felicidade e ousara esperar que a felicidade viesse do casamento. Isso é tanto que é impossível pedir mais.

Mas agora, às vésperas do segundo casamento, talvez fosse útil para mim admitir que também peço muitíssimo. E peço mesmo. Isso é emblemático de nossa época. Permitiram-me esperar grandes coisas na vida. Permitiram-me esperar muito mais da experiência de amar e viver do que jamais se permitiu à maioria das mulheres da história. Quanto às questões de intimidade, quero muitas coisas do meu homem, todas ao mesmo tempo. Isso me lembra uma história que minha irmã me contou sobre uma inglesa que visitou os Estados Unidos no inverno de 1919 e que, escandalizada, escreveu numa carta para casa que nesse estranho país da América havia mesmo gente que vivia com a expectativa de aquecer todas as partes do corpo ao mesmo tempo! A tarde que passei debatendo o casamento com as hmong me fez indagar se eu, nas questões do coração, também não me tornei uma pessoa assim — uma mulher que acredita que o meu amado deveria ser capaz de, num passe de mágica, manter aquecidas todas as partes do meu ser emocional ao mesmo tempo.

Nós, americanos, costumamos dizer que o casamento é "trabalho duro". Não sei se as hmong entenderiam essa ideia. É claro que a vida é trabalho duro, e *trabalhar* é trabalho muito duro; tenho certeza de que concordariam com essas afirmativas. Mas como é que o casamento vira trabalho duro? É assim: o casamento vira trabalho duro quando despejamos todas as expectativas de felicidade da vida nas mãos de uma mera pessoa. Manter isso funcionando é trabalho duro. Uma pesquisa recente feita com moças americanas descobriu que, hoje em dia, as mulheres procuram no marido, mais do que tudo, um homem que as "inspire", o que, segundo todos os padrões, é pedir muito. Como termo de comparação, as moças da mesma idade entrevistadas na década de 1920 tinham mais probabilidade de escolher o parceiro com base em qualidades como "decência" e "honestidade" ou na capacidade de sustentar a família. Mas isso não basta mais. Agora queremos ser *inspiradas* pelos cônjuges! Diariamente! Vai estar à altura, querido?

Mas foi exatamente isso que eu mesma esperei do amor no passado (inspiração, êxtase transcendente) e era isso que agora me preparava para esperar outra vez com Felipe: que, de certa forma, fôssemos responsáveis por todos os aspectos da alegria e da felicidade um do outro. Que a descrição do cargo de esposo fosse ser tudo um do outro.

Pelo menos, sempre pensei assim.

E poderia ter continuado a pensar assim alegremente, só que o meu encontro com as hmong me tirou do rumo num ponto fundamental: pela primeira vez na vida, me ocorreu que talvez eu pedisse demais do amor. Ou, pelo menos, talvez eu estivesse pedindo demais do casamento. Talvez estivesse pondo uma carga de expectativa muito mais pesada no casco velho e decrépito do matrimônio do que essa estranha embarcação era capaz de aguentar.

CAPÍTULO TRÊS

Casamento e história

O PRIMEIRO LAÇO DA SOCIEDADE É O CASAMENTO.

Cícero

O que *é* o casamento, afinal, se não um modo de obter o êxtase supremo?

Para mim, essa pergunta era dificílima de responder, porque o casamento, pelo menos como entidade histórica, tem a tendência de resistir às tentativas de definição em termos simples. Parece que ele não gosta de ficar muito tempo sentado para que alguém possa fazer um retrato bem nítido. O casamento muda. Muda com o passar dos séculos do mesmo modo que muda o tempo na Irlanda: sempre, depressa e de forma surpreendente. Não dá nem para apostar com segurança na definição mais redutora e simples de que o casamento é a união sagrada de um homem e uma mulher. Em primeiro lugar, nem sempre o casamento foi considerado "sagrado", nem mesmo na tradição cristã. E, para ser honesta, na maior parte da história humana o casamento foi geralmente considerado como união entre um homem e *várias* mulheres.

Mas às vezes o casamento foi visto como união entre uma mulher e vários homens (como no sul da Índia, onde vários irmãos podem dividir a mesma noiva). Às vezes o casamento também foi reconhecido como união entre dois homens (como na antiga Roma, onde os casamentos entre homens aristocratas chegaram a ser reconhecidos por lei); ou como união entre dois irmãos (como na Europa medieval, quando havia propriedades valiosas em jogo); ou como união entre duas crianças (novamente na Europa, combinada por pais que queriam proteger heranças ou por papas que detinham o poder); ou como união entre não nascidos (*idem*); ou como união entre duas pessoas limitadas à mesma classe social (mais uma vez na Europa, onde era comum os camponeses medievais serem proibidos por lei de se casar com os seus superiores para manter na mais perfeita ordem as divisões sociais).

Às vezes, o casamento também foi considerado uma união deliberadamente temporária. No Irã revolucionário moderno, por exemplo, os casais jovens podem pedir ao mulá uma licença de casamento especial chamada *sigheh*: um passe de 24 horas que permite ao casal estar "casado" só por um dia. Esse passe permite que um homem e uma mulher sejam vistos juntos em público sem problemas e até fazer sexo legalmente, criando uma forma de expressão romântica provisória protegida pelo casamento e sancionada pelo Corão.

Na China, a definição de casamento já incluiu a união sagrada entre uma mulher viva e um homem morto. Essa união era chamada de casamento fantasma. Uma moça de classe alta casava-se com um morto de boa família para selar os laços de união entre dois clãs. Ainda bem que não havia nenhum contato real de esqueleto com carne viva (era mais um casamento conceitual, pode-se dizer), mas a ideia ainda soa macabra aos ouvidos modernos. Dito isso, algumas chinesas passaram a ver esse costume como o arranjo social ideal. Durante o século XIX, um número surpreendente de mulheres da região de Xangai trabalhava como mercadoras no comércio da seda, e algumas se tornaram empresárias de enorme sucesso. Na tentativa de conquistar independência econômica ainda maior, essas mulheres solicitavam casamentos fantasmas em vez de aceitar maridos vivos. Não havia caminho melhor para a autonomia de uma ambiciosa empresária jovem do que se casar com um cadáver respeitável. Isso lhe dava todo o status social do casamento sem nenhuma das restrições e inconveniências da condição real de esposa.

Mesmo quando o casamento foi definido como união entre um homem e uma única mulher, nem sempre os seus propósitos foram o que supomos hoje. Nos primeiros anos da civilização ocidental, os homens e mulheres se casavam principalmente com propósitos de segurança física. Na época, antes dos Estados organizados, nos tempos selvagens do Crescente Fértil antes de Cristo, a unidade de trabalho fundamental da sociedade era a família. Da família vinham todas as necessidades básicas para o bem-estar social: não só companheirismo e procriação, mas também comida, moradia, educação, orientação religiosa, assistência médica e, talvez o mais importante, defesa. O berço da civilização era um mundo bem perigoso. Estar sozinho era ser alvo da morte. Quanto mais parentes, maior a segurança. As pessoas se casavam para expandir o número de parentes. Naquela época, não era apenas o cônjuge que servia de parceiro; era toda a gigantesca família extensa, funcionando (como os hmong, pode-se dizer) como uma única entidade parceira na luta constante pela sobrevivência.

Essas famílias extensas se transformaram em tribos, essas tribos em reinos, esses reinos viraram dinastias e essas dinastias lutaram entre si em guerras selvagens de conquista e genocídio. Os primeiros hebreus surgiram exatamente com esse sistema, e é por isso que o Antigo Testamento é um festival genealógico de ódio a estrangeiros, centrado na família, cheio de histórias de patriarcas, matriarcas, irmãos, irmãs, herdeiros e outros parentes sortidos. É claro que nem sempre essas famílias do Antigo Testamento eram saudáveis ou funcionais (vemos irmãos matando irmãos, irmãos vendendo irmãos como escravos, filhas seduzindo o próprio pai, cônjuges traindo cônjuge sexualmente), mas a narrativa principal trata sempre do progresso e das atribulações da linhagem, e o casamento era fundamental para a perpetuação dessa história.

Mas o Novo Testamento — ou seja, a chegada de Jesus Cristo — invalidou todas essas antigas lealdades familiares num grau que, em termos sociais, foi verdadeiramente revolucionário. Em vez de perpetuar a noção tribal de "povo eleito contra o mundo", Jesus (que era solteiro, em contraste marcante com os grandes heróis patriarcais do Velho Testamento) ensinou que *todos* somos eleitos, que *todos* somos irmãos e irmãs unidos numa única família humana. Agora, essa era uma ideia absolutamente radical que não teria a mínima possibilidade de deslanchar num sistema tribal tradicional. Afinal de contas, não se pode abraçar um estranho como se fosse irmão, a menos que se quisesse renunciar ao irmão biológico de verdade, derrubando assim um código antigo que interligava cada indivíduo aos seus parentes de sangue numa obrigação sagrada e o deixava ao mesmo tempo em auto-oposição diante do estrangeiro impuro. Mas era exatamente esse tipo de lealdade feroz ao clã que o cristianismo buscava derrubar. Como ensinou Jesus: "Se alguém vier a mim, e não aborrecer a pai e mãe, a mulher e filhos, a irmãos e irmãs, e ainda também à própria vida, não pode ser meu discípulo" (Lucas, 14, 26).

Mas é claro que isso criou um problema. Se vamos desconstruir toda a estrutura social da família humana, *o que* vai substituir essa estrutura? O plano cristão inicial era incrivelmente idealista e até absurdamente utópico: criar uma réplica exata do céu aqui na terra. "Renuncia ao casamento e imita os anjos", ensinava são João Damasceno por volta de 730 d.C., explicando o novo ideal cristão em termos nada incertos. E como imitar os anjos? Reprimindo as compulsões humanas, é claro. Cortando todos os laços humanos naturais. Mantendo sob controle todos os desejos e lealdades, com exceção do desejo de se unir com Deus. Nas hostes celestes dos anjos, afinal de contas, não existiam maridos e mulheres, mães e pais, adoração de ancestrais, laços de sangue, vingança de sangue, paixão, inveja, corpo — e, mais especificamente, sexo.

E esse devia ser o novo paradigma humano, seguindo o modelo do exemplo de Cristo: celibato, companheirismo e pureza absoluta.

Essa rejeição da sexualidade e do casamento representou um enorme afastamento da forma de pensar do Antigo Testamento. A sociedade hebraica, por sua vez, sempre viu o casamento como o arranjo social mais digno e moral de todos (na verdade, os sacerdotes judeus têm *obrigação* de se casar), e dentro desse laço do matrimônio sempre houve a presunção franca do sexo. É claro que o adultério e a fornicação aleatória eram atividades criminalizadas na antiga sociedade judaica, mas ninguém proibia marido e mulher de fazerem amor nem de terem prazer com isso. O sexo dentro do casamento não era pecado; o sexo dentro do casamento era... casamento. Afinal de contas, era com sexo que se faziam bebês judeus, e como aumentar a tribo sem fazer bebês judeus?

Mas os primeiros visionários cristãos não estavam interessados em *fazer* cristãos no sentido biológico (como nenéns saídos do útero); em vez disso, estavam interessados em *converter* cristãos no sentido intelectual (como adultos que buscavam a salvação por opção individual). Não era preciso nascer no cristianismo; o cristianismo era escolhido por adultos, por obra e graça do sacramento do batismo. Como haveria sempre mais possíveis cristãos para converter, não havia necessidade de ninguém se sujar gerando novos bebês por meio da vil conjunção carnal. E se não havia necessidade de bebês, era sensato e natural que não houvesse mais necessidade de casamento.

Lembremos também que o cristianismo era uma religião apocalíptica, muito mais no início da sua história do que hoje. Os primeiros cristãos esperavam que o Fim dos Tempos chegasse a qualquer momento, talvez até amanhã à tarde, e não estavam muito interessados em iniciar dinastias futuras. Efetivamente, para essas pessoas o futuro não existia. Com o Armagedon inevitável e iminente, o cristão convertido recém-batizado só tinha uma tarefa na vida: preparar-se para o apocalipse iminente tornando-se tão puro quanto humanamente possível.

Casamento = esposa = sexo = pecado = impureza.

Portanto, não se case.

Assim, hoje, quando falamos de "sagrados laços do matrimônio" ou da "santidade do casamento", seria bom lembrar que, durante cerca de dez séculos, o próprio cristianismo não via o casamento como sagrado nem santificado. Sem dúvida, o casamento não era modelo para o estado ideal do ser moral. Ao contrário, os primeiros padres cristãos consideravam o costume do casamento uma questão mundana um tanto repugnante que tinha tudo a ver com sexo, mulheres, impostos e propriedades e absolutamente nada a ver com preocupações mais elevadas de divindade.

Assim, quando os conservadores religiosos modernos se sentem saudosos porque o casamento é uma tradição sagrada que remonta a milhares de anos ininterruptos de história, estão absolutamente certos, mas num único aspecto: só se estiverem falando do judaísmo. O cristianismo simplesmente não tem essa mesma reverência histórica profunda e constante para com o matrimônio.

Ultimamente, sim, mas não no começo. Durante os primeiros mil anos da história cristã, a Igreja considerou o casamento monogâmico um pouquinho menos pior do que a mais deslavada prostituição — mas só um pouquinho. São Jerônimo chegou a classificar a santidade humana numa escala de um a cem, com virgens recebendo o cem perfeito, viúvas e viúvos recém-celibatários uns sessenta e os casados, a pontuação surpreendentemente impura de trinta. Era uma escala muito útil, mas até o próprio Jerônimo admitiu que esse tipo de comparação tinha os seus limites. Estritamente falando, escreveu ele, não era justo sequer comparar virgindade com casamento, porque não se pode "comparar duas coisas se uma é boa e a outra, má".

Sempre que leio uma frase assim (e dá para achar esse tipo de pronunciamento em toda a história cristã antiga), penso nos meus amigos e parentes que se identificam como cristãos e que, apesar de terem se esforçado ao máximo para ter uma vida irrepreensível, ainda assim acabam se divorciando. Com o passar dos anos, observei essas pessoas boas e éticas praticamente se eviscerarem de tanta culpa, certos de que violaram os preceitos cristãos mais antigos e sagrados por não terem mantido os votos conjugais. Eu mesma caí nessa armadilha quando me divorciei, e nem fui criada numa família fundamentalista. (Os meus pais eram, no máximo, cristãos moderados, e nenhum parente meu me culpou durante o meu divórcio.) Ainda assim, enquanto o meu casamento desmoronava perdi tantas noites de sono que nem gosto de lembrar, remoendo se Deus algum dia me perdoaria por ter largado o meu marido. E, por um bom tempo depois do divórcio, continuei a ser perseguida pela sensação incômoda de que não só fracassara como pecara.

Essas subcorrentes de vergonha são profundas e não se desfazem da noite para o dia, mas admito que talvez fosse útil, naqueles meses de febril tormento moral, saber alguma coisa sobre a hostilidade com que o cristianismo realmente viu o casamento durante muitos séculos. "Abandonai os vossos fétidos deveres familiares!", instruía um pastor inglês já no século XVI, numa condenação raivosa do que hoje chamaríamos de valores familiares. "Pois sob tudo isso jazem grosserias, rosnidos, mordidas, uma horrenda hipocrisia, inveja, maldade, más conjecturas!"

Ou vejamos o próprio São Paulo, que escreveu, na sua famosa carta aos Coríntios: "Bom seria que o homem não tocasse em mulher." São Paulo acreditava que nunca, jamais, sob nenhuma circunstância, seria bom para o homem tocar uma mulher, nem mesmo a própria esposa. Se tudo fosse como São Paulo queria e como logo admitiu, todos os cristãos seriam celibatários como ele. ("Contudo queria que todos os homens fossem como eu mesmo.")

Mas ele era suficientemente racional para perceber que isso seria pedir demais. Em vez disso, o que ele pedia era que os cristãos praticassem o mínimo de casamento que fosse humanamente possível. Instruiu os solteiros a nunca se casar e pediu aos viúvos ou divorciados que se abstivessem de aceitar no futuro outra parceira. ("Que a mulher não se aparte do marido; se, porém, se apartar, que fique sem casar.") Sempre que possível, Paulo implorava aos cristãos que se refreassem, que contivessem os anseios carnais, que levassem vidas solitárias e sem sexo, tanto na Terra como no Céu.

"Mas se não puderem se conter", cedeu Paulo finalmente, "que se casem, pois é melhor casar do que pecar".

Talvez seja o máximo de má vontade a que já se chegou na história humana para defender o casamento. Mas isso me lembra o acordo que eu e Felipe fizemos recentemente, ou seja, é melhor casar do que ser deportado.

É claro que nada disso fez as pessoas pararem de se casar. Com exceção dos mais devotos, uma quantidade inequívoca dos primeiros cristãos rejeitou o apelo ao celibato e continuou a fazer sexo e a se casar (muitas vezes nessa ordem) sem nenhuma supervisão dos padres. Em todo o mundo ocidental, nos séculos que se seguiram à morte de Cristo, os casais selavam a sua união em vários estilos improvisados (misturando influências matrimoniais judias, gregas, romanas e franco-germânicas) e depois se registravam nos documentos da aldeia ou da cidade como "casados". Às vezes, o casamento não dava certo e os casais pediam o divórcio nos antigos tribunais europeus, surpreendentemente permissivos. (Por exemplo, no século X, as mulheres do País de Gales tinham mais direito ao divórcio e ao patrimônio da família do que as mulheres dos Estados Unidos puritanos sete séculos depois.) Muitas vezes, essas pessoas se casavam com outras pessoas e mais tarde debatiam quem tinha direito à mobília, à terra ou aos filhos.

O matrimônio se tornou uma convenção puramente civil no início da história europeia porque, naquele momento do jogo, adotou uma forma inteiramente nova. Agora que as pessoas moravam em cidades e aldeias em vez de lutar pela sobrevivência ao ar livre no deserto, o casamento não era mais necessário como estratégia fundamental de segurança pessoal nem como ferramenta para a construção do clã tribal. Em vez disso, agora o casamento era considerado uma forma eficientíssima de gerenciar a riqueza e a ordem social, exigindo da comunidade em volta algum tipo de estrutura organizadora.

Numa época em que os bancos, leis e governos ainda eram terrivelmente instáveis, o casamento se tornou o acordo comercial mais importante da vida da maioria. (Ainda é, diriam alguns. Até hoje, pouquíssimas pessoas têm poder igual ao do cônjuge de influenciar de maneira tão profunda, para melhor ou para pior, a nossa situação financeira.) Mas não há dúvida de que, na Idade Média, o casamento era o modo mais seguro e tranquilo de passar riqueza, rebanhos, herdeiros ou propriedades de uma geração a outra. As grandes famílias ricas estabilizavam a fortuna por meio do casamento, assim como as grandes empresas multinacionais de hoje estabilizam a fortuna com fusões e aquisições cuidadosas. (Em essência, as grandes famílias ricas daquela época *eram* grandes empresas multinacionais.) As crianças europeias ricas, com títulos ou heranças, eram como cabeças de gado a serem comercializadas e manipuladas como ações da bolsa. E atenção, não só as meninas, mas os meninos também. Um menino da elite podia ficar noivo e desfazer o noivado com sete ou oito possíveis esposas até que chegasse à puberdade e todas as famílias, com os seus advogados, tomassem a decisão final.

Mesmo no povo comum, as considerações econômicas pesavam bastante sobre ambos os sexos. Conseguir um bom cônjuge naquela época era mais ou menos como entrar numa boa universidade, conseguir uma bolsa ou arranjar emprego nos Correios: garantia uma certa estabilidade futura. É claro que todos tinham as suas afeições pessoais e é claro que os pais de coração mais brando tentavam conseguir para os filhos uniões emocionalmente satisfatórias, mas durante a Idade Média a maioria dos casamentos era abertamente oportunista. Apenas um exemplo: uma grande onda de febre matrimonial varreu a Europa medieval logo depois que a Peste Negra matou 75 milhões de pessoas. Para os sobreviventes, abriram-se de repente caminhos nunca vistos para a ascensão social por meio do casamento. Afinal de contas, havia milhares de viúvas e viúvos novinhos pela Europa, com um volume considerável de propriedades valiosas esperando redistribuição, talvez sem outros herdeiros vivos. Então, o que se seguiu foi um tipo de corrida do ouro matrimonial, uma ocupação de terras do mais alto nível. Os registros dos tribunais da época estão cheios de casos suspeitos de rapazes de 20 anos que se casavam com mulheres idosas. Esses camaradas não eram idiotas. Eles avistaram uma oportunidade — a viúva — e a agarraram.

Quando refletimos sobre essa falta de sentimentalismo em relação ao matrimônio, não surpreende que os cristãos europeus se casassem em particular, dentro de casa, com roupas do dia a dia. Os grandes e românticos casamentos que hoje consideramos "tradicionais" só passaram a existir no século XIX, quando a rainha Vitória ainda adolescente entrou na igreja com um vestido branco e vaporoso e lançou a moda que desde então não caiu. Mas, antes disso, o dia de um casamento europeu médio não era muito diferente dos outros dias da semana. Os casais trocavam votos em cerimônias improvisadas que só duravam alguns instantes. As testemunhas só eram importantes no dia do casamento para que depois não se discutisse nos tribunais se o casal consentira ou não em se casar — questão fundamental quando havia dinheiro, terras ou filhos em jogo. A razão para os tribunais se envolverem era apenas a manutenção de um certo grau de ordem social. Como explicou a historiadora Nancy Cott, "o casamento impunha deveres e concedia privilégios", distribuindo papéis e responsabilidades claros entre os cidadãos.

Em grande parte, isso ainda é verdadeiro na sociedade ocidental moderna. Até hoje, praticamente as únicas coisas a que a lei dá atenção no casamento são dinheiro, propriedade e filhos. É claro que o padre, o rabino, os vizinhos ou os pais podem ter outras ideias sobre o casamento, mas aos olhos da lei secular moderna a única razão para o casamento ter importância é que duas pessoas se uniram e produziram alguma coisa com essa união (filhos, patrimônio, empresas, dívidas) e todas essas coisas têm de ser administradas para que a sociedade civil possa continuar existindo de forma metódica e o governo não se envolva com a confusão que é criar bebês abandonados e sustentar ex-cônjuges falidos.

Quando comecei o processo de divórcio em 2002, por exemplo, a juíza não tinha o mínimo interesse por mim nem pelo meu então marido como seres emocionais ou morais. Ela não se importava com as queixas sentimentais, o coração partido ou as promessas sagradas que foram ou não descumpridas. Sem dúvida, não se importava com a nossa alma mortal. Ela só se importava com a escritura da casa e quem ficaria com ela. Ela se importava com os impostos. Ela se importava com os seis meses que restavam para quitar o carro e quem seria obrigado a pagar as prestações. Ela se importava com quem tinha direito aos royalties dos meus futuros livros. Se tivéssemos filhos (que felizmente não tínhamos), a juíza se importaria muitíssimo com quem seria obrigado a pagar os estudos, a assistência médica, a moradia e a babá. Portanto, pelo poder a ela concedido pelo Estado de Nova York, ela manteve limpo e arrumado o nosso cantinho de sociedade civil. Com isso, aquela juíza do ano de 2002 remontava a um entendimento medieval do casamento: ou seja, ele é uma questão civil e secular, não religiosa nem moral. As suas decisões não soariam deslocadas num tribunal europeu do século X.

Entretanto, para mim a característica mais espantosa desses antigos casamentos europeus (e divórcios, devo acrescentar) era a sua *frouxidão*. Todos se casavam por razões econômicas e pessoais, mas também se separavam por razões econômicas e pessoais, e com bastante facilidade, comparado ao que viria em seguida. A sociedade civil da época parecia entender que, ainda que o coração humano faça muitas promessas, a cabeça pode mudar. E os acordos comerciais também. Na Alemanha medieval, os tribunais chegavam ao ponto de criar dois tipos diferentes de casamento legal: o *Muntehe*, contrato vitalício e permanente com muitas obrigações, e o *Friedelehe*, que pode ser traduzido basicamente como "casamento *light*": um modo de viver mais informal entre dois adultos em comum acordo, que não levava em conta exigências de dote nem leis sobre transmissão e podia ser dissolvido por qualquer das partes a qualquer momento.

Entretanto, no século XIII toda essa frouxidão estava prestes a mudar, porque a Igreja voltou a se envolver na questão do matrimônio — ou melhor, se envolveu pela primeira vez. Os sonhos utópicos do início do cristianismo já tinham acabado havia muito tempo. Os padres da Igreja não eram mais monges estudiosos que pretendiam recriar o paraíso na Terra, mas sim poderosos personagens políticos muito decididos a controlar o seu império cada vez maior. Um dos maiores desafios administrativos que a Igreja então enfrentava era administrar a realeza europeia, cujos casamentos e divórcios costumavam criar e romper alianças políticas de um modo nem sempre agradável para vários papas.

Assim, no ano de 1215, a Igreja assumiu para sempre o controle do casamento, com novos éditos rígidos sobre o que, a partir de então, seria um casamento legítimo. Antes de 1215, sempre se considerara contrato suficiente aos olhos da lei a promessa feita entre dois adultos de comum acordo, mas agora a Igreja insistia que isso era inaceitável. O novo dogma declarava: "Proibimos terminantemente os casamentos clandestinos." (Tradução: *Proibimos terminantemente casamentos feitos às nossas costas.*) Todo príncipe ou aristocrata que agora ousasse se casar contra a vontade da Igreja poderia de repente ser excomungado, e essas restrições foram aos poucos passando também para o povo comum. Só para aumentar ainda mais o controle, o papa Inocente III proibiu então o divórcio sob quaisquer circunstâncias, exceto em casos de anulação sancionada pela Igreja, muitas vezes usada como ferramenta para construir ou destruir impérios.

O casamento, antes uma instituição secular supervisionada pela família e por tribunais civis, tornou-se então uma questão rigorosamente religiosa, supervisionada por padres celibatários. Além disso, a nova proibição estrita do divórcio pela Igreja transformou o casamento numa prisão perpétua, algo que nunca fora, nem mesmo na antiga sociedade hebraica. E o divórcio permaneceu proibido na Europa até o século XVI, quando Henrique VIII trouxe o costume de volta em grande estilo. Mas, durante cerca de dois séculos — e muito mais tempo nos países que continuaram católicos depois da Reforma Protestante —, os casais infelizes não tinham mais como sair legalmente do casamento caso tudo desse errado.

No final, é preciso dizer que essas limitações tornaram a vida muito mais difícil para as mulheres do que para os homens. Pelo menos, os homens podiam procurar amor e sexo fora do casamento, mas as damas não tinham essa via de escape socialmente tolerada. As mulheres da elite, principalmente, ficavam trancadas em seus votos nupciais, tendo de se virar com o que ou quem lhes impingissem. (Os camponeses podiam escolher e abandonar os cônjuges com um pouco mais de liberdade, mas, nas classes superiores, com tanta riqueza em jogo, simplesmente não havia espaço para folgas.) As moças das famílias importantes podiam ser despachadas no meio da adolescência para países cuja língua talvez nem sequer falassem, e lá deixadas para murchar para sempre sob o domínio de algum marido aleatório. Uma dessas adolescentes inglesas, ao descrever os planos para o iminente casamento arranjado, escreveu lamentosa sobre os "preparativos diários para a minha viagem ao Inferno".

Para aumentar ainda mais o controle da estabilização e do gerenciamento da riqueza, agora os tribunais de toda a Europa defendiam a sério a noção jurídica — chamada na Inglaterra de *coverture* — de que a existência civil individual da mulher se apagaria no momento em que se casasse. Nesse sistema, a esposa passa a ser efetivamente "coberta" pelo marido e não tem mais nenhum direito jurídico próprio nem pode possuir propriedades pessoais. A princípio, essa noção jurídica era francesa, mas se espalhou facilmente pela Europa e logo se entranhou profundamente na legislação consuetudinária inglesa, a Common Law. Ainda no século XIX, o juiz britânico Lord William Blackstone defendia no seu tribunal a essência da *coverture* e insistia que a mulher casada não existia de verdade como entidade jurídica. "O próprio ser da mulher", escreveu, "é suspenso durante o casamento". Por essa razão, Blackstone decidiu que o marido não pode dividir o patrimônio com a esposa nem que queira, nem mesmo se esse patrimônio, tecnicamente, já foi propriedade da mulher. O homem não pode conceder *nada* à mulher, pois isso pressuporia a "sua existência separada" dele — e tal coisa, claramente, era impossível.

Assim, a *coverture* era mais do que a fusão de dois indivíduos numa "duplicação" fantasmagórica do homem, coisa quase de vodu, na qual os seus poderes dobravam e a esposa se evaporava completamente. Combinada à severa política nova da Igreja contra o divórcio, no século XVIII o casamento se tornou uma instituição que sepultava e depois apagava as vítimas do sexo feminino, principalmente na nobreza. Mal conseguimos imaginar como deve ter sido solitária a vida dessas mulheres depois de serem tão completamente erradicadas como seres humanos. Como é que ocupavam os seus dias? Naqueles casamentos paralisantes, como escreveu Balzac sobre essas damas infelizes, "o tédio as domina e elas se entregam à religião, aos gatos, aos cãezinhos ou a outras manias que só são ofensivas a Deus".

Aliás, se há uma palavra que me desperta todos os terrores inerentes que já senti com a instituição do casamento, é *coverture*. Era exatamente sobre isso que a bailarina Isadora Duncan falava ao escrever que "toda mulher inteligente que lê um contrato de casamento e depois o aceita merece sofrer todas as consequências".

A minha aversão também não é inteiramente irracional. Na civilização ocidental, o legado da *coverture* durou muito mais séculos do que devia, agarrando-se à vida nas margens dos antigos livros empoeirados de Direito e sempre ligado a ideias fixas conservadoras sobre o papel adequado da esposa. Só em 1975, por exemplo, as mulheres casadas do estado americano de Connecticut — inclusive a minha própria mãe — tiveram permissão jurídica de fazer empréstimos e abrir conta bancária sem permissão escrita do marido. Só em 1984 o Estado de Nova York derrubou um conceito jurídico horrível chamado "exceção do estupro conjugal", que permitia ao homem fazer sexualmente o que quisesse com a esposa, por mais violento e coercitivo que fosse, já que o corpo dela pertencia a ele — já que, de fato, ela *era* ele.

Há um exemplo específico do legado da *coverture* que, dadas as minhas circunstâncias, é o que mais me atinge. O fato é que tive sorte de o governo americano pensar em permitir que eu me casasse com Felipe sem me forçar a abrir mão da minha nacionalidade no processo. Em 1907, o Congresso dos Estados Unidos aprovou uma lei que determinava que toda americana nascida no país que se casasse com um homem de origem estrangeira teria de abrir mão da cidadania americana no ato do matrimônio e tornar-se automaticamente cidadã do país do marido, quer ela quisesse, quer não. Embora os tribunais admitissem que isso era desagradável, durante muitos anos defenderam, no entanto, que era necessário. Como decidiu a Suprema Corte sobre o assunto, permitir a uma americana que mantivesse a nacionalidade no momento do casamento com um estrangeiro seria a mesma coisa, em essência, do que permitir que a cidadania da mulher sobrepujasse a do marido. Isso seria sugerir que a mulher possuía algo que a tornava superior ao marido — *mesmo nesse pequeno aspecto* — e, obviamente, como explicou um juiz americano, excessivo, já que minava o "antigo princípio" do contrato conjugal, que existia para "fundir sua identidade (do homem e da mulher) e dar predominância ao marido". (É claro que, estritamente falando, não é uma fusão, é uma tomada do poder. Mas dá para entender.)

Nem é preciso dizer que a lei não exigia que o contrário fosse verdadeiro. Se um americano nascido nos Estados Unidos se casasse com uma mulher estrangeira, sem dúvida o marido manteria a sua cidadania, e a noiva (coberta por ele, afinal de contas) poderia tornar-se cidadã americana — isto é, desde que atendesse às exigências para a naturalização oficial de esposas estrangeiras (ou seja, desde que não fosse negra, mulata, membro da "raça malaia" ou nenhum outro tipo de criatura que os Estados Unidos da América considerassem expressamente indesejáveis).

Isso nos leva a outro assunto que acho incômodo no legado do matrimônio: o racismo encontrado em todas as leis sobre casamento, mesmo na história americana recente. Um dos personagens mais sinistros da saga matrimonial americana foi um camarada chamado Paul Popenoe, produtor de abacates da Califórnia, que abriu uma clínica de eugenia em Los Angeles, na década de 1930, chamada "Fundação para o Melhoramento Humano". Inspirado pelas tentativas de cultivar abacates melhores, dedicou a clínica ao trabalho de cultivar americanos melhores (leia-se: mais brancos). Popenoe temia que as mulheres brancas, que tinham começado recentemente a frequentar a universidade e a retardar o casamento, não se multiplicassem com a velocidade e a quantidade necessárias, enquanto todas as pessoas de cor errada se multiplicavam perigosamente. Ele também alimentava temores profundos a respeito do casamento e da procriação dos "inaptos", e assim a prioridade da clínica era esterilizar todos aqueles que Popenoe considerasse indignos de se reproduzir. Se isso parece angustiosamente familiar, é porque os nazistas ficaram impressionados com a obra de Popenoe, que citavam nos seus textos com frequência. Na verdade, os nazistas levaram longe as suas ideias. Enquanto a Alemanha acabou esterilizando mais de 400 mil pessoas, os estados americanos, seguindo os programas de Popenoe, só conseguiram esterilizar cerca de 60 mil cidadãos.

Também é arrepiante descobrir que Popenoe usou a sua clínica como base para fundar o primeiro centro de orientação matrimonial dos Estados Unidos. A intenção desse centro de orientação era encorajar o casamento e a reprodução entre casais "aptos" (brancos e protestantes de ascendência do norte da Europa). Ainda mais arrepiante é o fato de que Popenoe, o pai da eugenia americana, também criou a famosa coluna "Esse casamento pode ser salvo?" na revista feminina *Ladies' Home Journal*. A sua intenção com a coluna de conselhos era idêntica à do centro de orientação: manter unidos todos aqueles casais americanos brancos para que pudessem produzir mais bebês americanos brancos.

Mas a discriminação racial sempre influenciou o casamento nos Estados Unidos. Não surpreende que os escravos do Sul, antes da Guerra de Secessão, não pudessem se casar. O argumento contra o casamento dos escravos era simplesmente o seguinte: *é impossível*. Na sociedade ocidental, considera-se que o casamento é um contrato baseado em comum acordo, e um escravo, por definição, não tem comum acordo. Cada passo seu é controlado pelo senhor e, portanto, ele não pode fazer nenhum contrato com outro ser humano por vontade própria. Assim, permitir ao escravo que se casasse com consentimento mútuo seria supor que o escravo pudesse fazer até mesmo essa pequena promessa por conta própria, e isso, obviamente, seria impossível. Portanto, escravos não podiam se casar. A linha de raciocínio é perfeita e esse argumento (e a política violenta que o impunha) conseguiu destruir a instituição do casamento dentro da comunidade afroamericana durante várias gerações, deixando uma herança deplorável que aflige a sociedade até hoje.

Depois há a questão do casamento inter-racial, que até bem recentemente era ilegal nos Estados Unidos. Durante quase toda a história americana, apaixonar-se por alguém da cor errada podia dar cadeia ou coisa pior. Tudo isso mudou em 1967, com um casal da zona rural do estado da Virgínia que tinha o poético sobrenome de Loving — amoroso. Richard Loving era branco; a mulher, Mildred, que ele adorava desde os 17 anos, era negra. Quando decidiram se casar em 1958, as uniões inter-raciais ainda eram ilegais na Virgínia, assim como em 15 outros estados americanos. Por isso, o jovem casal fez os seus votos conjugais em Washington, D.C. Mas, quando voltaram para casa depois da lua de mel, foram logo presos pela polícia local, que invadiu o quarto de dormir dos dois no meio da noite e os prendeu. (A polícia tinha esperanças de encontrar o casal praticando sexo, para que também pudessem acusá-los do crime de intercurso inter-racial, mas não tiveram sorte; os Loving estavam apenas dormindo.) Ainda assim, o fato de terem se casado tornava o casal culpado o bastante para ir para a cadeia. Richard e Mildred solicitaram ao tribunal o direito de manter o casamento realizado em Washington, D.C, mas um juiz estadual da Virgínia anulou os votos conjugais, explicando com boa vontade, na sua decisão, que "Deus Todo-Poderoso criou as raças branca, negra, amarela, malaia e vermelha, e colocou-as em continentes separados. O fato de ter separado as raças mostra que Ele não pretendia que elas se misturassem".

É bom saber.

Os Loving se mudaram para Washington quando entenderam que, se algum dia voltassem à Virgínia, seriam presos. A sua história poderia ter terminado aqui se não fosse uma carta que Mildred escreveu à NAACP — National Association for the Advancement of Colored People, ou Associação Nacional para o Progresso das Pessoas de Cor — para perguntar se a entidade poderia ajudar o casal a dar um jeito de voltar para casa, na Virgínia, nem que fosse para uma visita breve. "Sabemos que não podemos morar lá", escreveu a sra. Loving com humildade arrasadora, "mas gostaríamos de voltar de vez em quando para visitar parentes e amigos".

Dois advogados civis da ACLU — American Civil Liberties Union, ou União Americana de Liberdade Civil — assumiram o caso, que, finalmente, em 1967, chegou à Suprema Corte dos Estados Unidos, onde os juízes, depois de examinar o processo, pediram vênia unânime para discordar da ideia de que a lei civil moderna devesse se basear na exegese bíblica. (Para seu eterno crédito, a própria Igreja Católica Romana fizera uma declaração pública havia apenas alguns meses para exprimir apoio irrestrito ao casamento inter-racial.) A Suprema Corte afirmou a legalidade da união de Richard e Mildred, por nove votos a zero, com essa declaração retumbante: "A liberdade de casamento foi reconhecida há muito tempo como um dos direitos pessoais vitais e essenciais para a busca ordeira da felicidade dos homens livres."

Devo mencionar também que, na época, uma pesquisa mostrou que 70% dos americanos se opuseram com veemência a essa decisão. Vou repetir: na história americana recente, *sete em cada dez* americanos ainda acreditavam que deveria ser crime pessoas de raças diferentes se casarem. Mas, nesse caso, os tribunais estavam moralmente à frente da população em geral. As últimas barreiras raciais foram removidas do cânone da lei matrimonial americana, e a vida continuou, e todo mundo se acostumou com a nova realidade, e a instituição do casamento não desmoronou quando os seus limites foram ajustados e alargados um tiquinho só. E, embora ainda possa haver por aí quem acredite que a mistura de raças é odiosa, hoje é preciso ser um racista lunático e extremamente marginal para defender a sério e publicamente que adultos conscientes de origem étnica diferente devam ser excluídos do matrimônio legal. Além disso, não há um único político nesse país capaz de vencer eleições para cargos elevados se defender plataforma tão desprezível.

Em outras palavras, avançamos.

Dá para ver aonde é que estou indo com isso tudo, não dá?

Ou melhor, dá para ver aonde a *História* está indo com isso tudo?

Quero dizer o seguinte: você se surpreenderia se eu aproveitasse alguns minutinhos para discutir o assunto do casamento de pessoas do mesmo sexo? Por favor, entenda que sei que muita gente tem opinião formada e extremada sobre esse tema. Não há dúvida de que o então parlamentar James M. Talent, do Missouri, falou por muitos quando disse, em 1996, que "é um ato de arrogância acreditar que o casamento possa ser infinitamente maleável, que possa ser empurrado ou puxado como massa de modelar sem destruir a sua estabilidade essencial e o seu significado para a nossa sociedade".

Mas o problema desse argumento é que a coisa que o casamento mais fez, falando em termos de história e definição, foi mudar. No mundo ocidental, o casamento muda a cada século, ajustando-se o tempo todo aos novos padrões sociais e às novas noções de justiça. Na verdade, é apenas por causa da maleabilidade da instituição, digna de massa de modelar, que ainda existe. Pouquíssima gente, inclusive o sr. Talent, posso apostar, aceitaria o casamento nos moldes do século XIII. Em outras palavras, o casamento sobrevive exatamente porque evolui. (Embora eu suponha que esse não seja um argumento muito convincente para quem, provavelmente, também não acredita em evolução.)

Num espírito de total transparência, vou deixar claro aqui que apoio o casamento entre pessoas do mesmo sexo. Claro que teria de ser assim; sou exatamente esse tipo de pessoa. A razão pela qual abordo esse tópico é que me irrita profundamente saber que, pelo ato do casamento, tenho acesso a alguns privilégios sociais básicos que um grande número de amigos e colegas contribuintes não têm. E me irrita ainda mais saber que, se Felipe e eu, por acaso, fôssemos um casal do mesmo sexo, teríamos problemas *realmente* graves depois daquele incidente no aeroporto de Dallas/Fort Worth. O Departamento de Segurança Interna daria uma olhada no nosso relacionamento e chutaria o meu parceiro para fora do país para sempre, sem nenhuma esperança de futura liberdade condicional por meio do casamento. Assim, é estritamente por conta das minhas credenciais heterossexuais que posso assegurar a Felipe um passaporte americano. Nesses termos, o meu casamento iminente começa a parecer a filiação a um clube de campo exclusivo, um meio de me oferecer amenidades preciosas negadas aos meus vizinhos igualmente merecedores. Esse tipo de discriminação nunca vai me cair bem e só aumenta a desconfiança natural que eu já sentia pela instituição.

Ainda assim, hesito em discutir com mais detalhes os aspectos específicos desse determinado debate social, no mínimo porque o casamento gay é uma questão tão candente que quase é cedo demais para publicar livros sobre o assunto. Duas semanas antes de eu me sentar para escrever este parágrafo, o casamento entre pessoas do mesmo sexo foi legalizado no estado americano de Connecticut. Uma semana depois, foi declarado ilegal no estado da Califórnia. Enquanto eu relia este parágrafo, alguns meses depois, explodiu a maior confusão nos estados de Iowa e Vermont. Não demorou muito para New Hampshire se tornar o sexto estado americano a legalizar o casamento entre pessoas do mesmo sexo, e começo a acreditar que, o que quer que eu declare hoje sobre o casamento gay nos Estados Unidos, é provável que esteja obsoleto na tarde de terça-feira que vem.

Mas o que posso dizer sobre esse assunto é que o casamento legalizado entre pessoas do mesmo sexo está chegando aos Estados Unidos. Em boa parte, isso acontece porque o casamento *não* legalizado entre pessoas do mesmo sexo já existe. Hoje, casais do mesmo sexo já moram juntos às claras, quer a relação tenha sido sancionada oficialmente pelo Estado, quer não. Juntos, os casais do mesmo sexo estão criando filhos, pagando impostos, construindo lares, administrando empresas, criando riqueza e até se divorciando. Todos esses relacionamentos e responsabilidades sociais já existentes têm de ser administrados e organizados pela lei para manter o bom funcionamento da sociedade civil. (É por isso que, nos Estados Unidos, pela primeira vez, o recenseamento de 2010 vai registrar como "casados" os casais do mesmo sexo, para mensurar com clareza a verdadeira situação demográfica do país.) Os tribunais federais acabarão perdendo a paciência, como aconteceu no caso do casamento inter-racial, e decidirão que é muito mais fácil dar acesso ao matrimônio a todos os adultos que o desejem do que resolver a questão de estado em estado, de emenda em emenda, de xerife em xerife, de preconceito pessoal em preconceito pessoal.

É claro que os conservadores sociais talvez ainda acreditem que o casamento homossexual está errado porque o propósito do matrimônio é ter filhos, mas heterossexuais estéreis, sem filhos e pós-menopausa se casam o tempo todo e ninguém protesta. (O comentarista político arquiconservador Pat Buchanan e a esposa não têm filhos, só para servir de exemplo, e ninguém sugere que os seus privilégios conjugais tenham de ser revogados por não haver geração de progênie biológica.) E quanto à noção de que o casamento entre pessoas do mesmo sexo corrompe a comunidade em geral, ninguém ainda foi capaz de provar isso num tribunal. Ao contrário, centenas de entidades científicas e sociais — desde a Academia Americana de Médicos de Família e a Associação

Psicológica Americana até a Liga de Bem-Estar Infantil da América — endossaram publicamente tanto o casamento gay quanto a adoção gay.

Mas o casamento gay está chegando aos Estados Unidos principalmente porque aqui o casamento é uma questão secular e não religiosa. Quase sempre, a objeção ao casamento gay é bíblica, mas neste país nenhum compromisso jurídico é definido pela interpretação dos versículos da Bíblia, pelo menos desde que a Suprema Corte defendeu Richard e Mildred Loving. A cerimônia de casamento na igreja é bonita, mas não é *exigida* para o casamento ser legal nem *configura* um casamento legal nos Estados Unidos. Nesse país, o que configura o casamento legal é aquele papelucho importantíssimo que os noivos têm de assinar e registrar junto ao Estado. A moralidade do casamento pode ficar entre você e Deus, mas aquela papelada civil e secular é que torna os votos oficiais aqui na Terra. Assim, em última análise, cabe aos tribunais dos Estados Unidos e não às igrejas dos Estados Unidos decidir sobre as regras da lei matrimonial, e é nesses tribunais que o debate do casamento entre pessoas do mesmo sexo será finalmente resolvido.

Seja como for, para ser totalmente honesta, acho meio maluco que os conservadores sociais combatam isso com tanta veemência, considerando que é uma coisa bastante positiva para a sociedade em geral que o máximo possível de famílias intactas vivam em situação de matrimônio. E digo isso como alguém que admite — acho que agora todos concordamos — desconfiar do casamento. Mas é verdade. O casamento legal, por restringir a promiscuidade sexual e prender as pessoas às suas obrigações sociais, é um elemento essencial de toda comunidade ordeira. Não estou convencida de que o casamento seja sempre tão maravilhoso para todos os indivíduos *dentro* da relação, mas essa é outra questão. Não há nenhuma dúvida, nem mesmo na minha cabeça rebelde, de que o matrimônio estabiliza a ordem social mais ampla e costuma ser excelente para os filhos.*

---

* Peço licença por um minutinho. Essa questão é tão importante e complicada que merece a única nota de rodapé do livro inteiro. Quando os sociólogos dizem que "o casamento é excelente para os filhos", o que eles querem dizer é que a *estabilidade* é excelente para os filhos. Já se provou categoricamente que as crianças desabrocham em ambientes onde não fiquem submetidas a mudanças emocionais constantes e perturbadoras, como, por exemplo, uma rotação infindável de novos parceiros românticos da mamãe ou do papai entrando e saindo de casa. O casamento *tende* a estabilizar as famílias e impedir essas sublevações, mas não *necessariamente*. Hoje em dia, por exemplo, o filho de um casal não casado da Suécia (onde o casamento legal é cada vez mais antiquado, mas os laços familiares são bastante sólidos) tem mais probabilidade de viver para sempre com os mesmos pais do que o filho de um casal casado dos Estados Unidos (onde o

Então, se eu fosse uma conservadora social — ou seja, se eu fosse alguém que se preocupasse profundamente com estabilidade social, prosperidade econômica e monogamia sexual —, ia querer que o máximo possível de casais gays se casasse. Ia querer que o máximo possível de *todo* tipo de casal se casasse. Reconheço que os conservadores temem que os homossexuais destruam e corrompam a instituição do casamento, mas talvez devessem pensar na outra possibilidade de que os casais gays, na verdade, neste momento da história, estejam em condições de *salvar* o casamento. Pensem só! O casamento está em declínio por toda parte, em todo o mundo ocidental. Todos estão se casando mais tarde, quando se casam, ou produzem filhos a contragosto, fora do casamento, ou (como eu) abordam a instituição como um todo com ambivalência e até hostilidade. Não confiamos mais no casamento, muitos de nós, héteros. Não o entendemos. Não estamos nada convencidos de que precisamos dele. Sentimos que é um caso de ame-o ou deixe-o para sempre. E tudo isso deixa o pobre matrimônio a se contorcer com o vento frio da modernidade.

Mas, bem na hora em que tudo parece perdido para o casamento, bem na hora em que o matrimônio está prestes a se tornar tão descartável, em termos evolutivos, quanto o mindinho do pé e o apêndice, bem na hora em que a instituição parece condenada a murchar no esquecimento devido à falta generalizada de interesse social, surgem os casais gays pedindo para participar! Na verdade, implorando para participar! Na verdade, lutando com todas as forças para participar de um costume que pode ser extremamente benéfico para a sociedade como um todo, mas que muitos, como eu, achamos apenas sufocante, antiquado e irrelevante.

Talvez pareça irônico que os homossexuais — que, no decorrer dos séculos, transformaram em arte a vida boêmia nas margens da sociedade — queiram agora, com tanto desespero, fazer parte de uma tradição tão convencional. Sem dúvida, nem todo mundo entende essa ânsia de ser assimilado, nem mesmo dentro da comunidade gay. O cineasta John Waters, por exemplo, diz que sempre achou que as únicas vantagens de ser gay eram não ter de prestar o serviço militar nem ter de se casar. Ainda assim, é verdade que muitos casais do mesmo sexo querem simplesmente fazer parte da sociedade como cidadãos totalmente integrados, com responsabilidade social, centrados na família,

---

casamento ainda é reverenciado, mas o divórcio é cada vez mais frequente). As crianças precisam de constância e familiaridade. O casamento encoraja, mas não pode assegurar a solidez familiar. Casais não casados, pais solteiros e até avós podem criar ambientes calmos e estáveis para os filhos desabrocharem fora dos laços do matrimônio legal. Só queria deixar isso bem claro. Desculpem a interrupção e muito obrigada.

pagadores de impostos, torcedores do time dos filhos, servidores da nação e respeitavelmente casados. Então, por que não lhes dar as boas-vindas? Por que não recrutá-los aos montes para que, com asas heroicas, salvem a velha instituição puída e debilitada do matrimônio de um bando de heterossexuais inúteis, apáticos e imprestáveis como eu?

De qualquer modo, aconteça o que acontecer com o casamento gay, também posso assegurar que, algum dia, as futuras gerações acharão ridículo, a ponto de morrer de rir, que tenhamos debatido esse tópico, do mesmo modo que hoje parece absurdo que antigamente fosse estritamente ilegal um camponês inglês se casar com alguém que não fosse da sua classe ou um cidadão americano branco se casar com alguém da "raça malaia". E isso nos leva à última razão para o casamento gay estar chegando: o casamento no mundo ocidental, nos últimos séculos, vem avançando, lenta mas inexoravelmente, na direção de cada vez mais privacidade pessoal, cada vez mais justiça, cada vez mais respeito pelos indivíduos envolvidos e cada vez mais liberdade de escolha.

É possível datar o início do "movimento de liberdade conjugal", por assim dizer, em meados do século XVIII. O mundo mudava, as democracias liberais estavam em ascensão e, em toda a Europa ocidental e nas Américas, surgiu um imenso impulso social por mais liberdade, mais privacidade, mais oportunidades para os indivíduos buscarem a felicidade pessoal sem se curvar aos desejos dos outros. Tanto homens quanto mulheres começaram a exprimir com mais veemência o desejo de *escolher*. Queriam escolher os líderes, a religião, o destino e, isso mesmo, escolher até os cônjuges.

Além disso, com os avanços da Revolução Industrial e o aumento da renda pessoal, agora os casais podiam comprar uma casa própria, em vez de passar a vida inteira morando com o resto da família extensa; não dá para superestimar até que ponto essa transformação social afetou o casamento. Afinal, junto com todos esses novos lares privados veio... isso mesmo, a *privacidade*. Pensamentos privados e tempo privado, que levaram a desejos privados e ideias privadas. Depois de fechadas as portas da casa, a sua vida era sua. Era possível ser senhor do próprio destino, comandante do navio emocional. Era possível buscar um paraíso só seu e encontrar a felicidade — não no céu, mas bem aqui, no centro de Pittsburgh, por exemplo, com uma esposa adorável (que o próprio marido escolheu em pessoa, aliás, não porque a opção fosse economicamente vantajosa, nem porque a família combinara o casamento, mas porque *gostava do riso dela*).

Um dos meus casais-heróis do movimento de liberdade conjugal foi Lillian Harman e Edwin Walker, do grande estado de Kansas, por volta de 1887. Lillian era sufragete e filha de um anarquista famoso; Edwin era jornalista progressista e simpatizante das feministas. Tinham sido feitos um para o outro. Quando se apaixonaram e decidiram selar o relacionamento, não visitaram sacerdotes nem juízes; em vez disso, fizeram um "casamento autonomista", como diziam. Criaram os seus votos matrimoniais, falando, durante a cerimônia, da privacidade absoluta da sua união e jurando que Edwin não dominaria a esposa de modo nenhum nem ela adotaria o sobrenome dele. Além disso, Lillian se recusou a jurar lealdade eterna a Edwin, mas afirmou com toda a firmeza que "não farei promessas cujo cumprimento possa se tornar impossível ou imoral, mas manterei o direito de agir sempre como a minha consciência e juízo ditarem".

Nem é preciso dizer que Lillian e Edwin foram presos por esse insulto às convenções — e na noite de núpcias, ainda por cima. (O que será que *há* nisso de prender gente na cama que sempre assinala uma nova era na história do casamento?) O casal foi acusado de não respeitar licenças e cerimônias e um juiz afirmou que "a união entre E. C. Walker e Lillian Harman não é casamento e eles merecem toda a punição que lhes foi imposta".

Mas a porteira já se escancarara, porque o que Lillian e Edwin queriam não era muito diferente do que os seus contemporâneos queriam: a liberdade para formar e dissolver as suas uniões, em seus próprios termos, por razões privadas, totalmente livres da interferência intrometida da Igreja, da lei ou da família. Queriam paridade entre si e justiça dentro do casamento. Mas o que mais queriam era liberdade para definir o relacionamento com base na interpretação pessoal do amor.

É claro que houve resistência a essas noções radicais. Já no início do século XIX, começamos a ver conservadores sociais caretas e presunçosos sugerindo que essa tendência a um expressivo individualismo no casamento traria o colapso da sociedade. O que esses conservadores previam, especificamente, era que permitir aos casais encontrar os seus pares na vida com base apenas no amor e nos caprichos da afeição pessoal logo levaria a níveis astronômicos de divórcio e a uma série de lares amargamente desfeitos.

O que hoje parece ridículo, não é?

Só que eles estavam quase certos.

O divórcio, antigamente raríssimo na sociedade ocidental, começou a aumentar em meados do século XIX, quase na mesma hora em que todos começaram a escolher os parceiros por meras razões de amor. E desde então, conforme o casamento fica ainda menos "institucional" (baseado nas necessidades da sociedade mais ampla) e ainda mais "expressivamente individualista" (baseado nas necessidades do... *indivíduo*), o nível de divórcios só faz crescer.

E isso é um tanto arriscado, afinal de contas. Porque aí vem o fato mais interessante que aprendi com toda a história do casamento: em toda parte, em todas as sociedades, no mundo inteiro, em todas as épocas, sempre que uma cultura conservadora, de casamentos arranjados, é substituída por uma cultura expressiva em que o parceiro é escolhido com base no amor, o número de divórcios começa imediatamente a disparar. Pode escrever. (Agora mesmo, enquanto conversamos, isso está acontecendo na Índia, por exemplo.)

Uns cinco minutos depois de todos começarem a clamar pelo direito de escolher o cônjuge com base no amor, começarão a clamar pelo direito de se divorciar desse cônjuge quando o amor morrer. Além disso, os tribunais começarão a permitir que as pessoas se divorciem, com base em que forçar um casal que já se amou a permanecer junto agora que se detesta é uma forma desumana de crueldade. ("Mandem marido e mulher para a servidão penal se desaprovam a sua conduta e querem puni-los", protestou George Bernard Shaw, "mas não os mandem de volta ao laço perpétuo do casamento".) Quando o amor se torna a base da instituição, os juízes ficam mais solidários com os cônjuges sofredores, talvez porque também saibam, por experiência própria, como pode ser doloroso o amor arruinado. Em 1849, um tribunal de Connecticut decidiu que os cônjuges deveriam ter permissão de sair legalmente do casamento não só por razões de agressão, negligência ou adultério, mas também pela simples infelicidade. "Toda conduta que destrua permanentemente a felicidade do suplicante", declarou o juiz, "anula os propósitos da relação matrimonial".

Essa foi uma declaração realmente radical. Inferir que o *propósito* do casamento é criar um estado de felicidade nunca fora uma ideia inquestionável na história humana. Pode-se dizer que essa noção levou inevitavelmente ao surgimento dos "divórcios expressivos", como diz a pesquisadora matrimonial Barbara Whitehead: casos de pessoas que encerram o casamento só porque o amor morreu. Nesses casos, não há nada de errado com o relacionamento. Ninguém surrou nem traiu ninguém, mas a *sensação* da história de amor mudou e o divórcio se torna a expressão dessa decepção tão íntima.

Sei exatamente do que Whitehead está falando no caso do divórcio expressivo; a minha saída do primeiro casamento foi exatamente assim. É claro que, quando uma situação nos deixa em verdadeira desgraça, é difícil dizer que estamos "simplesmente" infelizes. Por exemplo, não parece nada "simples" chorar meses a fio nem sentir que se está enterrada viva na própria casa. Mas, para ser justa, devo admitir que deixei o meu ex-marido *simplesmente* porque a minha vida com ele ficou horrível, e esse gesto me marcou como uma esposa muito expressivamente moderna.

Assim, com o passar do tempo, essa transformação do casamento, de acordo comercial em sinal de afeição emocional, enfraqueceu bastante a instituição, já que os casamentos baseados no amor, afinal de contas, são tão frágeis quanto o próprio amor. Basta observar a minha relação com Felipe e o fio finíssimo que nos mantém juntos. Falando em termos simples, não preciso desse homem por quase nenhuma das razões que levaram as mulheres a precisar de homens no decorrer dos séculos. Não preciso dele para me proteger fisicamente, porque vivo numa das sociedades mais seguras do mundo. Não preciso dele para me sustentar financeiramente, porque sempre ganhei o meu pão. Não preciso dele para aumentar o meu círculo de parentesco, porque tenho uma comunidade rica e só minha de amigos, vizinhos e parentes. Não preciso dele para me dar a importantíssima condição social de "mulher casada", porque a minha cultura respeita as mulheres não casadas. Não preciso dele para ter filhos, porque escolhi não ser mãe; e mesmo que quisesse filhos, a tecnologia e a permissividade da sociedade liberal me permitem ter bebês por outros meios e criá-los sozinha.

Então, onde é que ficamos? Por que preciso desse homem? Só preciso dele porque, por acaso, o adoro, porque a sua companhia me traz alegria e consolo e porque, como me disse o avô de um amigo, "às vezes a vida é dura demais para ficar sozinho, e às vezes a vida é boa demais para ficar sozinho". O mesmo acontece com Felipe: ele também só precisa de mim pela minha companhia. Parece muito, mas não é: é apenas amor. E o casamento baseado no amor não garante — *não pode* garantir — o contrato vitalício de um casamento baseado no clã ou no patrimônio. Pela própria e irritante definição, tudo o que o coração escolhe por razões misteriosas pode ser desescolhido depois — mais uma vez, por razões misteriosas. E o paraíso privado em comum pode se transformar depressa num inferno privado e fracassado.

Além disso, o caos emocional que acompanha o divórcio costuma ser colossal, o que torna imenso o risco psicológico de casar por amor. A pesquisa mais comum usada hoje pelos médicos para determinar o nível de estresse dos pacientes é um teste criado na década de 1970 por dois pesquisadores chamados Thomas Holmes e Richard Rahe. A escala de Holmes e Rahe põe a "morte do cônjuge" no ponto mais alto da lista, como o fato mais estressante que a maioria enfrentará na vida. Mas sabe qual é o segundo da lista? O *divórcio*. De acordo com esse estudo, o "divórcio" provoca ainda mais ansiedade do que a "morte de um parente próximo" (até a morte de um filho, devemos supor, pois não há categoria separada para esse evento horroroso) e é muito mais estressante do que "doença grave", "demissão" e até "prisão". Mas o que achei mais espantoso na escala de Holmes e Rahe é que a "reconciliação conjugal" também tem posição bem alta na lista de fatos causadores de estresse. Até mesmo *quase* se divorciar e depois salvar o casamento na última hora pode causar uma devastação emocional absoluta.

Assim, quando falamos que o casamento baseado no amor pode levar a um número maior de divórcios, isso não deve ser visto com leviandade. O custo emocional, financeiro e até físico do amor fracassado pode destruir indivíduos e famílias. As pessoas perseguem, ferem e matam ex-cônjuges, e, mesmo quando não se chega ao extremo da violência física, o divórcio é uma bola de demolição psicológica, emocional e econômica — como pode confirmar quem já esteve dentro ou perto de um casamento fracassado.

Parte do que torna tão pavorosa a experiência do divórcio é a ambivalência emocional. Para muitos divorciados, pode ser difícil e até impossível manter-se num estado de puro pesar, pura raiva ou puro alívio no que tange aos sentimentos para com o ex-cônjuge. Em vez disso, as emoções costumam se misturar durante muitos anos num cozido de contradições desconfortavelmente cru. É assim que acabamos com saudades do ex-marido e ao mesmo tempo ficamos magoadas com ele. É assim que acabamos nos preocupando com a ex-mulher e ao mesmo tempo sentimos por ela uma raiva assassina. É uma confusão desmedida. Na maior parte do tempo, é difícil até saber em quem jogar a culpa. Em quase todos os divórcios que já vi, ambos os lados (a menos que um deles fosse um sociopata óbvio) eram pelo menos um pouco responsáveis pelo colapso do relacionamento. Assim, que personagem somos depois que o casamento fracassa? Vítima ou vilão? Nem sempre é fácil saber. Essas linhas se misturam e se confundem, como se uma fábrica explodisse e os fragmentos de vidro e aço (pedacinhos do coração dele e dela) se fundissem no calor abrasador. Tentar catar alguma coisa no meio de tanta destruição pode nos levar à beira da loucura.

Isso sem falar no horror especial de ver alguém que a gente já amou e defendeu se transformar num adversário agressivo. Certa vez, quando estávamos no meio do divórcio, perguntei à minha advogada como ela aguentava aquele serviço, como aguentava ver todos os dias casais que já tinham se amado a se dilacerar no tribunal. Ela respondeu: "Acho esse serviço compensador por uma razão: porque sei uma coisa que você não sabe. Sei que essa é a pior experiência da sua vida, mas sei também que um dia você a deixará para trás e vai se sentir *bem*. E ajudar alguém como você a atravessar a pior experiência da sua vida é muito gratificante."

Ela estava certa num aspecto (acabamos nos sentindo *bem*), mas estava muito errada em outro aspecto (também nunca deixamos a experiência inteiramente para trás). Nesse sentido, nós, divorciados, somos parecidos com o Japão do século XX: temos uma cultura pré-guerra e outra pós-guerra, e entre essas duas histórias há um buraco fumegante e gigantesco.

Farei praticamente tudo para não passar por aquele apocalipse outra vez. Mas admito que sempre há a possibilidade de outro divórcio, exatamente porque amo Felipe e porque as uniões baseadas no amor são laços estranhamente frágeis. Veja bem, não estou desistindo do amor. Ainda acredito nele. Mas talvez seja esse o problema. Talvez o divórcio seja o imposto que pagamos coletivamente, enquanto cultura, por ousarmos acreditar no amor — ou, pelo menos, por ligarmos o amor a um contrato social tão fundamental quanto o matrimônio. Talvez, afinal de contas, amor e casamento não devam andar juntos como o cavalo e a carroça. Pode ser que o amor e o divórcio é que andem juntos... como a carroça e o cavalo.

Assim, talvez seja essa a questão social que precisamos abordar aqui, muito mais do que quem pode e quem não pode se casar. Do ponto de vista antropológico, o verdadeiro dilema dos relacionamentos modernos é: tem de se preparar para o inevitável quem deseja honestamente uma sociedade em que todos escolham os parceiros com base na afeição pessoal. Haverá corações partidos; haverá vidas partidas. Exatamente porque o coração humano é tão misterioso ("tamanho tecido de paradoxos", como o descreveu lindamente o cientista vitoriano Sir Henry Finck), o amor transforma todos os nossos planos e intenções num imenso jogo. Talvez a única diferença entre o primeiro e o segundo casamentos seja que, da segunda vez, pelo menos sabemos que estamos jogando.

Lembro-me da conversa que tive há muitos anos com uma moça que conheci numa festa editorial em Nova York, num mau momento da minha vida. A moça, que já conhecia de outras ocasiões sociais, me perguntou, por educação, onde estava o meu marido. Revelei que o meu marido não estava comigo naquela noite porque estávamos nos divorciando. A moça pronunciou algumas palavras não muito sinceras de solidariedade e depois disse, antes de mergulhar no prato de queijos: "Já sou casada e feliz há oito anos. E nunca vou me divorciar."

O que responder a um comentário desses? *Parabéns por uma realização que você ainda não realizou?* Agora posso ver que essa moça ainda era meio inocente em relação ao casamento. Ao contrário da adolescente veneziana média do século XVI, ela teve sorte de não terem lhe imposto um marido. Mas, por essa mesma razão, exatamente porque escolheu o marido por amor, o seu casamento era mais frágil do que pensava.

Os votos que fazemos no dia do casamento são um esforço nobre para camuflar essa fragilidade, para nos convencer de que, na verdade, o que Deus Todo-poderoso uniu, nenhum homem pode separar. Mas, infelizmente, não é Deus Todo-poderoso que faz aqueles votos nupciais; é o homem (nada--poderoso), e o homem sempre pode descumprir um juramento. Mesmo que a minha conhecida da festa editorial tivesse certeza de que jamais abandonaria o marido, a questão não dependia só dela. Ela não era a única pessoa naquela cama. Todos os amantes, até os mais fiéis, são vulneráveis ao abandono contra a vontade. Sei que esse fato simples é verdadeiro porque eu mesma abandonei pessoas que não queriam que eu me fosse e fui abandonada por aqueles a quem implorei que ficassem. Sabendo disso tudo, entrarei no meu segundo casamento com muito mais humildade do que entrei no primeiro. Assim como Felipe. Não que a humildade, sozinha, nos proteja, mas pelo menos dessa vez a teremos.

Todo mundo já ouviu dizer que o segundo casamento é o triunfo da esperança sobre a experiência, mas não tenho muita certeza de que seja verdade. Parece que o primeiro casamento é mais cheio de esperança, inundado de vastas expectativas e otimismo fácil. Acho que o segundo casamento está envolto em outra coisa: talvez um certo respeito por forças maiores do que nós. Um respeito que talvez até se aproxime do temor.

Um velho ditado polonês avisa: "Antes de ir para a guerra, reze uma oração. Antes de ir para o mar, reze duas orações. Antes de se casar, reze três."

Eu, por mim, pretendo rezar o ano todo.

CAPÍTULO QUATRO

Casamento e paixão

TER COM O AMOR (UM POUCO)/ MAIS DE CAUTELA/ DO QUE COM TUDO

e.e. cummings

Estávamos em setembro de 2006.

Felipe e eu ainda perambulávamos pelo sudeste da Ásia. O que mais tínhamos era tempo. O nosso caso estava totalmente paralisado na Imigração. Para ser justa, não era só o *nosso* caso que estava paralisado na Imigração, mas o de todos os casais que solicitavam vistos de noivo nos Estados Unidos. Todo o sistema estava travado, hermeticamente fechado. Para nosso infortúnio coletivo, uma nova lei de imigração acabara de ser aprovada pelo Congresso, e então todo mundo — milhares de casais — ficaria em suspenso durante pelo menos mais uns quatro meses de limbo burocrático. A nova lei determinava que, agora, todo cidadão americano que quisesse se casar com um estrangeiro teria de ser investigado pelo FBI, que buscaria indícios de crimes passados cometidos pelo solicitante.

É isso mesmo: agora, todo *americano* que quisesse se casar com um estrangeiro seria submetido a investigação pelo FBI.

O curioso é que essa lei foi aprovada para proteger as mulheres — estrangeiras pobres de países em desenvolvimento, para ser exata — de serem levadas para os Estados Unidos como noivas de estupradores, assassinos condenados ou agressores conjugais reincidentes. Nos últimos anos, isso se tornara um problema medonho. Em resumo, os americanos estavam comprando noivas da ex-União Soviética, da Ásia e da América do Sul que, depois de remetidas para os Estados Unidos, enfrentavam uma nova vida horrível como prostitutas ou escravas sexuais e acabavam até assassinadas pelos maridos americanos, que talvez já tivessem ficha na polícia por estupro e homicídio. Assim, essa nova lei passou a existir para filtrar todos os futuros cônjuges americanos e proteger as noivas estrangeiras do risco de se casar com um possível monstro.

Era uma boa lei. Era uma lei justa. Era impossível não aprovar uma lei assim. O único problema para Felipe e eu foi que essa lei veio numa hora terrivelmente inconveniente, dado que agora o nosso caso levaria pelo menos mais quatro meses para ser examinado enquanto o FBI fazia as devidas investigações para confirmar que eu não era uma estupradora condenada nem uma assassina em série de mulheres desafortunadas, apesar do fato de ter exatamente esse perfil.

De tantos em tantos dias, eu mandava mais um e-mail para o advogado especializado em imigração lá na Filadélfia, pedindo relatórios, prazos, esperança.

"Nenhuma notícia", dizia sempre o advogado. Às vezes ele me recordava, para o caso de eu ter esquecido: "Não faça planos. Nada é garantido."

Assim, enquanto isso tudo se desenrolava (ou melhor, enquanto isso tudo *não* se desenrolava), Felipe e eu entramos no Laos. Pegamos um avião do norte da Tailândia até a antiga cidade de Luang Prabang, sobrevoando uma contínua extensão esmeralda de montanhas que se erguiam íngremes e espantosas da selva verdejante, uma atrás da outra, como ondas verdes encapeladas e congeladas. O aeroporto local parecia mais ou menos a agência dos correios de uma cidadezinha americana. Pegamos um bicitáxi para nos levar para Luang Prabang propriamente dita, que é um tesouro de cidade, lindamente situada num delta entre os rios Mekong e Nam Khan. Luang Prabang é um lugar belíssimo que, de certa forma, conseguiu, no decorrer dos séculos, enfiar quarenta templos budistas numa fatiazinha de terreno. Por essa razão, lá se encontram monges budistas por toda parte. A idade deles varia de uns 10 anos (os noviços) a uns 90 (os mestres), e a qualquer momento há literalmente milhares deles vivendo em Luang Prabang. Portanto, a proporção entre monges e mortais comuns é de mais ou menos cinco para um.

Os noviços eram os meninos mais bonitos que já vi. Usavam túnicas cor de laranja berrante e tinham a cabeça raspada e a pele dourada. Toda manhã, antes de o sol nascer, saíam dos templos em longas filas, o prato de esmolas na mão, recolhendo a alimentação diária junto aos habitantes, que se ajoelhavam na rua para oferecer arroz para os monges comerem. Felipe, já cansado de viajar, descrevia essa cerimônia como "uma confusão danada para as cinco da manhã", mas eu adorava, e todo dia acordava antes do amanhecer para escapulir até a varanda do nosso hotel meio em ruínas e espiar.

Fui cativada pelos monges. Para mim, eram uma distração fascinante. Fixei-me completamente neles. Na verdade, fui *tão* cativada pelos monges que, depois de alguns dias preguiçosos sem fazer nada nessa pequena cidade laociana, comecei a espioná-los.

Tudo bem, espionar monges deve ser uma atividade muito má (que Buda me perdoe), mas era difícil resistir. Eu morria de vontade de saber quem eram aqueles meninos, o que sentiam, o que queriam na vida, mas havia um limite para as informações que conseguiria às claras. Apesar da barreira da linguagem, as mulheres não devem nem *olhar* os monges, nem mesmo ficar perto deles, muito menos falar com eles. Além disso, era difícil obter informações pessoais sobre algum monge específico, já que todos pareciam iguais. Não é insulto nem desdém racista dizer que todos eram praticamente iguais; a igualdade é a intenção da cabeça raspada e das túnicas alaranjadas simples e idênticas. A razão para os mestres budistas criarem essa aparência uniforme foi ajudar deliberadamente os meninos a reduzir a sensação de si mesmos como indivíduos e fundi-los num coletivo. Nem eles devem se distinguir uns dos outros.

Mas ficamos várias semanas ali em Luang Prabang e, depois de muita vigilância pelos becos, passei lentamente a reconhecer monges específicos na multidão de túnicas alaranjadas e intercambiáveis cabeças raspadas. Aos poucos, foi ficando claro que havia todo tipo de monge jovem. Havia os namoradores e ousados, que subiam nos ombros uns dos outros para espiar por cima do muro do templo e gritar "Olá, sra. Lady!" quando a gente passava. Havia noviços que fumavam escondidos à noite, fora dos muros do templo, a brasa do cigarro brilhando alaranjada como a túnica. Vi um monge adolescente sarado fazendo abdominais e avistei outro com a inesperada tatuagem de uma faca toda enfeitada, digna de um bandido, no ombro dourado. Certa noite, fiquei ouvindo um grupo de monges cantar músicas de Bob Marley uns para os outros debaixo de uma árvore no jardim do templo, muito depois da hora em que deveriam estar dormindo. Cheguei a ver um grupo de noviços mal chegados à adolescência lutando kickboxe — uma competição bem humorada que, como as brincadeiras de meninos do mundo todo, corria o risco de ficar realmente violenta a qualquer momento.

Mas fiquei muito surpresa com um incidente a que assisti certa tarde numa *lan house* pequena e escura de Luang Prabang onde eu e Felipe passávamos várias horas por dia para conferir e-mails e entrar em contato com a família e o advogado da Imigração. Também fui muitas vezes sozinha a essa *lan house*. Quando Felipe não estava comigo, usava o computador para procurar anúncios de imóveis, procurando casas na área da Filadélfia. Mais do que nunca, ou talvez até pela primeira vez na vida, eu sentia saudades de casa. Tipo, saudade de um *lar*. Estava com uma vontade louca de ter uma casa, um endereço, um lugarzinho privado só nosso. Não via a hora de libertar os meus livros do depósito e arrumá-los em ordem alfabética nas estantes. Sonhava em adotar um bichinho de estimação, em fazer comida em casa, em usar os meus sapatos velhos, em morar perto de minha irmã e da sua família.

Recentemente, eu ligara para desejar à minha sobrinha um feliz oitavo aniversário, e ela chorou no telefone.

— Por que você não está *aqui*? — perguntou Mimi. — Por que não vem para a minha *festa de aniversário*?

— Não posso ir, querida. Estou presa do outro lado do mundo.

— Então por que você não vem *amanhã*?

Eu não queria sobrecarregar Felipe com nada disso. A minha saudade de casa só fazia com que se sentisse impotente, preso e meio responsável por nos ter desarraigado até o norte do Laos. Mas o lar era uma distração constante para mim. Olhar anúncios de imóveis sem que Felipe soubesse me dava uma sensação de culpa, como se visitasse sites pornográficos, mas assim mesmo eu continuava. "Não faça planos", não parava de repetir o advogado, mas eu não conseguia me segurar. Sonhava com planos. Planos e plantas baixas.

Assim, certa tarde quente, em Luang Prabang, quando eu estava sentada lá sozinha na *lan house* fitando a tela cintilante do computador, admirando a imagem de uma casinha de pedra junto ao rio Delaware (com um celeirinho que seria fácil transformar em escritório!), um monge noviço, adolescente e magro, sentou-se de repente diante do computador ao meu lado, balançando de leve o quadril magro na beira de uma cadeira rígida de madeira. Fazia semanas que eu via monges usando computadores nessa *lan house*, mas ainda não superara a disjunção cultural de observar garotos sérios de cabeça raspada e túnica cor de açafrão surfando na internet. Cheia de curiosidade para saber exatamente o que faziam naqueles computadores, às vezes me levantava e perambulava à toa pela sala, dando uma olhada nas telas de todo mundo ao passar. Em geral, os garotos jogavam videogames, embora às vezes eu os encontrasse digitando laboriosamente em inglês, totalmente absortos no trabalho.

Entretanto, nesse dia o jovem monge sentou-se bem ao meu lado. Estava tão perto que dava para ver os pelos finos nos braços magros de marrom claro. As máquinas ficavam tão juntas umas das outras que também podia ver com bastante clareza a tela do seu computador. Dali a pouco, dei uma olhada para ter uma ideia do que ele estava fazendo e percebi que o garoto lia uma carta de amor. Na verdade, lia um e-mail de amor, que logo percebi vir de alguém chamado Carla, que obviamente não era laociana e escrevia num inglês confortável e coloquial. Então Carla era americana. Ou talvez britânica. Ou australiana. Uma das frases na tela do computador do garoto pulou na minha frente: "Ainda desejo você como meu amante."

E isso me acordou do devaneio. Meu Deus, o que eu estava fazendo? Lendo a correspondência particular dos outros? E pior ainda, por cima do ombro? Desviei os olhos com vergonha de mim mesma. Aquilo não era da minha conta. Voltei a atenção aos anúncios de imóveis no vale do Delaware.

Mas é claro que achei meio difícil me concentrar de novo na minha tarefa, porque, venhamos e convenhamos: *quem diabos era Carla?*

Para começar, como uma moça ocidental e um monge laociano adolescente se conheceram? Que idade ela teria? E quando escreveu "Ainda desejo você como meu amante", será que queria dizer "*Quero* você como meu amante"? Ou será que a relação já se consumara e agora ela acalentava a lembrança da paixão física dos dois? Se Carla e o monge *tinham* consumado o caso de amor... então, como foi? Quando? Será que Carla foi passar férias em Luang Prabang e começou a conversar com esse garoto, apesar de mulheres não poderem nem olhar os noviços? Será que ele cantou "Olá, sra. Lady" para ela, e a partir daí tudo acabou num encontro sexual? E agora, o que seria deles? Esse garoto abandonaria os votos e se mudaria para a Austrália? (Ou Grã-Bretanha, Canadá ou Memphis?) Carla se mudaria para o Laos? Voltariam a se ver? Ele seria defenestrado se fossem pegos? (Será que no budismo se fala "defenestrar"?) Esse caso de amor arruinaria a vida dele? Ou a dela? Ou a de ambos?

O menino fitava o computador em silêncio enlevado, estudando a carta de amor com tamanha concentração que não tinha a mínima consciência de mim, sentada bem ali ao seu lado, silenciosamente preocupada com o seu futuro. E eu *estava* preocupada com ele, temendo que tudo aquilo fosse areia demais para o caminhãozinho dele, que essa linha de ação só levasse à dor de cotovelo.

Mais uma vez, ninguém pode deter a correnteza do desejo que passa pelo mundo, por mais que às vezes seja inadequada. É prerrogativa de todo ser humano fazer escolhas ridículas, se apaixonar pelos parceiros mais improváveis e se jogar nas calamidades mais previsíveis. Então, Carla ardia por um monge adolescente — e daí? Como julgá-la por isso? No decorrer da vida, eu mesma não me apaixonara por tantos homens inadequados? E os jovens, bonitos e "espirituais" não eram os mais atraentes de todos?

O monge não digitou uma resposta a Carla, pelo menos não naquela tarde. Leu a carta mais algumas vezes, com tanta atenção que era como se estudasse um texto religioso. Depois, ficou muito tempo sentado em silêncio, as mãos descansando de leve no colo, os olhos fechados como se meditasse. Finalmente, agiu: imprimiu o e-mail. Leu mais uma vez as palavras de Carla, dessa vez no papel. Dobrou o bilhete com carinho, como se dobrasse uma gaivota de origami, e enfiou-o em algum lugar dentro da túnica alaranjada. Depois, esse lindo rapaz quase criança desligou-se da internet e saiu da *lan house* rumo ao calor escaldante da antiga cidade fluvial.

Dali a instantes me levantei e o segui sem ser notada. Observei-o andando rua acima, subindo lentamente na direção do templo central no alto do morro, sem olhar para a direita nem para a esquerda. Não demorou para um grupo de jovens monges vir andando e ultrapassá-lo aos poucos, e o monge de Carla se juntou em silêncio às suas fileiras, desaparecendo na multidão de noviços esguios e jovens como um peixe alaranjado que some no cardume de seus irmãos duplicados. Na mesma hora o perdi naquela multidão de meninos todos exatamente iguais. Mas era óbvio que esses meninos não eram exatamente iguais. Por exemplo, só um daqueles jovens monges laocianos tinha uma carta de amor de uma mulher chamada Carla dobrada e escondida em algum lugar da túnica. E, por mais maluco que pareça, e por mais perigoso que fosse o jogo dele, não pude deixar de me sentir um pouco empolgada com o garoto.

Qualquer que fosse o resultado, alguma coisa estava lhe *acontecendo*.

Buda ensinou que todo sofrimento humano nasce do desejo. E todos sabemos que isso é verdade, não é? Quem já desejou alguma coisa e depois não a conseguiu (ou pior, conseguiu e perdeu) conhece muito bem o sofrimento de que Buda falou. Desejar outra pessoa talvez seja o desafio mais arriscado de todos. Assim que queremos alguém — queremos de verdade —, é como se pegássemos uma agulha cirúrgica e suturássemos a nossa felicidade na pele desse alguém, de modo que toda separação provoca um ferimento dilacerante. A única coisa que sabemos é que temos de obter o objeto de desejo pelo meio que for necessário e depois nunca mais nos separar dele. Só conseguimos pensar no ser amado. Perdidos nessa urgência primitiva, não nos possuímos mais por inteiro. Viramos servos cativos dos nossos anseios.

Assim, dá para entender por que Buda, que ensinou o sereno desapego como caminho para a sabedoria, não aprovaria que esse jovem monge levasse consigo furtivamente cartas de amor de alguém chamado Carla. Dá para ver que o Senhor Buda consideraria esse namoro uma certa distração. Sem dúvida, nenhuma relação baseada em segredo e luxúria lhe causaria boa impressão. Mas também, Buda nunca foi muito fã da intimidade sexual ou romântica. É só lembrar que, antes de se tornar o Ser Perfeito, ele abandonou esposa e filho para partir desimpedido numa viagem espiritual. Assim como os primeiros padres cristãos, Buda ensinou que só o celibatário e o solitário chegam à iluminação. Portanto, o budismo tradicional sempre olhou o casamento com certa desconfiança. O caminho budista é uma viagem de desapego, e o casamento é uma propriedade que traz consigo a sensação intrínseca de apego ao cônjuge, aos filhos, ao lar. A viagem rumo à iluminação começa com o afastamento disso tudo.

Existe um papel para os casados na cultura budista tradicional, mas é mais um papel de apoio. Buda se referia aos casados como "chefes de família". Chegou a dar instruções claras para ser um bom chefe de família: seja gentil com o cônjuge, seja honesto, seja fiel, dê esmolas aos pobres, faça seguro contra fogo e enchentes...

Estou falando sério: Buda aconselhou literalmente os casais a fazerem seguro das propriedades.

Não é um caminho tão empolgante quanto abrir o véu da ilusão e ficar no patamar brilhante da perfeição imaculada, me parece. Mas, para Buda, a iluminação simplesmente não estava disponível para chefes de família. Mais uma vez, nisso ele lembrava os primeiros padres cristãos, que acreditavam que o apego conjugal era apenas um obstáculo para chegar ao paraíso; e isso nos leva a perguntar exatamente o que esses seres iluminados tinham contra os casais. Por que tanta hostilidade para com a união romântica e sexual, e até para com o casamento firme? Por que tanta resistência ao amor? Ou talvez o problema não fosse o amor; Jesus e Buda foram os maiores professores de amor e compaixão que o mundo já viu. Talvez o perigo acessório do desejo é que tenha levado esses mestres a temer pela alma, pela sanidade e pelo equilíbrio de todos.

O problema é que todos somos cheios de desejo; essa é a marca registrada da nossa existência emocional e pode levar à nossa ruína, e à ruína dos outros. Em *O Banquete*, o tratado mais famoso já escrito sobre o desejo, Platão descreve um conhecido jantar no qual o dramaturgo Aristófanes conta a história mítica que explica por que nós, seres humanos, temos um anseio tão profundo pela união com o outro e por que às vezes os nossos atos de união podem ser tão insatisfatórios e até destrutivos.

Há muito, muito tempo, conta Aristófanes, havia deuses no céu e seres humanos na terra. Mas nós, seres humanos, não éramos como somos hoje. Tínhamos duas cabeças, quatro pernas e quatro braços: em outras palavras, éramos a fusão perfeita de duas pessoas, unidas de forma inteiriça num único ser. Havia três variações sexuais possíveis: fusões macho/fêmea, fusões macho/macho e fusões fêmea/fêmea, dependendo do que combinasse melhor com cada criatura. Como já tínhamos o parceiro perfeito costurado no próprio tecido do nosso ser, éramos todos felizes. Assim, todos nós, criaturas de duas cabeças e oito membros, perfeitamente satisfeitas, percorríamos a terra como os planetas viajam pelo céu: sonhadores, ordeiros, sem sobressaltos. Não sentíamos falta de nada; não tínhamos necessidades desatendidas; não queríamos ninguém. Não havia conflito nem caos. Éramos inteiros.

Mas, em nossa inteireza, ficamos excessivamente orgulhosos. E com esse orgulho, deixamos de adorar os deuses. O poderoso Zeus nos puniu pela negligência cortando ao meio todos os seres humanos de duas cabeças, oito membros e total satisfação, criando assim um mundo de criaturas sofredoras e cruelmente separadas, com uma cabeça, dois braços e duas pernas. Nesse momento de amputação em massa, Zeus impôs à humanidade a mais dolorosa condição humana: a sensação surda e constante de que não somos inteiros. Pelo resto da eternidade, os seres humanos nasceriam sentindo que faltava alguma coisa — a metade perdida, que quase amamos mais do que a nós mesmos — e que essa parte que faltava estava por aí, em algum lugar, girando pelo universo na forma de outra pessoa. Também nasceríamos acreditando que, se procurássemos sem parar, talvez um dia encontrássemos aquela metade sumida, aquela outra alma. Pela união com o outro, voltaríamos a completar a nossa forma original e nunca mais sentiríamos a solidão.

Essa é a fantasia singular da intimidade humana: um mais um, de certa forma, algum dia, será igual a *um*.

Mas Aristófanes avisou que a realização desse sonho de completude pelo amor é impossível. Como espécie, estamos despedaçados demais para algum dia nos consertarmos com uma simples união. As metades originais dos octópodes humanos cortados e separados se espalharam demais para que algum de nós consiga encontrar de novo a metade que falta. A união sexual pode fazer alguém se sentir temporariamente completo e saciado (Aristófanes conjecturou que Zeus deu aos seres humanos o dom do orgasmo por pena, especificamente para que pudéssemos nos sentir unidos de novo por algum tempo e não morrêssemos de depressão e desespero), mas, no fim das contas, ficaremos sozinhos. Assim, a solidão continua, o que nos leva a várias uniões com as pessoas erradas em busca da união perfeita. Às vezes, podemos até acreditar que achamos a outra metade, mas o mais provável é que tenhamos achado alguém em busca da sua metade, alguém igualmente desesperado para acreditar que encontrou em nós a completude.

É assim que começa a paixão. E a paixão é o aspecto mais perigoso do desejo humano. A paixão leva ao "pensamento invasivo", como dizem os psicólogos: aquele famoso estado distraído em que a gente não consegue se concentrar em nada, só no objeto da obsessão. Quando a paixão ataca, tudo o mais — emprego, relacionamento, responsabilidade, comida, sono, trabalho — fica de lado enquanto alimentamos fantasias sobre a pessoa amada que logo se tornam repetitivas, invasivas e absorventes. A paixão altera a química do cérebro, como se a gente se drogasse com opiáceos e estimulantes. Não faz muito tempo, os cientistas descobriram que as tomografias do cérebro e as mudanças de humor do amante apaixonado são parecidíssimas com as tomografias e mudanças de humor do viciado em cocaína; e isso não surpreende, já que a paixão *é* um vício com efeito químico mensurável sobre o cérebro. Como explicou a dra. Helen Fisher, antropóloga e especialista em paixão, os amantes apaixonados, como todos os viciados, "perdem a saúde, se humilham e até se arriscam fisicamente para obter o seu narcótico".

O momento em que essa droga é mais forte é bem no comecinho de um relacionamento apaixonado. A dra. Fisher observou que uma quantidade enorme de bebês é concebida nos seis primeiros meses de um caso de amor, fato que acho realmente digno de nota. A obsessão hipnótica pode levar a uma sensação de abandono eufórico, e o abandono eufórico é a melhor maneira de engravidar sem querer. Na verdade, alguns antropólogos defendem que a espécie humana precisa da paixão como ferramenta reprodutiva para nos manter imprudentes a ponto de correr o risco de engravidar, para que possamos recompor as nossas fileiras.

A pesquisa da dra. Fisher também mostrou que as pessoas são bem mais suscetíveis à paixão quando passam por situações delicadas ou vulneráveis. Quanto mais nos sentimos inseguros e desequilibrados, maior a probabilidade de que nos apaixonemos de forma rápida e imprudente. Isso deixa a paixão parecida com um vírus adormecido que jaz à espera, sempre pronto para atacar o nosso enfraquecido sistema imunológico emocional. Os estudantes universitários, por exemplo — longe de casa pela primeira vez, inseguros, sem a rede de apoio familiar — são famosos pela suscetibilidade à paixão. E todos sabemos que é comum os viajantes em terra estrangeira se apaixonarem loucamente por desconhecidos, ao que parece da noite para o dia. No fluxo e na empolgação da viagem, os mecanismos protetores logo enguiçam. De certa forma, é maravilhoso (pelo resto da vida, sempre sentirei um arrepio de prazer quando me lembrar do beijo daquele camarada junto ao terminal de ônibus de Madri), mas nessas circunstâncias é sensato seguir o conselho da venerável filósofa norte-americana Pamela Anderson: "Nunca se case quando estiver de férias."

Quem passa por uma fase emocional difícil, seja pela morte de um parente, talvez, seja pela perda do emprego, também fica suscetível ao amor instável. Também se sabe que os doentes, os feridos e os assustados são vulneráveis ao amor súbito, o que ajuda a explicar por que tantos soldados dilacerados pelas batalhas se casam com as suas enfermeiras. Os cônjuges em crise no relacionamento também são excelentes candidatos a se apaixonar por um novo amante, como posso atestar pessoalmente com a louca comoção que cercou o fim do meu primeiro casamento, quando tive a boa e sólida sensatez de cair no mundo e me apaixonar loucamente por outro homem na mesma hora em que deixava o meu marido. A minha grande infelicidade e o esfacelamento do meu eu me deixaram pronta para o tranco da paixão, e caramba, que tranco! Na minha situação (e, pelo que eu sei, é um exemplo bem comum e chato, digno de livro didático), o meu novo interesse amoroso parecia ter uma enorme placa de SAÍDA pendurada na cabeça — e mergulhei direto nessa saída, usando o caso de amor como desculpa para fugir do casamento que desmoronava e afirmando depois, com certeza quase histérica, que *essa* pessoa era tudo o que eu realmente precisava na vida.

É incrível, não deu certo.

É claro que o problema da paixão é ser uma miragem, uma ilusão de ótica — na verdade, uma ilusão do sistema endócrino. Paixão não é a mesma coisa que amor; parece mais o suspeito primo em segundo grau do amor, que vive pedindo dinheiro emprestado e nunca para no emprego. Quando nos apaixonamos por alguém, na verdade não estamos olhando aquela pessoa; só ficamos cativados pelo nosso próprio reflexo, inebriados por um sonho de completude que projetamos em alguém praticamente estranho. Nesse estado, tendemos a concluir sobre o nosso amante coisas espetaculares que podem ou não ser verdadeiras. Percebemos no amado algo quase divino, mesmo que os amigos e parentes não percebam. Afinal de contas, a Vênus de um é a loira burra do outro, e há quem ache o nosso Adônis pessoal um fracassado e chato de galocha.

É claro que todos os amantes veem — e têm de ver — os parceiros com olhos generosos. É natural e até adequado exagerar um pouco as virtudes dos parceiros. Carl Jung achava que, para quase todo mundo, os seis primeiros meses da maioria das histórias de amor são um período de pura projeção. Mas a paixão é a projeção que saiu dos trilhos. O caso baseado na paixão é uma zona sem sanidade, onde as falsas concepções não têm limite e onde a visão realista não tem apoio. Freud definiu a paixão sucintamente como "supervalorização do objeto", e Goethe explicou ainda melhor: "Quando duas pessoas ficam realmente felizes uma com a outra, em geral podemos supor que estão enganadas." (Aliás, pobre Goethe! Nem ele foi imune à paixão, nem com toda a sua sabedoria e experiência. Esse alemão velho e firme, aos 71 anos, apaixonou-se pela inadequadíssima Ulrike, uma beldade de 19 anos que recusou as suas propostas ardentes de casamento, deixando o gênio envelhecido tão desolado que escreveu um réquiem à vida, concluindo com os versos "perdi o mundo inteiro, perdi a mim".)

Toda relação real é impossível nesse estado de febre desvairada. O amor real, são, maduro, do tipo que paga hipoteca ano após ano e busca os filhos na escola, não se baseia em paixão, mas em afeto e respeito. E a palavra "respeito", do latim *respicere* ("fitar"), sugere que podemos realmente *ver* a pessoa que está ao nosso lado, coisa absolutamente impossível dentro das brumas rodopiantes da ilusão romântica. A realidade sai do palco assim que a paixão entra, e logo nos vemos fazendo um monte de coisas malucas que jamais pensaríamos em fazer se estivéssemos sãos. Por exemplo, certo dia podemos acabar escrevendo e-mails apaixonados a um monge de 16 anos no Laos — ou coisa parecida. Quando o pó assenta, anos depois, nos perguntamos: "O que é que eu estava pensando?" — e a resposta costuma ser: *Você não estava pensando.*

Os psicólogos chamam esse estado de loucura iludida de "amor narcísico".

Eu o chamo de "meus 20 anos".

Olhe, quero deixar bem claro que não sou intrinsecamente contra a paixão. Claro que não! As sensações mais extasiantes que já tive na vida surgiram quando me consumia na obsessão romântica. Esse tipo de amor nos deixa super-heroicos, míticos, mais do que humanos, imortais. Irradiamos vida; não precisamos dormir; o ser amado enche o nosso pulmão de oxigênio. Por mais que, no final, essas experiências sejam dolorosas (e para mim sempre acabam em dor), detestaria ver alguém passar a vida inteira sem saber como é metamorfosear-se euforicamente no ser de outra pessoa. Assim, quando digo que fico meio empolgada com o monge e Carla, é disso que estou falando. Fico contente de que tenham a oportunidade de provar aquele êxtase narcótico. Mas também fico contentíssima porque, dessa vez, não é comigo.

Porque tem uma coisa que sei com certeza sobre mim, quando me aproximo dos 40 anos. Não consigo mais *aguentar* a paixão. Ela me mata. No final, é como se me jogasse numa máquina de picar. Embora eu saiba que deve haver casais cuja história de amor começou com uma fogueira de obsessão e depois, com o passar dos anos, abrandou-se e se transformou nas brasas seguras de uma relação longa e saudável, nunca consegui aprender esse truque. Para mim, a paixão só fez uma única coisa, sempre: destruir e, em geral, bem depressa.

Mas, na juventude, eu adorava o barato da paixão e, por isso, transformei-o em hábito. Com "hábito", quero dizer exatamente a mesma coisa que o viciado em heroína, quando fala do seu hábito: um eufemismo para compulsão incontrolável. Buscava a paixão por toda parte. Eu a refinei. Virei o tipo de garota em quem, sem dúvida, Grace Paley pensava quando descreveu uma personagem que sempre precisava de um homem na vida, mesmo quando parecia que já tinha o seu. Apaixonar-se à primeira vista virou uma especialidade específica minha do final da adolescência até os 20 e poucos anos; acontecia até quatro vezes por ano. Houve ocasiões em que passei tão mal com os romances que perdi bons nacos da vida por isso. Sumia entregue a eles no início do caso, mas logo acabava chorando e vomitando no final. No caminho, perdia tanto sono e tanta sanidade que, quando me lembro agora, partes do processo lembravam a amnésia alcoólica. Só que sem álcool.

Essa mocinha deveria ter se casado aos 25 anos? A Sabedoria e a Prudência diriam que não. Mas não convidei Sabedoria e Prudência para o meu casamento. (Em minha defesa, o noivo também não.) Naquela época, eu era uma moça despreocupada, em todos os sentidos. Certa vez, li uma notícia no jornal sobre um homem que causou um incêndio que consumiu milhares de hectares de floresta porque ficou o dia todo passeando de carro por um parque nacional arrastando o cano de descarga, fazendo fagulhas explosivas saltarem no mato seco e criando um novo incendiozinho de tantos em tantos metros. Outros motoristas pelo caminho buzinaram e acenaram, tentando chamar a atenção dele para o dano que causava, mas o camarada estava ouvindo rádio e não notou a catástrofe que provocou atrás de si.

Eu era assim na juventude.

Só quando cheguei aos 30 e poucos anos, só depois que eu e o meu ex-marido destruímos o casamento para sempre, só depois que a minha vida ficou totalmente atrapalhada (assim como a vida de alguns bons homens, de outros não tão bons e de um punhado de transeuntes inocentes), é que finalmente parei o carro. Saí e olhei em volta a paisagem carbonizada, pisquei um pouco e perguntei: "Vocês querem dizer que toda essa bagunça tem algo a ver *comigo*?"

Aí veio a depressão.

Certa vez, o professor quacre Parker Palmer disse sobre a sua vida que a depressão foi um amigo enviado para salvá-lo das alturas exageradas da falsa euforia que vinha fabricando desde sempre. A depressão o empurrou de volta à terra, de volta a um nível onde finalmente seria seguro andar e se manter na realidade. Eu também precisava ser puxada para o mundo real depois de anos a me içar artificialmente com uma paixão impensada atrás da outra. Também passei a ver a minha temporada de depressão como essencial, embora soturna e tristonha.

Usei aquele tempo sozinha para me estudar, para responder sinceramente perguntas dolorosas e, com a ajuda de um terapeuta paciente, entender a origem do meu comportamento tão destrutivo. Viajei (e me desviei de espanhóis lindos em terminais rodoviários). Busquei, diligente, formas mais saudáveis de alegria. Passei muito tempo sozinha. Antes, nunca ficara sozinha, mas fiz um bom mapa do caminho. Aprendi a rezar, expiando o melhor possível a terra devastada e queimada atrás de mim. Principalmente, contudo, pratiquei a nova arte do autoconsolo, resistindo a todas as tentações românticas e sexuais passageiras com essa pergunta recém-adulta: "Essa escolha será benéfica para *alguém* a longo prazo?" Em resumo: cresci.

Immanuel Kant acreditava que nós, seres humanos, por sermos tão complexos em termos emocionais, passamos por duas puberdades na vida. A primeira é quando o nosso corpo se torna maduro para o sexo; a segunda é quando a nossa *mente* se torna madura para o sexo. Os dois fatos podem estar separados por muitos e muitos anos, embora eu me pergunte se, talvez, a maturidade emocional só venha com a experiência e as lições dos fracassos românticos juvenis. Pedir a uma garota de 20 anos que conheça automaticamente os fatos da vida que a maioria das mulheres de 40 precisou de décadas para entender é esperar sabedoria demais de alguém tão jovem. Será que, em outras palavras, temos todos de passar pela angústia e pelos erros da primeira puberdade para atingir a segunda?

Seja como for, quando já estava bem avançada na minha experiência de solidão e responsabilidade perante mim, conheci Felipe. Ele era gentil, leal e atento, e avançamos devagar. Não foi um amor adolescente. Nem amor infantil, nem amor de férias. Admito que, por fora, a nossa história de amor parecia terrivelmente romântica conforme foi se desenrolando. Caramba, nos conhecemos na ilha tropical de Bali, sob as palmeiras ondulantes etc. etc. Seria difícil imaginar um cenário mais idílico do que aquele. Na época, lembro que descrevi toda essa cena onírica num e-mail que mandei à minha irmã mais velha, num subúrbio da Filadélfia. Em retrospecto, talvez tenha sido injusto da minha parte. Catherine, em casa com dois filhos pequenos e enfrentando uma reforma enorme da casa, só respondeu: "Pois é, nesse fim de semana eu também estava planejando ir para uma ilha tropical com o meu amante brasileiro... mas daí surgiu aquele engarrafamento."

Assim, pois é, o meu caso de amor com Felipe teve um maravilhoso elemento romântico que sempre guardarei no coração. Mas não foi paixão, e sei disso porque não exigi que ele se transformasse no meu Grande Salvador nem na Fonte da Minha Vida, nem sumi imediatamente na cavidade do peito daquele homem como um homúnculo distorcido, irreconhecível e parasita. Durante o nosso longo período de corte, fiquei intacta dentro da minha personalidade e me permiti aceitar Felipe como era. Aos olhos um do outro, talvez tenhamos mesmo parecido desmedidamente lindos, perfeitos e heroicos, mas nunca perdi de vista a nossa realidade: eu era uma senhora divorciada, amorosa, mas cansada, que precisava controlar com todo o cuidado a tendência ao romance melodramático e às expectativas insensatas; Felipe era um homem divorciado e afetuoso que estava ficando careca e precisava controlar com todo o cuidado a tendência a beber e o profundo temor de traição. Éramos duas pessoas bem legais, trazendo as feridas de algumas decepções pessoais enormes e bastante comuns, e procurávamos algo que fosse simplesmente possível no outro: uma certa gentileza, uma certa atenção, um certo anseio em comum de confiar e merecer confiança.

Até hoje, me recuso a sobrecarregar Felipe com a responsabilidade tremenda de me completar. Nesse momento da minha vida, já descobri que ele não pode me completar, nem que quisesse. Já enfrentei minhas incompletudes em quantidade suficiente para admitir que são só minhas. Depois de aprender essa verdade essencial, agora posso até dizer onde é que acabo e onde é que o outro começa. Pode parecer um truque vergonhoso de tão simples, mas preciso deixar claro que levei três décadas e meia para chegar a esse ponto, para aprender as limitações da intimidade humana saudável, como C. S. Lewis definiu tão bem quando escreveu sobre a esposa: "Ambos sabíamos: eu tinha os meus sofrimentos, não os dela; ela tinha os dela, não os meus."

Um mais um, em outras palavras, às vezes deve dar dois.

Mas como saber com certeza que nunca mais me apaixonaria por mais ninguém? Até que ponto o meu coração é digno de confiança? Até que ponto é sólida a lealdade de Felipe a mim? Como saber, sem nenhuma dúvida, que desejos externos não tentarão nos separar?

Essas foram as perguntas que comecei a me fazer assim que percebi que Felipe e eu estávamos, como diz minha irmã, "presos por toda a vida". Para ser honesta, eu estava menos preocupada com a lealdade dele do que com a minha. Felipe tem uma história bem mais simples no amor do que eu. Ele é um monógamo irremediável que escolhe alguém e depois logo relaxa na fidelidade, e não passa muito disso. É fiel em todos os aspectos. Depois que arranja um restaurante favorito, se contenta em comer lá toda noite, sem jamais ansiar por variedade. Se gosta de um filme, se satisfaz em assistir a ele centenas de vezes. Se gosta de uma peça de roupa, vai ser visto com ela durante anos. A primeira vez que lhe comprei um par de sapatos, ele disse, com doçura: "Ah, que adorável, querida, mas já tenho sapatos."

O primeiro casamento de Felipe não terminou por causa da infidelidade (ele já tinha sapatos, se é que você me entende). Em vez disso, o relacionamento foi enterrado sob uma avalanche de infortúnios circunstanciais que causaram pressão demais sobre a família, e finalmente os laços se romperam. Foi uma pena, porque acredito honestamente que Felipe foi feito para se acasalar uma vez só pela vida inteira. Ele é leal em nível celular. Talvez isso seja quase literal. Nos estudos evolucionários recentes, há uma teoria que defende a existência de dois tipos de homem no mundo: os feitos para ter filhos e os feitos para criar filhos. Os primeiros são promíscuos; os outros, constantes.

É a famosa teoria dos "papais e titios". No meio evolucionário, isso não é considerado um juízo moral, mas sim algo que pode realmente chegar ao nível genético. Parece que existe uma variaçãozinha química fundamental no macho da espécie chamada "gene receptor de vasopressina". Os homens que têm o gene receptor de vasopressina tendem a ser parceiros sexuais leais e dignos de confiança, que se apegam à parceira durante décadas, criando filhos e administrando lares estáveis. (Vamos chamar esses caras de "Harry Truman"). Já os que não têm o gene receptor de vasopressina tendem aos flertes e à infidelidade, precisando sempre buscar variedade sexual por aí. (Vamos chamar esses homens de "John F. Kennedy".)

As biólogas evolucionárias brincam que só há uma parte da anatomia masculina que qualquer candidata a parceira deveria ter o cuidado de medir: o tamanho do gene receptor de vasopressina. Os John F. Kennedy do mundo, com escassez de genes receptores de vasopressina, perambulam muito, espalhando sementes pela Terra, mantendo o código genético humano misturado e heterogêneo — o que é bom para a espécie, mesmo que não seja bom para as mulheres apaixonadas e depois abandonadas. No fim das contas, os Harry Truman, com seus longos genes, acabam criando os filhos dos John F. Kennedy.

Felipe é um Harry Truman e, quando o conheci, eu estava tão cheia de JFKs, tão exausta dos seus encantos e caprichos de rachar o coração, que só queria um pacote de firmeza e tranquilidade igual a ele. Mas também não considero eterna a decência de Felipe nem relaxo totalmente em relação à minha própria fidelidade. A história nos ensina que qualquer um é capaz de tudo nos domínios do amor e do desejo. Na vida de todos nós, surgem circunstâncias que põem em cheque até a lealdade mais teimosa. Talvez seja isso o que mais tememos ao entrar no casamento: que algum dia as "circunstâncias", sob a forma de alguma paixão externa incontrolável, rompam o laço.

Como se proteger dessas coisas?

O único consolo que já encontrei nesse assunto foi quando li a obra de Shirley P. Glass, psicóloga que passou boa parte da carreira estudando a infidelidade conjugal. A pergunta dela sempre era "Como foi que aconteceu?". Como é que pessoas boas e decentes, até pessoas do tipo Harry Truman, se veem varridas de repente por correntes de desejo e destroem sem querer vidas e famílias? Não falamos aqui de puladores de cerca contumazes, mas de pessoas confiáveis que, contra o seu próprio bom senso ou código moral, se perdem. Quantas vezes já ouvimos alguém dizer: "Eu não procurava amor fora do casamento, *só que aconteceu*"? Descrito assim, o adultério começa a se parecer com um acidente de carro, um buraco escondido numa curva fechada, aguardando o motorista inocente.

Mas, na pesquisa, Shirley Glass descobriu que, se escavarmos um pouco mais a infidelidade, quase sempre vemos que o caso começou muito antes do primeiro beijo roubado. Ela escreveu que a maioria dos casos começa quando o marido ou a mulher fazem um novo amigo e nasce uma intimidade aparentemente inofensiva. Ninguém sente o perigo se aproximar, porque o que há de errado na amizade? Por que não podemos ter amigos do sexo oposto — ou do mesmo sexo, aliás — quando estamos casados?

A resposta, como explica a dra. Glass, é que não há *nada* errado quando alguém casado começa uma amizade fora do matrimônio, desde que as "paredes e janelas" do relacionamento continuem no lugar certo. A teoria dela é que todo casamento saudável se compõe de paredes e janelas. As janelas são os aspectos do relacionamento abertos ao mundo, isto é, as brechas necessárias pelas quais interagimos com a família e os amigos; as paredes são as barreiras de confiança, atrás das quais ficam guardados os segredos mais íntimos do casamento.

Entretanto, nas amizades supostamente inofensivas, o que acontece é que começamos a dividir com o novo amigo intimidades que deveriam estar escondidas dentro do casamento. Revelamos segredos sobre nós, nossos anseios e frustrações mais profundas, e se expor assim dá uma sensação boa. Abrimos uma janela onde na verdade deveria haver uma parede sólida e resistente, e logo nos vemos derramando os segredos do coração para essa nova pessoa. Não querendo que o cônjuge tenha ciúmes, mantemos ocultos os detalhes da nova amizade. Com isso, criamos um problema: acabamos de construir uma parede entre nós e o cônjuge onde na verdade deveria haver a circulação livre de ar e luz. Portanto, toda a arquitetura da intimidade conjugal foi rearrumada. Todas as antigas paredes agora são imensas janelas panorâmicas; todas as antigas janelas agora estão emparedadas como as de uma casa abandonada. Sem perceber, acabamos de criar a planta baixa perfeita para a infidelidade.

Assim, na hora em que o novo amigo entra na nossa sala em lágrimas devido a alguma notícia ruim e nós o abraçamos (só querendo consolar!), e depois os lábios se roçam e percebemos, num ímpeto estonteante, que *amamos* essa pessoa, que *sempre* amamos essa pessoa!, é tarde demais. Porque, agora, o estopim já se acendeu. E agora corremos mesmo o risco de, algum dia (provavelmente logo), ficarmos no meio dos destroços da vida, diante do cônjuge traído e abalado (de quem ainda gostamos imensamente, aliás), tentando explicar entre soluços que nunca quisemos ferir ninguém e que nunca *vimos o que ia acontecer*.

E é verdade. Não vimos o que ia acontecer. Mas fomos nós que construímos aquilo e poderíamos ter parado a tempo se agíssemos mais depressa. De acordo com a dra. Glass, assim que percebemos que estamos dividindo com um novo amigo segredos que na verdade deveriam pertencer ao cônjuge, há um caminho muito mais honesto e inteligente a seguir. A sugestão dela é que, ao voltar para casa, contemos tudo ao marido ou esposa. O roteiro é mais ou menos assim: "Tenho uma coisa preocupante para lhe contar. Esta semana fui almoçar duas vezes com Mark, e me assustei porque a conversa logo ficou íntima. De repente, me vi contando coisas que só contava a você. Era assim que conversávamos no início do nosso relacionamento, e eu gostava demais, mas acho que perdemos isso. Sinto falta desse nível de intimidade. Será que podemos fazer alguma coisa para reavivar a nossa ligação?"

Na verdade, a resposta pode ser: "Não."

Pode não haver nada que se possa fazer para reavivar aquela ligação. Uma amiga minha teve uma conversa igualzinha a essa com o marido, e ele respondeu: "Não dou a mínima, passe o seu tempo com quem você quiser." Não surpreende que esse casamento acabasse pouco depois. (E eu diria que precisava mesmo acabar.) Mas, se o seu cônjuge for receptivo, talvez escute o anseio por trás da confissão, e tomara que reaja, talvez até retrucando com a expressão do seu próprio anseio.

Sempre é possível que os dois não consigam se entender, mas pelo menos mais tarde saberemos que houve um esforço sincero para segurar as paredes e janelas do casamento, e esse conhecimento pode ser confortador. Além disso, podemos evitar enganar o cônjuge, mesmo que não evitemos o divórcio; e isso pode ser bom, por muitas razões. Como observou certa vez um velho advogado amigo meu, "na história humana, nenhum divórcio ficou mais simples, mais generoso, mais rápido ou mais barato por causa de um episódio de adultério".

Seja como for, ler a pesquisa da dra. Glass sobre infidelidade me deu uma sensação de esperança que foi quase eufórica. As ideias dela sobre fidelidade conjugal não são muito complexas, mas é que *eu nunca aprendera esse tipo de coisa antes*. Não sei direito se entendia sequer a embaraçosa noção terapêutica de que, de algum modo, controlamos o que acontece dentro e em torno dos relacionamentos. Fico envergonhada de admitir, mas é verdade. Antigamente, acreditava que o desejo era tão incontrolável quanto um tornado e que o máximo que se poderia fazer era torcer para não sugar a casa e explodi-la no ar. E aqueles casais cujo relacionamento durava décadas? Eu achava que deviam ter muita sorte, que o tornado nunca os atingira. (Nunca me ocorreu que, na verdade, poderiam ter construído juntos um porão embaixo da casa para onde fugir sempre que o vento aumentasse.)

Embora o coração humano possa mesmo ser atingido por um desejo inesgotável, e embora o mundo possa estar cheio de criaturas atraentes e outras opções deliciosas, parece que é mesmo possível escolher de olhos bem abertos opções que limitem e controlem o risco da paixão. E quando tememos "problemas" futuros no casamento, é bom entender que os problemas não são necessariamente coisas que "acontecem"; muitas vezes, os problemas são cultivados de forma impensada em laminazinhas de vidro que deixamos espalhadas pela cidade toda.

Tudo isso parece absurdamente óbvio para todo mundo? Pois não era nada óbvio para mim. Eram informações que poderiam mesmo ter sido úteis há mais de dez anos, quando me casei pela primeira vez. Não sabia nada disso. E às vezes fico horrorizada ao perceber que entrei no matrimônio sem esses dados tão úteis, ou melhor, sem quase nenhum dado útil. Recordando agora o meu primeiro casamento, lembro-me do que tantas amigas minhas dizem sobre o dia em que levaram o primeiro filho do hospital para casa. Há um momento, dizem as minhas amigas, em que a enfermeira lhes entrega o neném e a nova mamãe percebe, horrorizada: "Meu Deus, vou ter de levar essa coisa para casa comigo? Nem sei o que estou fazendo!" Mas é claro que os hospitais entregam bebês às mães e as mandam para casa, porque se pressupõe que a maternidade seja meio *instintiva*, que naturalmente saberemos como cuidar do próprio filho, que o amor vai ensinar, mesmo que não tenhamos nenhuma experiência nem treinamento para esse empreendimento vultoso.

Passei a acreditar que, com muita frequência, alimentamos a mesma ideia em relação ao casamento. Acreditamos que, se duas pessoas se amam de verdade, de algum modo a intimidade será intuitiva e o casamento durará para sempre com a mera força do afeto. Porque só precisamos de amor! Ou pelo menos eu assim pensava quando jovem. Claro que ninguém precisa de estratégias, ajuda, ferramentas nem capacidade de ver as coisas dentro de um contexto maior. E foi assim que eu e o meu primeiro marido simplesmente fomos em frente e nos casamos numa situação de grande ignorância, grande imaturidade e grande despreparo, simplesmente porque tivemos vontade de nos casar. Fizemos os nossos votos sem ter a mais remota ideia de como manter viva e saudável a nossa união.

Será mesmo surpresa termos ido diretamente para casa e deixado o bebê cair de cabeça?

Por isso, agora, 12 anos depois, enquanto me aprontava para entrar de novo num casamento, achei que seriam necessários alguns preparativos cuidadosos. O lado bom do período longo e imprevisto de noivado que o Departamento de Segurança Interna nos ofereceu foi que Felipe e eu tivemos tempo de sobra (todas as horas de vigília do dia, na verdade, durante muitos meses a fio) para discutir as nossas questões e dificuldades com o casamento. E, assim, discutimos. Todas elas. Isolados da família, só nós dois, em lugares remotos, presos em longas viagens de dez horas de ônibus, uma atrás da outra, o que mais tínhamos era tempo. Assim, eu e Felipe conversamos, conversamos e conversamos, esclarecendo diariamente que forma teria o nosso contrato de casamento.

É claro que a fidelidade tinha importância fundamental. Era a única condição inegociável do nosso casamento. Ambos admitíamos que, depois de estilhaçada a confiança, juntar os cacos outra vez é árduo e sofrido, para não dizer impossível. (Como dizia o meu pai sobre a poluição da água, do seu ponto de vista de engenheiro ambiental: "É muito mais fácil e barato manter o rio descontaminado desde o começo do que limpá-lo de novo depois de poluído.")

O tema potencialmente explosivo das tarefas domésticas também foi bem simples de resolver: já morávamos juntos e tínhamos descoberto que dividíamos essas tarefas de maneira fácil e justa. Além disso, eu e Felipe tínhamos a mesma posição sobre a questão dos filhos (ou seja: obrigado, mas, não, obrigado), e a nossa concordância nesse tema imponente parecia apagar uma enciclopédia inteira de possíveis conflitos conjugais futuros. Felizmente, também éramos compatíveis na cama, logo não prevíamos problemas futuros no departamento de sexualidade humana, e achei que não era bom procurar confusão onde não havia.

Isso deixava apenas uma questão importante que podia mesmo desfazer o casamento: dinheiro. E, no fim das contas, aqui havia muito a discutir. Porque, embora Felipe e eu logo concordemos com o que tem importância na vida (comida boa) e o que *não tem* importância na vida (louça cara para servir aquela comida boa), temos valores e crenças muito diferentes a respeito de dinheiro. Sempre fui conservadora com os meus proventos, cuidadosa, poupadora compulsiva, basicamente incapaz de me endividar. Atribuo isso às lições de frugalidade que recebi dos meus pais, que tratavam cada dia como se fosse 30 de outubro de 1929, quando começou a Grande Depressão, e que me deram a primeira caderneta de poupança quando eu estava no segundo ano primário.

Felipe, por outro lado, foi criado por um pai que, certa vez, trocou um carro bom por uma vara de pescar.

Enquanto a economia é a religião oficial da minha família, Felipe não tem toda essa reverência pela frugalidade. No mínimo, está imbuído da disposição nata do empresário de correr riscos e se dispõe muito mais do que eu a perder tudo e começar de novo. (Vou explicar de outra forma: eu não me disponho de jeito nenhum a perder tudo e começar de novo.) Além disso, Felipe não tem a minha confiança inata nas instituições financeiras. Ele atribui isso, não sem razão, ao fato de ter crescido num país cuja moeda flutuava loucamente; quando criança, ele aprendeu a contar observando a mãe reajustar todo dia pela inflação a sua reserva de cruzeiros brasileiros. Assim, dinheiro vivo significa muito pouco para ele. Contas de poupança significam menos ainda. Extratos bancários não passam de "zeros num papel" que podem sumir da noite para o dia, por razões totalmente fora do nosso controle. Portanto, explicou Felipe, ele preferia manter sua riqueza em pedras preciosas, por exemplo, ou imóveis, e não em bancos. Ele deixou claro que nunca mudaria de ideia a esse respeito.

Tudo bem. É o que é. No entanto, sendo assim, perguntei a Felipe se ele concordaria em me deixar cuidar das despesas e administrar as contas da casa. Eu tinha certeza de que a companhia de luz não aceitaria pagamentos mensais em ametistas, logo teríamos de abrir uma conta conjunta, mesmo que só para cuidar das contas. Ele concordou com essa ideia, o que foi confortador.

Foi ainda mais confortador quando Felipe concordou em usar os nossos meses de viagem conjunta para elaborar comigo, com o máximo de cuidado e respeito, durante aquelas muitas viagens longas de ônibus, os termos de um acordo pré-nupcial. Na verdade, ele insistiu nisso tanto quanto eu. Embora talvez alguns leitores achem difícil entender ou adotar essa ideia, peço que avaliem a nossa situação. Para mim, profissional autônoma e independente, num campo criativo, que sempre ganhou a vida sozinha e tem um histórico de sustentar financeiramente os homens da minha vida (e que ainda manda cheques dolorosos para o ex), esse assunto tinha enorme importância. Quanto a Felipe, homem cujo divórcio o deixou não só com o coração partido mas também quase literalmente *falido*... bom, para ele era importante também.

Sei que, sempre que se discutem acordos pré-nupciais nos meios de comunicação, a razão costuma ser que um velho rico vai se casar com mais uma mocinha bonita. O tema sempre parece sórdido, um plano suspeito de golpe do baú. Mas Felipe e eu não somos magnatas nem oportunistas; somos apenas experientes o suficiente para admitir que os relacionamentos às vezes acabam, e que seria intencionalmente infantil fingir que isso nunca aconteceria conosco. Seja como for, quando a gente se casa na meia-idade as questões de dinheiro são sempre diferentes de quando a gente se casa na juventude. Cada um de nós traria para esse casamento o nosso mundo individual já existente, mundos que continham carreiras, negócios, patrimônio, os filhos dele, os meus royalties, as pedras preciosas que ele colecionava cuidadosamente havia anos, os planos de previdência que venho pagando desde que era uma garçonete de 20 anos... e todas essas coisas de valor tinham de ser consideradas, pesadas, discutidas.

Embora talvez pareça que redigir um acordo desses não é um jeito muito romântico de passar os meses que antecedem o casamento, peço que acreditem em mim quando digo que tivemos momentos muito ternos durante essas conversas, principalmente quando discutíamos o que seria melhor para o outro. Dito isso, também houve momentos em que o processo ficou tenso e desconfortável. O tempo em que conseguíamos discutir o assunto era limitado; depois disso, tínhamos de fazer uma pausa, mudar de assunto ou até passar algumas horas separados. É interessante que, alguns anos depois, quando Felipe e eu redigimos juntos os nossos testamentos, tivemos o mesmo problema: um cansaço do coração que não parava de nos afastar da mesa. É um trabalho cansativo planejar o pior. Em ambos os casos, tanto no testamento quanto no acordo pré-nupcial, perdi a conta de quantas vezes murmuramos a frase "Deus nos livre".

Mas perseveramos na tarefa e conseguimos redigir o nosso acordo pré-nupcial em termos que nos deixaram felizes. Mas talvez "felizes" não seja a palavra mais certa quando conceituamos uma estratégia de emergência para escapar de uma história de amor que ainda está no começo. Imaginar o fracasso do amor é um serviço triste, mas o fizemos mesmo assim. E fizemos esse serviço porque o casamento não é apenas uma história de amor particular, mas também um contrato social e econômico muito estrito; se não fosse, não haveria milhares de leis municipais, estaduais e federais regendo nossa união matrimonial. Fizemos o serviço por saber que é melhor estabelecer os nossos próprios termos do que correr o risco de que algum dia, mais adiante, estranhos não sentimentais, num tribunal implacável, possam determinar esses termos por nós. Mas, principalmente, nos forçamos a passar pela parte desagradável dessas conversas financeiras esquisitíssimas porque eu e Felipe aprendemos, com o tempo, que o seguinte fato é indiscutivelmente verdadeiro: *se você acha que é difícil falar de dinheiro quando está feliz e apaixonado, experimente falar sobre isso depois, quando estiver desconsolado, zangado e o amor tiver morrido.*

Deus nos livre.

Mas eu estaria me iludindo ao esperar que o nosso amor não morresse?

Ousaria sequer sonhar com isso? Durante as nossas viagens, passei um tempo quase embaraçoso de tão grande fazendo listas de tudo o que eu e Felipe tínhamos a nosso favor, colecionando méritos como pedrinhas da sorte, empilhando-os no bolso, passando neles os dedos nervosos numa busca constante de confiança. A minha família e os meus amigos já não adoravam Felipe? Esse não era um endosso importante e até mesmo um talismã da sorte? A minha velha amiga mais sábia e presciente, a mesma que me alertara, anos antes, para não me casar com o meu primeiro marido, não aprovara Felipe plenamente como um bom par para mim? Até o meu avô de 91 anos, brusco como um martelo, não tinha gostado dele? (Vovô Stanley observou Felipe atentamente durante todo o fim de semana em que se conheceram e deu finalmente o veredito: "Gosto de você, Felipe", sentenciou. "Você parece ser um sobrevivente. E é bom que seja, porque essa mocinha já acabou com vários.")

Fiquei me apegando a essas avaliações positivas não porque quisesse me tranquilizar sobre Felipe, mas porque tentava me tranquilizar sobre *mim.* Exatamente pela razão alegada com tanta franqueza pelo vovô Stanley, o meu discernimento romântico é que não merecia muita confiança. Eu tinha uma história longa e extravagante de péssimas decisões na questão dos homens. Assim, me baseei na opinião dos outros para reforçar a minha confiança na decisão que ia tomar agora.

Também me baseei em outros indícios encorajadores. Sabia, pelos dois anos que já tínhamos passado juntos, que eu e Felipe, enquanto casal, éramos o que os psicólogos chamam de "avessos a conflitos". Essa expressão é um resumo de "Ninguém Jamais Vai Jogar Pratos em Ninguém do Outro Lado da Mesa da Cozinha". Na verdade, Felipe e eu brigamos tão pouco que isso me deixava preocupada. Todos dizem que os casais *têm* de brigar para pôr para fora as suas mágoas. Mas quase nunca brigamos. Isso queria dizer que reprimíamos a raiva e o ressentimento verdadeiros, que um dia explodiriam na nossa cara, numa onda ardente de fúria e violência? Parecia que não. (Mas é claro que isso *não aconteceria*: esse é o truque insidioso da repressão, não é?)

Mas, quando pesquisei mais o assunto, relaxei um pouco. As novas pesquisas mostram que alguns casais conseguem se esquivar de conflitos graves durante décadas sem nenhum contragolpe sério. Esses casais transformam em arte o chamado "comportamento mutuamente acomodatício": ceder delicada e estudadamente, dobrando-se para um lado e para outro para evitar a discórdia. Esse sistema, aliás, só funciona quando *ambos* têm personalidades acomodatícias. Não preciso dizer que o casamento não é saudável quando um cônjuge é dócil e flexível e o outro, um monstro dominador ou uma megera impenitente. Mas a docilidade mútua pode ser uma estratégia de parceria bem-sucedida se for o que ambos querem. Os casais avessos a conflitos preferem deixar as mágoas se dissolverem em vez de disputar cada detalhe. Do ponto de vista espiritual, essa ideia me atrai imensamente. Buda ensinou que a maioria dos problemas, se lhe dermos tempo e espaço suficientes, acaba se desgastando. Mas, novamente, tive relacionamentos no passado em que os problemas jamais se desgastariam, nem em cinco vidas consecutivas, então o que eu sabia sobre isso? Só o que sei é que parece que Felipe e eu nos damos muito bem. O que não sei dizer é *por quê*.

Mas, seja como for, a compatibilidade humana é mesmo um troço misterioso. E não só a compatibilidade *humana*! O naturalista William Jordan escreveu um livrinho adorável chamado *Divorce Among the Gulls* (O divórcio entre as gaivotas), no qual explicava que, até entre as gaivotas, espécie de pássaro que supostamente se acasala para a vida inteira, existe uma "taxa de divórcio" de 25%. Isso significa que um quarto de todos os casais de gaivota fracassam no primeiro relacionamento, a ponto de terem de se separar devido a diferenças inconciliáveis. Ninguém faz ideia de por que esses pássaros específicos não se entendem, mas é claro que *simplesmente não se entendem*. Bicam-se e competem pela comida. Brigam para saber quem vai construir o ninho. Brigam para saber quem vai guardar os ovos. Provavelmente também brigam sobre a orientação em voo. Em última análise, não conseguem produzir filhotes saudáveis. (Por que esses pássaros briguentos se sentiram atraídos um pelo outro ou por que não deram ouvidos aos avisos dos amigos é um mistério, mas suponho que sou a última a ter condições de julgar.) Seja como for, depois de uma ou duas estações de briga, esses pobres casais de gaivotas desistem e vão procurar outros cônjuges. E aí vem a surpresa: em geral, o "segundo casamento" é perfeitamente feliz, e aí muitas delas se acasalam para a vida inteira.

Imagine só! Mesmo entre pássaros com o cérebro do tamanho da bateria de uma câmera fotográfica, existem coisas primárias como compatibilidade e incompatibilidade que parecem se basear, como explica Jordan, num "fundamento de diferenças psicobiológicas básicas" que até hoje nenhum cientista conseguiu definir. Os pássaros são ou não são capazes de se tolerar durante muitos anos. É simples assim, e complexo assim.

A situação é a mesma entre seres humanos. Alguns deixam o outro maluco; outros, não. Talvez haja um limite para o que se pode fazer a respeito. Emerson escreveu que "não temos muita culpa pelos maus casamentos", e talvez seja sensato afirmar que também não temos muito crédito pelos bons. Afinal de contas, todo romance não começa sempre no mesmo lugar, naquela esquina do afeto com o desejo, onde dois estranhos sempre se encontram para se apaixonar? Então, como, no começo de uma história de amor, alguém poderia prever o que os anos vão trazer? Parte disso fica mesmo por conta do acaso. Claro que há um certo trabalho envolvido para manter qualquer relacionamento funcionando bem, mas conheço alguns casais bem legais que dedicaram montes de esforço para salvar o casamento e mesmo assim acabaram se divorciando, enquanto outros casais, nem melhores nem piores que os vizinhos em termos intrínsecos, parecem seguir juntos, alegres e sem problemas durante anos, como fornos autolimpantes.

Certa vez, li a entrevista de uma juíza da vara de divórcios do tribunal de Nova York que disse que, nos dias tristes depois de 11 de Setembro, um número surpreendente de casais cancelou processos que estavam aos seus cuidados. Todos esses casais afirmaram ter ficado tão comovidos com a extensão da tragédia que decidiram ressuscitar o casamento. E faz sentido. Uma calamidade daquele tamanho *apequenaria* as discussões mesquinhas sobre a máquina de lavar louças, despertando o desejo natural e compassivo de enterrar velhas mágoas e talvez até gerar vida nova. Uma ânsia nobre, é verdade. Mas, seis meses depois, como observou a juíza, todos esses casais voltaram ao tribunal, pedindo o divórcio outra vez. Apesar das ânsias nobres, quando a gente realmente não tolera morar com alguém nem mesmo um ataque terrorista salvará o casamento.

Sobre o tema da compatibilidade, muitas vezes também me pergunto se os 17 anos que me separam de Felipe não seriam uma vantagem para nós. Ele sempre insiste que hoje é um parceiro muito melhor para mim do que seria para qualquer pessoa há vinte anos, e não há dúvida de que aprecio a sua maturidade (e preciso dela). Ou talvez sejamos apenas supercuidadosos um com o outro porque a diferença de idade é um lembrete da mortalidade inata do nosso relacionamento. Felipe já tem 50 e poucos anos; não o terei para sempre e não quero desperdiçar com brigas os anos que tenho com ele.

Lembro-me de ver o meu avô enterrar as cinzas da minha avó na fazenda da família, há 25 anos. Era uma noite fria de inverno, em novembro, no norte do estado de Nova York. Nós, os filhos e netos, fomos todos andando atrás do meu avô nas sombras arroxeadas da noite, pelos prados conhecidos, até o ponto arenoso na curva do rio onde ele decidira enterrar os restos da sua mulher. Levava uma lanterna na mão e uma pá no ombro. O chão estava coberto de neve e foi difícil cavar ali, mesmo para um objeto tão pequeno quanto aquela urna, mesmo para um homem tão robusto quanto o vovô Stanley. Mas ele pendurou a lanterna no galho nu de uma árvore e cavou o buraco sem parar — até que acabou. E é assim. Temos alguém por algum tempo e aí essa pessoa se vai.

E isso acontecerá com todos nós, com todos os casais que ficarem juntos com amor; algum dia (se tivermos sorte de passar a vida juntos), um de nós levará a pá e a lanterna para o outro. Todos dividimos a nossa casa com o Tempo, que pulsa ao nosso lado, enquanto construímos a vida cotidiana, para nos lembrar do nosso destino final. É que, para alguns de nós, o Tempo pulsa com mais insistência...

Por que estou falando nisso bem agora?

Porque o amo. Será que cheguei mesmo até esse ponto do livro sem ainda ter dito isso com clareza? Amo esse homem. Amo-o por incontáveis razões ridículas. Amo os seus pés quadrados, robustos, de hobbit. Amo o jeito como sempre canta "La Vie en Rose" quando está preparando o jantar. (Nem preciso dizer que amo que ele faça o jantar.) Amo o modo como fala um inglês *quase* perfeito, mas, mesmo depois de todos esses anos usando o idioma, ainda consegue inventar algumas palavras maravilhosas. ("*Smoothfully*", "de um jeito cheio de suavidade", é uma das minhas favoritas, embora também goste de "*lulu-bell*", que é a tradução adorável de Felipe para a palavra "*lullaby*", "canção de ninar".) Amo que também nunca tenha conseguido dominar direito algumas expressões idiomáticas em inglês. ("*Don't count your eggs while they're still up inside the chicken's ass*", ou "não conte com os ovos ainda no cu da galinha", é um exemplo fantástico, embora eu também seja fã de "*Nobody sings till the fat lady sings*", "ninguém canta antes da gorda".) Amo que Felipe nunca consiga, por mais que se esforce, guardar direito o nome das celebridades americanas. ("George Cruise" e "Tom Pitt" são dois ótimos exemplos.)

Amo-o, e portanto quero protegê-lo, até mesmo de mim, se é que isso faz sentido. Não quero pular nenhum dos passos preparatórios do casamento nem deixar sem resolver nada que depois possa nos prejudicar — prejudicar *Felipe*. Com medo de que, mesmo depois de todas essas conversas, pesquisas e brigas jurídicas, eu estivesse deixando de lado alguma questão matrimonial relevante, acabei pondo as mãos num recente relatório da Universidade Rutgers intitulado "Alone Together: How Marriage Is Changing in America" (Sozinhos e juntos: como o casamento está mudando nos Estados Unidos) e fiquei meio maluca com ele. Esse grosso volume analisa cuidadosamente o resultado de uma pesquisa de vinte anos sobre o matrimônio nos Estados Unidos, o estudo mais extenso já feito, e me enfurnei nele como se fosse o verdadeiro I Ching. Busquei alívio nas estatísticas, me afligi com os gráficos de "resistência conjugal", buscando o meu rosto e o de Felipe escondidos no meio das colunas de escalas de variância comparável.

Pelo que consegui entender do relatório Rutgers (e tenho certeza de que não entendi tudo), parece que os pesquisadores descobriram tendências de "propensão ao divórcio" com base em certo número de fatos demográficos concretos. Alguns casais simplesmente têm mais probabilidade de fracassar do que outros, num grau que pode ser previsto. Alguns fatores me soaram conhecidos. Todos sabemos que filhos de pais divorciados têm maior probabilidade de se divorciar um dia, como se divórcio gerasse divórcio, e os exemplos disso se espalham pelas gerações.

Mas outras ideias eram menos conhecidas e até tranquilizadoras. Sempre ouvi dizer, por exemplo, que quem já se divorciou uma vez tem maior probabilidade estatística de também fracassar no segundo casamento. Mas não, não necessariamente. É encorajador: a pesquisa da Rutgers demonstra que muitos segundos casamentos duram a vida inteira. (Assim como os casos de amor das gaivotas, há quem faça a escolha errada da primeira vez e escolha bem melhor o segundo parceiro.) O problema surge quando as pessoas levam consigo, de um casamento para o outro, comportamentos destrutivos não resolvidos, como alcoolismo, compulsão por jogos, doença mental, violência ou promiscuidade. Com uma bagagem dessas, na verdade não importa com quem a pessoa se casa, porque é inevitável que acabe arruinando o relacionamento com base nessas patologias.

Depois, há a questão daquela taxa infame de 50% de divórcios nos Estados Unidos. Todos conhecemos essa estatística clássica, não é? Não para de ser citada o tempo todo e, caramba, como soa horrível. Como o antropólogo Lionel Tiger escreveu incisivamente sobre o tema: "É espantoso que, nessas circunstâncias, o casamento ainda seja legalmente permitido. Se quase metade de alguma coisa termina em desastre, não há dúvida de que o governo deveria proibir essa coisa imediatamente. Se metade dos tacos mexicanos servidos em restaurantes causasse disenteria, se metade dos que aprendem caratê quebrasse a mão, se apenas 6% dos que andam em montanhas-russas danificassem o ouvido médio, o público bradaria por ações. Mas o mais íntimo dos desastres [...] acontece várias e várias vezes."

Mas esse número de 50% é muito mais complicado do que parece quando o decompomos em aspectos demográficos. A idade do casal na época do casamento parece ser a consideração mais significativa. Quanto mais jovens nos casamos, maior a probabilidade de nos divorciarmos depois. Na verdade, essa probabilidade de se divorciar é *espantosamente* maior quando nos casamos jovens. Por exemplo, quem se casa na adolescência ou com 20 e poucos anos tem o dobro ou o triplo da probabilidade de se divorciar do que quem espera até os 30 ou os 40 anos.

As razões são de uma obviedade tão gritante que hesito em enumerá-las por medo de insultar o leitor, mas aí vai: quando somos jovens, tendemos a ser mais irresponsáveis, menos introspectivos, mais descuidados e menos estáveis economicamente do que quando somos mais velhos. Portanto, não deveríamos nos casar muito jovens. É por isso que recém-casados de 18 anos não têm uma taxa de divórcios de 50%; têm algo mais próximo de 75%, o que joga a curva lá em cima para todo mundo. A idade de 25 anos parece ser o ponto mágico da virada. Quem se casa antes dessa idade tem uma tendência ao divórcio absurdamente maior do que quem espera até os 26 anos ou mais. E a estatística vai ficando mais tranquilizadora conforme o casal em questão envelhece. Espere até depois dos 50 para se casar e a probabilidade de um dia ir parar no tribunal para obter o divórcio fica praticamente invisível na estatística. Achei isso muitíssimo encorajador, dado que, se somarmos a idade de Felipe e a minha e depois dividirmos por dois, temos uma média de 46 anos. Na hora do previsor estatístico de idade, nós somos demais!

Mas é claro que a idade não é a única consideração. De acordo com o estudo da Universidade Rutgers, outros fatores de resistência conjugal são:

1. **Instrução.** Em termos estatísticos, quanto mais instruídas as pessoas, melhor o casamento. Especificamente, quanto mais instruída é a *mulher*, mais feliz o casamento. As mulheres com instrução universitária e carreira que se casam relativamente tarde são as candidatas mais prováveis a permanecer casadas. Parece ser uma boa notícia, que nos dá claramente alguns pontos a favor.

2. **Filhos.** A estatística mostra que os casais com filhos pequenos relatam "mais desencanto" com o casamento do que os casais com filhos adultos ou sem filho nenhum. As exigências impostas ao relacionamento pelos recém-nascidos, principalmente, são consideráveis, por razões que, tenho certeza, não preciso explicar a ninguém que teve filho há pouco tempo. Não sei o que isso significa para o futuro do mundo em geral, mas para Felipe e eu foi outra boa notícia. Mais velhos, instruídos e sem filhos pequenos, aqui Felipe e eu temos boa probabilidade como casal, pelo menos de acordo com os tomadores de aposta da Rutgers.
3. **Coabitação.** Ah, é aqui que a maré começa a virar contra nós. Parece que quem mora junto antes de casar tem um nível de divórcio um tantinho mais alto do que quem espera casar para morar junto. Os sociólogos não entendem direito por quê, mas arriscam que talvez a coabitação pré-conjugal indique uma posição em geral mais frouxa com relação ao compromisso sincero. Seja qual for a razão, um ponto contra Felipe e Liz.
4. **Heterogamia.** Esse fator me deprime, mas aí vai: quanto menos parecidos os parceiros em termos de raça, idade, religião, etnia, base cultural e carreira, mais provável que algum dia se divorciem. Os opostos realmente se atraem, mas nem sempre se aguentam. Os sociólogos suspeitam que essa tendência se reduzirá quando os preconceitos da sociedade se desfizerem com o tempo, mas e agora? Dois pontos contra Liz e o namorado, empresário sul-americano muito mais velho que nasceu católico.
5. **Integração social.** Quanto mais interligado se mostra o casal na comunidade de amigos e familiares, mais forte será o casamento. Segundo os especialistas, o fato de que hoje os americanos têm menos probabilidade de conhecer os vizinhos, frequentar clubes sociais e morar perto da família tem um grave efeito desestabilizador sobre o casamento. Três pontos contra Felipe e Liz, que, na época em que Liz leu o relatório, moravam sozinhos num quarto de hotel dilapidado no norte do Laos.
6. **Religiosidade.** Quanto mais religioso o casal, mais provável que permaneçam casados, embora a fé só dê uma vantagem bem pequena. Nos Estados Unidos, os cristãos renascidos têm um nível de divórcio que só fica 2% abaixo dos vizinhos menos dedicados a Deus; será que é porque no Cinturão da Bíblia todos se casam jovens demais? Seja

como for, não sei direito como fica essa questão da religião comigo e com o meu futuro marido. Se misturarmos a minha opinião pessoal sobre a divindade com a de Felipe, elas englobam uma filosofia que se poderia chamar de "vagamente espiritual". (Como explica Felipe: "Um de nós é espiritual; o outro, apenas vagamente.") O relatório da Universidade Rutgers não apresenta dados específicos sobre a resistência conjugal nas fileiras dos vagamente espirituais. Vamos contar esse item aqui como empate.

7. **Justiça entre os sexos.** Esse é dos bons. Os casamentos baseados na noção tradicional e restritiva do lugar da mulher no lar tendem a ser menos fortes e menos felizes do que aqueles em que o homem e a mulher se veem como iguais e nos quais o marido participa das ingratas tarefas domésticas tradicionalmente femininas. Sobre esse assunto, tudo o que posso dizer é que, certa vez, ouvi Felipe dizer a uma visita que sempre acreditou que o lugar da mulher é na cozinha... sentada numa cadeira confortável, com os pés para cima, tomando um copo de vinho e olhando o marido fazer o jantar. Posso ganhar uns pontos a mais aqui?

Eu poderia continuar, mas depois de algum tempo comecei a ficar meio zonza e doida com todos esses dados. Além disso, a minha prima Mary, estatística que trabalha na Universidade de Stanford, me preveniu de que não deveria dar peso demais a esse tipo de estudo. Parece que não devem ser lidos como borras de chá. Mary me preveniu principalmente de que olhasse com cuidado toda e qualquer pesquisa matrimonial que medisse conceitos como "felicidade", já que a felicidade não é lá muito quantificável em termos científicos. Além disso, só porque um estudo estatístico mostra uma ligação entre duas ideias (nível de instrução superior e resistência conjugal, por exemplo), isso não significa que, *necessariamente*, um leve ao outro. Como a prima Mary nunca deixa de me lembrar, os estudos estatísticos também provaram, sem sombra de dúvida, que nos Estados Unidos a taxa de afogamentos é maior nas áreas geográficas onde mais se vende sorvete. É óbvio que isso não significa que comprar sorvete faça alguém se afogar. É mais provável que a venda de sorvete tenda a ser maior na praia, e as pessoas tendem a se afogar em praias porque é lá que tende a haver mais água. Ligar duas noções sem nenhuma relação como sorvete e afogamentos é um exemplo perfeito de falácia lógica, e os estudos estatísticos costumam ser cheios dessas pistas falsas. E provavelmente é por isso que no Laos, numa noite em que peguei o relatório Rutgers e tentei montar um modelo do casal com a menor probabilidade possível de divórcio nos Estados Unidos, acabei com uma dupla frankensteiniana.

Primeiro, é preciso encontrar duas pessoas da mesma raça, idade, religião, origem cultural e nível intelectual cujos pais nunca tenham se divorciado. Faça essas pessoas esperarem até os 55 anos, mais ou menos, antes que possam se casar — sem permitir que morem juntas antes, é claro. Veja se ambas acreditam em Deus com fervor e defendem plenamente os valores familiares, mas proíba-os de terem filhos. (Além disso, o marido deve aceitar com ardor os preceitos do feminismo.) Ponha-os para morar na mesma cidade que o resto da família e cuide para que passem muitas horas felizes jogando boliche e cartas com os vizinhos — isto é, quando não estiverem mundo afora tendo sucesso na carreira maravilhosa de cada um por conta do nível fabuloso da sua instrução superior.

Quem *são* essas pessoas?

E, afinal de contas, o que é que eu pretendia, morrendo de calor num quarto de hotel laosiano, escarafunchando estudos estatísticos e tentando armar o casamento americano perfeito? A minha obsessão estava começando a me lembrar da cena a que assisti num lindo dia de verão em Cape Cod, quando saí para passear com a minha amiga Becky. Vimos uma jovem mãe que levava o filho num passeio de bicicleta. O pobre garoto usava roupas protetoras da cabeça aos pés: capacete, joelheira, protetores de pulso, rodinhas, bandeirolas alaranjadas de alerta e um colete refletor. Além disso, a mãe segurava a bicicleta do menino literalmente numa guia, ela correndo freneticamente atrás dele, para que o filho nunca estivesse fora do seu alcance nem por um segundo.

A minha amiga Becky observou a cena e suspirou.

— Tenho uma má notícia para essa senhora — disse. — Um dia o filho dela será picado por um carrapato.

A emergência que acaba nos pegando é aquela para a qual não nos preparamos.

Em outras palavras, ninguém canta antes da gorda.

Ainda assim, não podemos pelo menos tentar *minimizar* o risco? Haverá um jeito saudável de fazer isso sem ficar neurótico? Sem saber como andar nessa corda bamba, continuei os meus preparativos pré-conjugais aos trambolhões, tentando cuidar de tudo, tentando prever todas as possibilidades imagináveis. E a última coisa, a mais importante que eu quis fazer, por um impulso feroz de franqueza, foi garantir que Felipe soubesse o que estava arranjando e no que estava se metendo comigo. Não queria, de jeito nenhum, fazer a esse homem promessas mirabolantes nem lhe apresentar uma encenação sedutora e idealizada de mim mesma. A sedução trabalha em tempo integral como criada do desejo: tudo o que faz é *iludir* — essa é a sua verdadeira tarefa — e eu não queria que ela preparasse o cenário dessa relação durante os ensaios. Na verdade, fui tão inflexível nisso que certo dia, no Laos, fiz Felipe se sentar bem ali na margem do rio Mekong e lhe apresentei uma lista dos piores defeitos do meu caráter, para ter certeza de que ele foi muito bem avisado. (Pode chamar de alvará de consentimento pré-conjugal.) E eis o que encontrei como meus defeitos mais deploráveis — ou, pelo menos, depois de um esforço imenso para reduzi-los aos cinco piores:

1. Tenho em elevada estima a minha própria opinião. Geralmente, acredito que sei como é que todo mundo deve levar a vida; e você, mais do que ninguém, será vítima disso.
2. Exijo um volume de devoção que deixaria Maria Antonieta envergonhada.
3. Na vida, tenho muito mais entusiasmo do que energia de verdade. Na minha empolgação, costumo aceitar mais do que consigo dar conta, física e emocionalmente, o que me faz desmoronar com demonstrações bastante previsíveis de exaustão drástica. Você é que será encarregado de passar a vassoura e catar os pedacinhos toda vez que eu exagerar e depois me desintegrar. Isso será chatérrimo. Já peço desculpas com antecedência.
4. Às claras, sou orgulhosa; em segredo, crítica e intolerante; e nos conflitos, covarde. Às vezes tudo isso coincide e me transformo numa baita mentirosa.
5. E o meu defeito mais desonroso: embora eu leve muito tempo para chegar a esse ponto, assim que decido que alguém é imperdoável, essa pessoa assim será pela vida toda — com demasiada frequência, eliminada para sempre, sem aviso prévio, explicação nem segunda chance.

Não era uma lista atraente. Foi doloroso ler e, com certeza, nunca tinha codificado as minhas falhas para ninguém com tanta franqueza. Mas, quando fiz a Felipe esse inventário de defeitos de caráter lamentáveis, ele aceitou a notícia sem inquietude visível. Na verdade, só sorriu e disse:

— Agora, há alguma coisa que você queira me dizer a seu respeito que eu ainda não saiba?

— Você ainda me ama? — perguntei.

— Ainda — confirmou ele.

— *Como?*

Porque essa é a pergunta essencial, não é? Quero dizer, depois que a loucura inicial do desejo passou e ficamos um de frente para o outro como idiotas mortais e meio estúpidos, como é que conseguimos ter capacidade de amar e perdoar o outro e, mais ainda, de forma duradoura?

Felipe levou um tempão para responder. Então, disse:

— Quando eu ia ao Brasil comprar pedras preciosas, costumava comprar um "pacote". O pacote é um conjunto aleatório de pedras reunido pelo mineiro, pelo atacadista ou por quem quer que esteja enrolando o comprador. Um pacote típico contém, sei lá, talvez umas vinte ou trinta águas-marinhas de uma vez. Supostamente, comprado assim, tudo junto, sai mais barato, mas é preciso tomar cuidado porque é claro que o camarada está querendo nos passar a perna. Está tentando se livrar das pedras ruins misturando-as com algumas que são mesmo boas. "Então, quando comecei no negócio de joias", continuou Felipe, "costumava me dar mal, porque me empolgava demais com uma ou duas águas-marinhas perfeitas do pacote e não dava muita atenção ao lixo que vinha misturado. Depois de ser enganado várias vezes, acabei ficando esperto e aprendi: a gente tem de ignorar as pedras perfeitas. Nem olhe duas vezes, porque elas deixam a gente cego. Basta colocá-las de lado e olhar com atenção as pedras piores. Examine-as por um bom tempo e depois pergunte francamente a você mesmo: 'Dá para trabalhar com essas? Dá para ganhar alguma coisa com elas?' Senão, a gente acaba gastando um monte de dinheiro com uma ou duas águas-marinhas maravilhosas enterradas num montão de lixo inútil.

"Nos relacionamentos, acho que é a mesma coisa. Todo mundo se apaixona pelos aspectos mais perfeitos da personalidade do outro. Quem não se apaixonaria? Todo mundo consegue amar as partes maravilhosas do outro. Mas isso não é ser esperto. O truque esperto é o seguinte: dá para aceitar os defeitos? Dá para olhar francamente os defeitos do parceiro e dizer: 'Isso, dá para contornar. Dá para ganhar alguma coisa'? Porque o que é bom estará sempre ali e sempre será bonito e brilhante, mas o lixo que está por trás pode acabar com a gente."

— Está dizendo que você é esperto a ponto de contornar as minhas características horríveis, sórdidas, sem valor nenhum? — perguntei.

— O que estou querendo dizer, querida, é que já a observo com muita atenção há algum tempo e acredito que dá para aceitar o pacote fechado.

— Obrigada — disse eu, e estava sendo sincera. Sincera com todos os defeitos do meu ser.

— E agora, quer conhecer os *meus* piores defeitos? — perguntou Felipe.

Devo admitir que pensei com os meus botões: *Já conheço os seus piores defeitos, caro senhor.* Mas, antes que eu pudesse falar, ele enumerou os fatos rápida e diretamente, como só um homem que se conhece muito bem consegue fazer.

— Sempre fui bom para ganhar dinheiro — disse —, mas nunca aprendi a guardar. Tomo vinho demais. Fui superprotetor com os meus filhos e provavelmente serei superprotetor com você. Sou paranoico, a minha brasilidade natural me faz assim, e, sempre que não entender o que está acontecendo, vou supor o pior. Já perdi amigos por causa disso e sempre me arrependo, mas é assim que eu sou. Posso ser antissocial, temperamental e defensivo. Sou um homem de rotinas, ou seja, sou um chato. Tenho pouquíssima paciência com idiotas — ele sorriu e tentou deixar o momento crescer. — Também não consigo olhar você sem querer sexo.

— Ah, isso eu consigo aguentar — respondi.

É difícil que haja um presente mais generoso que se possa dar a alguém do que aceitar a pessoa por inteiro, amá-la quase apesar dela. Digo isso porque listar tão abertamente os nossos defeitos um para o outro não foi um artifício bonitinho, mas um esforço real para revelar os pontos obscuros que existem no nosso caráter. Não são nada engraçados, esses defeitos. Podem ferir. Podem desfazer. A minha carência narcisista, se deixada por conta própria, tem o mesmíssimo potencial de sabotar uma relação que a temeridade financeira de Felipe ou a sua rapidez de supor o pior em momentos de incerteza. Quando temos um mínimo de capacidade de reflexão, nos esforçamos muito para manter sob controle esses aspectos mais arriscados da nossa natureza, *mas eles não somem.* Também é bom anotar: se Felipe tem defeitos de caráter que nem ele consegue mudar, seria tolice minha acreditar que eu poderia mudá-los por ele. É claro que o inverso também se aplica. E algumas coisas que não podemos mudar em nós mesmos são feias de se ver. Assim, ser visto por inteiro por alguém e ainda assim ser amado é uma dádiva humana que pode ser quase um milagre.

Com todo respeito a Buda e aos antigos celibatários cristãos, às vezes me pergunto se todos esses ensinamentos sobre o desapego e a importância espiritual da solidão monástica não nos negam algo bastante vital. Talvez toda essa renúncia à intimidade nos negue a oportunidade de um dia vivenciar aquela dádiva bem pé no chão, doméstica, mão na massa, do perdão cotidiano, difícil e a longo prazo. "Todos os seres humanos têm defeitos", escreveu Eleanor Roosevelt. (E ela, na metade de um casamento muito complexo, às vezes infeliz mas, em última análise, épico, sabia do que estava falando.) "Todos os seres humanos têm necessidades, tensões e tentações. Os homens e mulheres que viveram juntos durante muitos anos passam a conhecer as falhas um do outro; mas também passam a conhecer o que é digno de respeito e admiração em si e naqueles com quem convivem."

Talvez criar um espaço dentro da consciência grande o bastante para guardar e aceitar as contradições de alguém, e até as suas idiotices, seja um tipo de ato divino. Talvez a transcendência não se encontre só nos picos solitários das montanhas ou nos ambientes monásticos, mas também na mesa da cozinha, na aceitação cotidiana dos defeitos mais cansativos e irritantes do parceiro.

Não estou sugerindo que todos devam aprender a "tolerar" agressão, negligência, desrespeito, alcoolismo, infidelidade nem desprezo, e sem dúvida não acho que os casais cujo casamento se transformou num túmulo fétido de tristeza devam simplesmente se animar e dar um jeito. "Não sabia mais quantas demãos de tinta ainda conseguiria dar no meu coração", me disse em lágrimas uma amiga depois que largou o marido; e quem, em sã consciência, a reprovaria por dar fim a tanto sofrimento? Há casamentos que simplesmente apodrecem com o tempo, e alguns têm de acabar. Logo, largar um casamento deteriorado não é, necessariamente, um fracasso moral, mas às vezes pode ser o oposto da desistência: pode ser o início da esperança.

Portanto, não, quando menciono "tolerância" não falo em aprender a aguentar o que não presta. Falo em aprender a adaptar a vida da maneira mais generosa possível em torno de um ser humano basicamente decente que, às vezes, pode ser um pentelho insuportável. Quanto a isso, a cozinha conjugal pode se parecer com um templinho azulejado aonde vamos diariamente praticar o perdão como nós mesmos gostaríamos de ser perdoados. É mesmo, pode ser mundano. Sem nenhum momento tipo êxtase divino de um astro do rock, sem dúvida. Mas quem sabe se esses atos minúsculos de tolerância doméstica, de um jeito quieto e incomensurável, também não são outro tipo de milagre?

E mesmo além dos defeitos, há algumas diferenças simples entre mim e Felipe que ambos temos de aceitar. Posso garantir que ele jamais fará uma aula de ioga comigo, por mais que eu tente convencê-lo de que ele adoraria. (Ele não adoraria mesmo.) Nunca meditaremos juntos num retiro espiritual de fim de semana. Nunca conseguirei que coma menos carne vermelha nem que faça comigo, só por diversão, algum tipo de jejum de limpeza que esteja na moda. Jamais farei com que controle o seu mau humor, que às vezes chega a extremos cansativos. Ele nunca vai praticar *hobbies* comigo, disso tenho certeza. Não vamos passear de mãos dadas pela feira nem passear juntos só para identificar flores selvagens. E, embora goste de ficar sentado o dia inteiro me ouvindo explicar por que adoro Henry James, ele jamais lerá comigo as obras completas de Henry James, de modo que esse imenso prazer meu continuará a ser um prazer particular.

Do mesmo modo, há prazeres da vida dele que jamais serão meus. Crescemos em décadas diferentes e em hemisférios diferentes; às vezes fico a milhas de distância das suas piadas e referências culturais. (Melhor dizendo, a quilômetros de distância.) Nunca tivemos filhos, por isso Felipe não pode ficar horas a fio conversando com a parceira sobre Zo e Erica quando eram pequenos, como talvez fizesse se o casamento com a mãe deles tivesse durado 30 anos. Ele adora bons vinhos quase a ponto de entrar em arrebatamento religioso, mas me servir vinho bom é desperdício. Adora falar francês; não entendo francês. Ele preferiria passar a manhã inteira à toa na cama comigo, mas se eu não estiver acordada e fazendo algo produtivo ao alvorecer, começo a me contorcer com um tipo de furiosa loucura ianque. Além disso, Felipe jamais terá comigo a vida tranquila de que gostaria. Ele é solitário; eu, não. Como os cachorros, preciso da matilha; como os gatos, ele prefere a casa em silêncio. Enquanto estiver casado comigo, a casa nunca ficará em silêncio.

E devo acrescentar: essa é apenas uma lista parcial.

Algumas dessas diferenças são importantes, outras nem tanto, mas todas são inalteráveis. No fim das contas, parece que o perdão talvez seja o único antídoto realista que o amor nos oferece para combater as decepções inevitáveis da intimidade. Nós, seres humanos, viemos ao mundo, como Aristófanes explicou tão bem, com a sensação de que fomos serrados ao meio, desesperados para encontrar alguém que nos reconheça e nos conserte. (Ou nos complete.) O desejo é o cordão umbilical cortado que está sempre conosco, sempre sangrando, querendo e ansiando a união sem falhas. O perdão é a enfermeira que sabe que essas fusões imaculadas são impossíveis, mas que talvez possamos viver juntos caso sejamos bem-educados, gentis e cuidadosos para não derramar sangue demais.

Há momentos em que quase consigo *ver* o espaço que me separa de Felipe, e que sempre nos separará, apesar do meu anseio vitalício de me completar pelo amor de alguém, apesar de todo o meu esforço, no decorrer dos anos, para encontrar alguém que seja perfeito para mim e que, por sua vez, faça com que eu me torne um tipo de ser aperfeiçoado. Em vez disso, as nossas dessemelhanças e defeitos estarão sempre entre nós, como uma onda sombria. Mas, às vezes, pelo canto do olho, percebo um vislumbre da Intimidade em pessoa, balançando bem ali naquela mesma onda de diferença — na verdade, bem ali de pé, entre nós —, como (que o céu nos ajude) uma chance de sucesso.

CAPÍTULO CINCO

Casamento e mulheres

HOJE, O PROBLEMA SEM NOME É
COMO CONCILIAR TRABALHO, AMOR, LAR E FILHOS.

Betty Friedan, A Segunda Etapa

Durante a última semana que passamos em Luang Prabang, conhecemos um rapaz chamado Keo.

Keo era amigo de Khamsy, que administrava o hotel minúsculo junto ao rio Mekong onde Felipe e eu já estávamos hospedados havia algum tempo. Depois que explorei Luang Prabang todinha a pé e de bicicleta, depois que me cansei de espionar os monges, depois que conheci todas as ruas e todos os templos dessa cidadezinha, finalmente perguntei a Khamsy se não teria algum amigo de carro que falasse inglês e que talvez pudesse nos levar às montanhas fora da cidade.

Assim, Khamsy generosamente nos trouxe Keo, que, por sua vez, nos trouxe o carro do tio — e lá fomos nós.

Keo era um rapaz de 21 anos que tinha muitos interesses na vida. Sei que é verdade porque foi uma das primeiras coisas que ele me disse: "Sou um rapaz de 21 anos que tem muitos interesses na vida." Keo também me explicou que nasceu paupérrimo, o caçula dos sete filhos de uma família pobre no país mais pobre do sudeste da Ásia, mas que sempre foi o melhor aluno na escola devido à sua tremenda diligência mental. Só um aluno por ano é nomeado "Melhor Aluno de Inglês", e este Melhor Aluno de Inglês era sempre Keo, e por isso todos os professores gostavam de fazer perguntas a Keo durante a aula porque Keo sempre sabia a resposta certa. Ele também me garantiu que sabia tudo sobre comida. Não só comida laociana, mas também comida francesa, porque já fora garçom num restaurante francês e, portanto, ficaria muito contente de dividir comigo o seu conhecimento sobre o assunto. Além disso, Keo trabalhara algum tempo com os elefantes de um campo de elefantes para turistas, de modo que sabia muita coisa sobre elefantes.

Para demonstrar o quanto sabia sobre elefantes, Keo me perguntou, assim que me conheceu:

— Sabe quantas unhas o elefante tem na pata dianteira?

Ao acaso, chutei três.

— É falso — disse Keo. — Permitirei que tente de novo.

Chutei cinco.

— Infelizmente ainda é falso — disse Keo. — Por isso lhe direi a resposta. Há quatro unhas na pata dianteira do elefante. E quantas na pata traseira?

Chutei quatro.

— Infelizmente é falso. Permitirei que tente de novo.

Chutei três.

— Ainda é falso. Há cinco unhas na pata traseira do elefante. Agora, sabe quantos litros d'água cabem na tromba do elefante?

Eu não sabia. Não conseguia nem imaginar quantos litros d'água cabem na tromba do elefante. Mas Keo sabia: oito litros! E temo que também soubesse centenas de outras coisas sobre elefantes. Portanto, sem dúvida alguma, ficar o dia inteiro passeando de carro pelas montanhas laocianas com Keo era um curso completo sobre biologia paquidérmica! Mas Keo conhecia outros assuntos, também. Como explicou com todo o cuidado:

— Não são apenas fatos e explicações sobre elefantes que lhe informarei. Também sei muito sobre peixes lutadores.

Pois Keo era *exatamente* esse tipo de rapaz de 21 anos. E foi essa a razão pela qual Felipe preferiu não me fazer companhia nos meus passeios fora de Luang Prabang, porque um dos outros defeitos de Felipe (que ele não mencionou na sua lista) é ter um nível baixíssimo de tolerância com rapazes sérios de 21 anos que nos perguntam sem parar o que sabemos sobre unhas de elefantes.

Mas gostei de Keo. Sinto uma afeição inerente pelos Keos da vida. Keo era naturalmente curioso e entusiasmado e tinha paciência com a minha curiosidade e com o meu entusiasmo. Não importava a pergunta que eu lhe fizesse, por mais arbitrária que fosse, ele sempre se dispunha a tentar responder. Às vezes a forma da resposta era ditada pela sua rica noção de história do Laos; outras vezes, eram respostas mais reducionistas. Por exemplo, passamos certa tarde por uma aldeia paupérrima na montanha, cujas casas de chão de terra batida não tinham portas e as janelas eram de chapa ondulada cortada de qualquer jeito. Ainda assim, como em tantos lugares que vi na zona rural do Laos, muitas cabanas tinham parabólicas caras presas no telhado. Ponderei em silêncio o porquê de alguém investir numa parabólica antes de comprar, digamos, uma porta. Finalmente, perguntei a Keo:

— Por que para essa gente é tão importante ter uma parabólica?

Ele só deu de ombros e respondeu:

— Porque aqui a televisão pega muito mal.

Mas é claro que a maioria das minhas perguntas a Keo eram sobre casamento, já que esse era o tema do ano. Keo ficava mais do que satisfeito de me explicar como era o casamento no Laos. Disse que a cerimônia era o evento mais importante na vida de uma pessoa laociana. Em termos de importância, só o nascimento e a morte chegam perto, e às vezes é difícil planejar festas para eles. Portanto, o casamento é sempre uma ocasião imponente. Keo, como ele mesmo me informou, convidara 700 pessoas para o seu casamento no ano anterior. Esse é o padrão, disse. Como a maioria dos laocianos, Keo admitiu ter "primos demais, amigos demais. E temos de convidar todos eles".

— Todos os 700 convidados foram ao seu casamento? — perguntei.

— Ah, não — ele me tranquilizou. — Foram mais de mil pessoas!

O que acontece num casamento laociano típico é que todos os primos e amigos convidam todos os primos e amigos (e os convidados dos convidados às vezes levam convidados), e como o anfitrião não pode se recusar a receber ninguém, tudo pode fugir ao controle bem depressa.

— Gostaria que agora eu lhe fornecesse fatos e informações sobre o presente de casamento tradicional do casamento tradicional laociano? — perguntou Keo.

Gostaria muito, respondi, e Keo explicou. Quando está prestes a se casar, o casal laociano manda convites a todos os convidados. Estes pegam os convites originais (com o nome e endereço deles escrito), dobram-nos no formato de um envelopinho e põem dinheiro dentro. No dia do casamento, todos esses envelopes vão para uma gigantesca caixa de madeira. Essa doação imensa é o dinheiro com que o casal começará a nova vida em comum. Foi por isso que Keo e a noiva convidaram tanta gente para o casamento: para garantir a entrada máxima de dinheiro.

Mais tarde, quando a festa acaba, os noivos passam a noite acordados contando o dinheiro. Enquanto o noivo conta, a noiva anota num caderninho exatamente quanto cada convidado deu. Isso não é para depois mandar bilhetes detalhados de agradecimento (como supôs a minha mente tradicionalmente norte-americana), mas para guardar para sempre uma contabilidade minuciosa. Esse caderninho, que na verdade é um livro-caixa, ficará guardado em lugar seguro e será consultado muitas vezes nos próximos anos. Assim, dali a cinco anos, quando o primo lá de Vientiane se casar, será possível conferir no caderninho quanto dinheiro ele deu no casamento e então lhe dar a mesmíssima quantia por ocasião do casamento dele. Na verdade, é costume lhe dar um tiquinho a mais, como se fossem juros.

— Reajustado pela inflação! — como Keo explicou com orgulho.

Assim, na verdade, o dinheiro do casamento não é um presente: é um empréstimo minuciosamente registrado e sempre renovado, circulando de uma família a outra cada vez que um casal começa uma nova vida. É possível usar o dinheiro do casamento para começar a vida, comprar um terreno ou abrir uma pequena empresa e depois, quando a prosperidade se instala, paga-se o empréstimo lentamente no decorrer dos anos, um casamento por vez.

Esse é um sistema brilhante num país com tanta miséria e caos econômico. Durante anos, o Laos sofreu atrás de uma "Cortina de Bambu" comunista, a mais restritiva de toda a Ásia, com uma série de governos incompetentes impondo uma política econômica de terra arrasada, e onde os bancos nacionais murchavam e morriam em mãos corruptas e incompetentes. Em resposta, o povo juntou os centavos e transformou as cerimônias de casamento num sistema bancário que realmente funciona: a única Caixa Econômica realmente digna de crédito no país. Todo esse contrato social foi construído com base no entendimento coletivo de que o dinheiro não pertence ao jovem casal; pertence à comunidade e tem de ser restituído à comunidade. Com juros. Até certo ponto, isso significa que o casamento também não pertence totalmente ao casal; também pertence à comunidade, que espera receber dividendos dessa união. De fato, o casamento se torna uma empresa cujas ações pertencem literalmente a todos em volta.

Os dividendos dessas ações ficaram claros para mim certa tarde em que Keo me levou além das montanhas de Luang Prabang, até uma aldeola chamada Ban Phanom — uma comunidade da planície distante povoada por uma minoria étnica, os leus, povo que fugiu da China para o Laos há alguns séculos para se livrar do preconceito e da perseguição e só levou consigo os bichos-da-seda e os conhecimentos de agricultura. Keo tinha uma amiga da universidade que morava na aldeia e que agora trabalhava como tecelã, como todas as outras mulheres leus. Essa moça e a mãe concordaram em se encontrar comigo para conversar sobre o casamento, e Keo concordara em servir de intérprete.

A família morava numa casa de bambu quadrada e limpa, com piso de cimento. Não havia janelas, para deixar o sol furioso do lado de fora.

Dentro da casa, o efeito era como estar numa gigantesca caixa de costura de vime, coisa bastante adequada nessa cultura de talentosas tecelãs. As mulheres me trouxeram um tamborete minúsculo para eu me sentar e um copo d'água. A casa quase não tinha mobília, mas na sala de estar estavam à mostra os objetos mais valiosos da família, alinhados em fila, por ordem de importância: um tear novinho em folha, uma motocicleta novinha em folha e uma televisão novinha em folha.

A amiga de Keo se chamava Joy e a mãe, Ting — uma mulher roliça e atraente de 40 e poucos anos. Com a filha sentada em silêncio, embainhando um tecido de seda, a mãe falava com entusiasmo, e por isso fiz todas as perguntas à mãe. Perguntei a Ting quais eram as tradições matrimoniais naquela aldeia específica e ela disse que era tudo muito simples. Se um rapaz gostava de uma moça, e se a moça também gostasse dele, os pais se reuniam e combinavam um plano. Se tudo corresse bem, logo ambas as famílias iam visitar um monge especial, que consultaria o calendário budista para encontrar uma data auspiciosa para o casamento. Então os jovens se casavam, e todos na comunidade lhes emprestavam dinheiro. E esses casamentos duravam para sempre, Ting logo explicou, porque não havia divórcio na aldeia de Ban Phanom.

Já ouvi observações assim antes, nas minhas viagens. E sempre duvido um pouquinho, porque em lugar nenhum do mundo "não existe divórcio". Basta cavucar um pouco e a gente sempre encontra uma história escondida sobre algum casamento que deu errado. Por toda parte. Pode acreditar. Isso sempre me lembra aquele momento de *The House of Mirth* (A casa da alegria), de Edith Wharton, em que uma velha dama fofoqueira da sociedade observa: "Há um divórcio e um caso de apendicite em todas as famílias conhecidas." (E "caso de apendicite", aliás, era o código que, na Inglaterra bem-educada do início do século XX, significava "aborto provocado" — e *isso* também acontece em toda parte, às vezes nos círculos mais inesperados.)

Mas há mesmo sociedades em que o divórcio é raríssimo.

E assim era no clã de Ting. Quando pressionada, ela admitiu que uma das suas amigas de infância teve de se mudar para a capital porque o marido a abandonou, mas esse era o único divórcio de que conseguia se lembrar nos últimos cinco anos. Seja como for, disse ela, existem sistemas que ajudam a manter as famílias unidas. Dá para imaginar que, numa aldeia pobre e minúscula como aquela, onde as vidas são tão interdependentes (em termos financeiros, inclusive), é preciso dar passos constantes para manter íntegras as famílias. Ting explicou que, quando surgem problemas num casamento, a comunidade usa uma abordagem com quatro estágios para encontrar soluções. Primeiro, a esposa do casamento problemático é encorajada a manter a paz cedendo o máximo possível à vontade do marido.

— O casamento é melhor quando só há um comandante — disse ela. — É mais fácil quando o comandante é o marido.

Concordei educadamente, decidindo que era melhor deixar a conversa fluir o mais depressa possível para o Estágio Número Dois.

Mas Ting também explicou que, às vezes, nem mesmo a submissão absoluta consegue resolver todos os conflitos domésticos, e aí é preciso terceirizar o problema. Assim, o segundo nível de intervenção é levar os pais do marido e da mulher para ver se conseguem resolver os problemas domésticos. Os pais se reúnem com o casal e com cada um dos cônjuges em separado e todos tentam dar um jeito na situação dentro da família.

Quando a supervisão dos pais fracassa, o casal passa para o terceiro estágio de intervenção. Agora têm de comparecer ao conselho de anciãos da aldeia — as mesmas pessoas que os casaram. Os anciãos levarão o problema a uma reunião pública do conselho. Assim, os fracassos domésticos passam a fazer parte da pauta cívica, como os grafiteiros e as verbas para a educação, e todos precisam se reunir para resolver o caso. Os vizinhos dão ideias, sugerem soluções e até oferecem auxílio, como ficar com os filhos pequenos durante uma ou duas semanas enquanto o casal tenta resolver o problema sem distrações.

Só no Quarto Estágio, se tudo o mais falhar, admite-se que a situação não tem jeito. Se a família não consegue resolver a disputa e a comunidade também não (o que é raro), então, e só então, o casal vai para a cidade grande, fora do terreno da aldeia, para pedir o divórcio oficial.

Enquanto escutava Ting explicar tudo isso, pensei novamente no meu primeiro casamento fracassado. Será que o meu ex-marido e eu poderíamos salvar o relacionamento se tivéssemos interrompido mais cedo a queda livre, antes que tudo se envenenasse por completo? E se tivéssemos convocado um conselho de emergência de amigos, parentes e vizinhos para nos dar uma ajudinha? Talvez uma intervenção oportuna pudesse nos endireitar, tirar o pó, nos levar de volta um ao outro. Durante seis meses, bem no finalzinho do casamento, frequentamos juntos sessões de aconselhamento, mas, como já ouvi muitos terapeutas lamentarem sobre os pacientes, procuramos a ajuda externa tarde demais e nos esforçamos muito pouco. Visitar durante uma hora por semana o consultório de alguém não foi suficiente para consertar o impasse descomunal a que já tínhamos chegado em nossa viagem de núpcias. Quando levamos à médica o casamento doente, ela pouco pôde fazer além da autópsia. Quem sabe, se tivéssemos agido antes, ou com mais confiança... Quem sabe, se tivéssemos buscado a ajuda da família e da comunidade...

Por outro lado, talvez não.

Havia muita coisa errada naquele casamento. Acho que não duraríamos muito tempo juntos, mesmo que tivéssemos toda a aldeia de Manhattan trabalhando para o nosso bem comum. Além disso, não tínhamos nenhum modelo cultural parecido com essa intervenção da família e da comunidade. Éramos americanos modernos e independentes que moravam a centenas de quilômetros da família. Seria a ideia mais estranha e artificial do mundo convocarmos parentes e vizinhos para um conselho tribal sobre assuntos que, deliberadamente, mantivemos só entre nós durante anos. Seria a mesma coisa que sacrificar uma galinha à harmonia conjugal e torcer para que isso resolvesse alguma coisa.

Seja como for, há um limite até onde se pode ir com essas ideias. Não devemos cair no jogo eterno do "e se..." nem nos arrepender do fracasso do casamento, embora, sabidamente, seja difícil controlar essas angustiadas contorções mentais. Por essa razão, estou convencida de que o padroeiro supremo de todos os divorciados deve ser o antigo titã grego Epimeteu, que foi abençoado — ou melhor, amaldiçoado — com o dom da perfeita visão retrospectiva. Era um camarada bem legal, esse tal de Epimeteu, mas ele só via as coisas claras depois de acontecidas, talento não muito útil no mundo real. (Aliás, o interessante é que Epimeteu era casado, mas com a sua visão retrospectiva perfeita talvez ele desejasse ter escolhido outra moça: a mulher dele era uma megerinha chamada Pandora. Um casal engraçado.) Seja como for, em algum momento da vida temos de parar de nos castigar por causa dos tropeços passados, mesmo que, em retrospecto, sejam tropeços de uma obviedade dolorosa, e seguir adiante. Ou, como Felipe já disse com o seu jeito inimitável, "Não vamos perder tempo com os erros do passado, querida. É melhor nos concentrarmos nos erros do futuro".

Nessa linha, passou pela minha cabeça naquele dia, no Laos, que talvez aqui Ting e a sua comunidade tivessem razão quanto ao casamento. Não essa coisa de o marido ser o comandante, é claro, mas a ideia de que talvez haja momentos em que a comunidade, para manter a coesão, deva dividir não só dinheiro e recursos, mas também a noção de responsabilidade coletiva. Talvez, para durar, todos os nossos casamentos devessem ser interligados, entretecidos num tear social maior. E é por isso que, naquele dia, no Laos, fiz uma anotaçãozinha: *Não privatize o seu casamento com Felipe a ponto de deixá-lo sem oxigênio, isolado, solitário, vulnerável...*

Fiquei tentada a perguntar à minha nova amiga Ting se ela já interviera no casamento de algum vizinho, como um tipo de anciã da aldeia. Mas, antes que eu passasse à pergunta seguinte, ela me interrompeu para me indagar se eu não conseguiria encontrar nos Estados Unidos um bom marido para a filha Joy. Alguém com instrução universitária. Depois, ela me mostrou um dos lindos tecidos de seda da filha: uma tapeçaria com elefantes dourados dançando num mar de carmim. Será que algum americano gostaria de se casar com uma moça capaz de fazer coisas como aquela com as próprias mãos?

Aliás, durante todo o tempo em que eu e Ting ficamos conversando, Joy esteve ali sentada, costurando em silêncio, de jeans e camiseta, o cabelo preso num rabo de cavalo frouxo. Ela alternava entre escutar a mãe educadamente, com atenção, e, em certos momentos, à maneira clássica das filhas, revirar os olhos com vergonha das declarações da mãe.

— Será que não há nenhum americano instruído que quisesse se casar com uma boa moça leu como a minha filha? — perguntou Ting outra vez.

Ela não estava brincando, e a tensão na voz anunciava a crise. Pedi a Keo que sondasse gentilmente o problema, e logo Ting se abriu. Ultimamente, a aldeia passava por um grande problema. As moças estavam ganhando mais do que os rapazes e começaram a buscar mais instrução. As mulheres dessa minoria étnica são tecelãs de talento excepcional e, agora que há turistas ocidentais no Laos, pessoas de fora se interessam em comprar os seus tecidos. Assim, as moças locais conseguem ganhar um bom dinheiro, que costumam economizar desde jovens. Algumas — como Joy, a filha de Ting — usam o que ganham para pagar a faculdade, além de comprar bens para a família, como motocicletas, televisores e teares novos, enquanto os rapazes ainda são agricultores que mal fazem algum dinheiro.

Isso não era problema quando *ninguém* ganhava dinheiro, mas com a prosperidade de um dos sexos — as moças —, tudo se desequilibrou. Ting disse que as moças da aldeia estão se acostumando com a ideia de se sustentarem, e que algumas vêm retardando o casamento. Mas esse não era o maior problema! O maior problema era que agora, quando os jovens se casavam, os homens logo se acostumavam a gastar o dinheiro das mulheres, ou seja, não trabalhavam mais como antes. Os rapazes, sem mais noção do próprio valor, acabavam numa vida de jogo e bebida. As moças, quando observaram essa situação, não gostaram nem um pouco. Portanto, ultimamente muitas moças tinham decidido não se casar, e isso vinha subvertendo o sistema social da aldeiazinha, criando tensões e complicações de todos os tipos. Era por isso que Ting temia que a filha nunca se casasse (a menos, talvez, que eu conseguisse lhe arranjar um americano igualmente instruído), e aí o que aconteceria com a sucessão familiar? O que seria dos rapazes da aldeia, cujas moças os tinham ultrapassado? O que seria de toda a complexa rede social da aldeia?

Ting me contou que chamava essa situação de "problema do tipo ocidental", ou seja, ela lia os jornais, porque esse é um problema de tipo *plenamente* ocidental, que vemos há gerações no Ocidente, desde que o caminho da riqueza ficou ao alcance das mulheres. Quando as mulheres começam a ganhar o próprio dinheiro, uma das primeiras coisas a mudar em qualquer sociedade é a natureza do casamento. Vemos essa tendência em todos os países e em todos os povos. Quanto mais consegue autonomia financeira, mais tarde a mulher se casa, quando se casa.

Alguns lamentam isso como se fosse o Colapso da Sociedade e acham que essa independência econômica feminina está destruindo os casamentos felizes. Mas os tradicionalistas que olham com saudade os dias de antigamente, em que as mulheres ficavam em casa e cuidavam da família e em que o número de divórcios era muito menor do que hoje, não deveriam esquecer que, no decorrer dos séculos, muitas mulheres se mantiveram em casamentos horríveis porque não podiam se dar ao luxo de ir embora. Ainda hoje, a renda média das americanas divorciadas cai 30% quando o casamento acaba, e no passado era muito pior. Como dizia um velho ditado bastante correto: "Toda mulher está a um divórcio da falência." *Para onde* exatamente a mulher iria embora, se tivesse filhos pequenos, nenhuma instrução e nenhum meio de se sustentar? Tendemos a idealizar as culturas em que as pessoas ficavam casadas para sempre, mas não devemos supor automaticamente que a duração do matrimônio era sempre sinal de contentamento conjugal.

Durante a Grande Depressão, por exemplo, o número de divórcios despencou nos Estados Unidos. Os analistas sociais da época gostavam de atribuir esse declínio à ideia romântica de que os tempos difíceis uniam mais os casais. Pintavam um quadro alegre de famílias resolutas se juntando para dividir a magra refeição num único prato empoeirado. Esses mesmos analistas costumavam dizer que muitas famílias perderam o carro para encontrar a alma. Na verdade, contudo, como qualquer terapeuta familiar saberia dizer, os profundos problemas financeiros causam tensões monstruosas no casamento. Depois da infidelidade e da violência deslavada, nada corrói um relacionamento com mais rapidez do que a pobreza, a falência e as dívidas. E quando os historiadores modernos examinaram com mais atenção a queda do número de divórcios na Grande Depressão, descobriram que muitos casais americanos continuaram juntos porque não tinham dinheiro para se separar. Já era bem difícil sustentar um lar e seria pior sustentar dois. Muitas famílias preferiram atravessar a Grande Depressão com um lençol pendurado no meio da sala para separar marido e mulher, imagem que é mesmo muito deprimente. Outros casais se separaram, mas nunca tiveram dinheiro para obter o divórcio na justiça. O abandono virou epidemia na década de 1930. Legiões de americanos falidos simplesmente acordaram e foram embora, deixando a mulher e os filhos, e nunca mais foram vistos (de onde você acha que vinham todos aqueles mendigos e andarilhos?), e pouquíssimas mulheres tomaram a iniciativa de citar oficialmente a falta do marido aos recenseadores. Tinham coisa mais importante para se preocupar, como arranjar comida.

A pobreza extrema gera tensão extrema; isso não deveria espantar ninguém. O número de divórcios nos Estados Unidos é mais alto entre os adultos pouco instruídos e em condições de insegurança financeira. É claro que o dinheiro traz os seus problemas, mas traz também opções. O dinheiro pode comprar babás e creches, banheiros separados, férias, acabar com as discussões sobre contas — e tudo isso ajuda a estabilizar o casamento. E quando as mulheres põem as mãos em dinheiro próprio, e quando se remove a sobrevivência econômica como motivação para o casamento, tudo muda. Em 2004, as mulheres solteiras formavam o grupo demográfico que mais crescia nos Estados Unidos. Era muito mais provável que uma americana de 30 anos fosse solteira do que na década de 1970. Também era muito menos provável que fosse mãe — antes ou depois. O número de famílias americanas sem filhos chegou ao ponto máximo em 2008.

É claro que nem sempre essa mudança é vista com bons olhos pela sociedade em geral. Hoje em dia, no Japão, onde encontramos as mulheres mais bem pagas do mundo industrializado (e também, não por coincidência, a taxa de natalidade mais baixa do mundo), os críticos sociais conservadores chamam as moças que se recusam a se casar e ter filhos de "solteiras parasitas", insinuando que a mulher solteira sem filhos se aproveita de todos os benefícios da cidadania (como a prosperidade) sem oferecer nada em troca (os bebês). Até em sociedades tão repressoras quanto a do Irã contemporâneo, cada vez mais moças preferem retardar o casamento e a criação dos filhos para se concentrar nos estudos e na carreira. Assim como a noite segue o dia, os analistas conservadores já estão condenando a tendência, e uma autoridade do governo iraniano descreveu essas mulheres deliberadamente solteiras como "mais perigosas do que as bombas e mísseis do inimigo".

Assim, como mãe na região rural do Laos em desenvolvimento, minha nova amiga Ting nutria pela filha um conjunto complicado de sentimentos. Por um lado, se orgulhava da instrução de Joy e do seu talento de tecelã, com o qual ela pagara o tear novinho em folha, o televisor novinho em folha e a motocicleta novinha em folha. Por outro lado, Ting não conseguia compreender o admirável mundo novo de aprendizado, dinheiro e independência da filha. E, quando olhava o futuro de Joy, só via uma mistura confusa de novas perguntas. Essa moça instruída, letrada, com independência financeira e assustadoramente contemporânea não tinha precedentes na tradicional sociedade leu. O que *fazer* com ela? Como encontraria paridade com os agricultores vizinhos sem instrução? Claro que é possível estacionar uma motocicleta na sala e espetar uma parabólica no telhado da cabana, mas qual o lugar de uma moça dessas?

Pois vou lhe contar o interesse que Joy demonstrou pelo debate: ela se levantou e saiu de casa no meio da minha conversa com a mãe, e não a vi mais.

Não consegui obter uma única palavra da moça sobre o tema do casamento. Embora eu tenha certeza de que ela alimenta ideias bem seguras sobre o tema, não há dúvida de que não tinha a mínima vontade de discuti-las comigo e com a mãe. Em vez disso, Joy saiu para aproveitar melhor o seu tempo. Quase deu para sentir que ela iria à delicatessen da esquina comprar cigarros e depois, talvez, fosse assistir a um filme com os amigos. Só que nessa aldeia não havia delicatessen, cigarros nem filmes, só galinhas cacarejando numa estrada de terra.

Então aonde iria aquela moça?

Ah, mas é aí que está todo o problema, não é?

Aliás, já mencionei que a mulher de Keo estava grávida? Na verdade, o bebê deveria nascer na mesma semana em que conheci Keo e o contratei como meu guia e intérprete. Soube da gravidez da esposa quando Keo mencionou que ficara muito contente com a renda extra, por conta da chegada iminente do bebê. Ele estava orgulhosíssimo de ter um filho e, na nossa última noite em Luang Prabang, convidou Felipe e eu para jantarmos na casa dele, para nos mostrar a sua vida e nos apresentar à jovem e grávida Noi.

— Nós nos conhecemos na escola — disse Keo sobre a esposa. — Sempre gostei dela. Ela é um pouco mais nova do que eu, só tem 19 anos agora. É muito bonita. Embora seja esquisito agora que vai ter o bebê. Ela era tão miúda que quase não pesava quilo nenhum! Agora parece que pesa todos os quilos de uma vez só!

Assim, fomos à casa de Keo, levados até lá pelo seu amigo Khamsy, o dono do hotel, levando presentes. Felipe comprou várias garrafas de Beerlao, a cerveja local, e eu, algumas roupinhas neutras de bebê que achei no mercado e que queria dar à mulher de Keo.

A casa de Keo ficava no fim de uma estrada de terra cheia de lombadas, perto de Luang Prabang. Era a última casa de uma rua de casas parecidas antes que a selva tomasse conta, e ocupava um terreno retangular de seis por nove metros. Metade da propriedade estava coberta de tanques de concreto que Keo enchera com as rãs e os peixes lutadores que cria para complementar a renda de professor primário e guia turístico ocasional. Ele vende as rãs como alimento. Como explicou com orgulho, o quilo chega a 25 mil kip — dois dólares e meio — e, em média, há três a quatro rãs em cada quilo, porque essas rãs são bem corpulentas. Assim, é uma boa fonte de renda secundária. No meio-tempo, também há os peixes lutadores, vendidos a 5 mil kip cada — cinquenta centavos de dólar —, que se multiplicam rapidamente. Ele vende os peixes a moradores locais que apostam nas batalhas aquáticas. Keo explicou que começou a criar peixes lutadores quando criança, já pensando num meio de ganhar um dinheirinho extra para não ser um fardo para os pais. Embora não goste de se gabar, foi difícil não revelar que talvez fosse o melhor criador de peixes lutadores de Luang Prabang.

A casa de Keo ocupava o resto da propriedade, o pedaço que não estava coberto de tanques de rãs e peixes, ou seja, a casa propriamente dita tinha uns vinte metros quadrados. A estrutura era feita de bambu e compensado, com telhado de chapa ondulada. O único cômodo original da casa fora recentemente dividido para criar uma sala de estar e um quarto. A parede divisória não passava de uma separação de compensado que Keo revestira cuidadosamente com páginas de jornais em inglês, como o *Bangkok Post* e o *Herald Tribune*. (Mais tarde, Felipe me disse que desconfiava que Keo se deita ali à noite e lê cada palavra do papel de parede, sempre se esforçando para melhorar o seu inglês.) Havia uma única lâmpada, pendurada na sala. Havia também um minúsculo banheirinho de concreto, com uma privada de agachar e uma bacia para o banho. Entretanto, na noite da visita a bacia estava cheia de rãs, porque os tanques de rãs lá fora estavam lotados. (Keo explicou que há um benefício colateral quando se criam centenas de rãs: "De todos os vizinhos, só nós não temos problema com mosquitos.") A cozinha ficava fora da casa, sob um puxadinho do telhado, com chão bem varrido de terra batida.

— Algum dia investiremos num piso de verdade para a cozinha — disse Keo com a tranquilidade do suburbano que prevê construir algum dia uma varanda envidraçada junto à sala de estar. — Mas primeiro preciso ganhar mais dinheiro.

Nessa casa não havia mesa nem cadeiras. Do lado de fora, na cozinha, havia um banco pequeno, e embaixo dele ficava a cadelinha da família, que dera cria alguns dias antes. Os filhotinhos eram mais ou menos do tamanho de um ratinho do deserto. A única vergonha que Keo demonstrou sentir com a sua vida modesta devia-se ao tamanho minúsculo da cachorrinha. Parece que ele achava quase mesquinho apresentar aos honrados hóspedes uma cadela tão miúda, como se a pequena estatura do animal não combinasse com a posição de Keo na vida, ou, pelo menos, não combinasse com as aspirações de Keo.

— Vivemos rindo dela por ser tão pequena. Sinto muito que não seja maior — desculpou-se. — Mas é uma ótima cadelinha.

Havia também uma galinha, que morava na área da varanda/cozinha, com um pedaço de barbante que a prendia à parede, de modo que podia andar, mas não fugir. Tinha uma caixinha de papelão e, nessa caixinha, punha um ovo por dia. Ao nos apresentar a galinha e a caixa, Keo parecia um rico fazendeiro, estendendo o braço com orgulho:

— E esta é a nossa galinha!

Nesse momento, tive um vislumbre de Felipe com o canto do olho e observei uma série de emoções passar em ondas no seu rosto: ternura, pena, saudade, admiração e uma pequena dose de tristeza. Felipe cresceu na pobreza do sul do Brasil e, como Keo, sempre foi uma alma orgulhosa. Na verdade, Felipe ainda é uma alma orgulhosa, a ponto de dizer aos outros que nasceu "falido" e não "pobre", transmitindo assim a noção de que sempre viu a sua pobreza como condição temporária (como se, de algum modo, como indefeso bebê de colo, de repente se visse com pouco dinheiro no bolso). E, igual a Keo, Felipe tendia a um empreendedorismo mal-ajambrado que se revelara em tenra idade. Teve a sua primeira grande ideia de negócios aos nove anos, quando notou que os carros sempre atolavam numa poça funda no fim de uma ladeira em Porto Alegre, sua cidade natal. Ele arranjou um amigo para ajudar e os dois ficavam o dia todo no pé da ladeira esperando para empurrar para fora da poça os carros atolados. Os motoristas davam uns trocados aos meninos em troca da ajuda e, com esses poucos trocados, compraram-se muitas revistas em quadrinhos americanas. Com dez anos, Felipe entrou no ramo da sucata, percorrendo a cidade atrás de pedaços de ferro, latão e cobre para revender. Aos 13 anos, vendia ossos de animais (arranjados nos açougues e matadouros locais) a um fabricante de cola, e esse dinheiro ajudou a pagar a primeira passagem de navio para fora do Brasil. Se ele tivesse ouvido falar de carne de rã e peixes lutadores, pode acreditar: ele também teria feito isso.

Até essa noite, Felipe não queria saber de Keo. De fato, a natureza impertinente do meu guia o irritava demais. Mas algo mudou em Felipe assim que conheceu a casa de Keo, a parede de jornais, o chão varrido de terra batida, as rãs no banheiro, a galinha na caixa e a cadelinha humilde. E, quando ele conheceu Noi, mulher de Keo, que era miúda mesmo no estado avançado de gestação com todos os seus quilos de uma vez só, e que se esforçava tanto para preparar o jantar numa única boca de gás, vi os seus olhos se encherem de lágrimas de emoção, embora Felipe fosse educado demais para exprimir a Noi algo além do interesse amistoso pela comida que ela preparava. Ela aceitou timidamente os elogios de Felipe. ("Ela sabe inglês", disse Keo. "Mas fica envergonhada de treinar.")

Quando conheceu a mãe de Noi — uma senhora minúscula, mas ainda assim majestosa, com um sarongue azul surrado e apresentada apenas como

"Avó" —, o meu futuro marido seguiu um instinto pessoal profundo e fez uma reverência diante daquela mulher minúscula. Com esse gesto grandioso, a Avó deu o mais leve dos sorrisos (só com o canto dos olhos) e respondeu com um aceno de cabeça quase imperceptível, telegrafando com sutileza: "Sua reverência nos agradou, senhor."

Amei tanto Felipe nesse momento que foi quase o máximo que já o amei em qualquer instante, em qualquer lugar.

Devo esclarecer aqui que, embora Keo e Noi não tivessem mobília, havia três objetos de luxo na sua casa. Havia um televisor com aparelho de som e DVD embutidos, uma geladeira minúscula e um ventilador elétrico. Quando entramos na casa, Keo pusera os três aparelhos para funcionar na potência máxima para nos receber. O ventilador ventilava; a geladeira zumbia, fazendo gelo para a cerveja; a televisão berrava desenhos animados.

Keo perguntou:

— Preferem ouvir música ou assistir à televisão durante o jantar?

Respondi que preferíamos ouvir música, obrigada.

— Preferem rock ocidental — perguntou — ou música laociana suave?

Agradeci a consideração e respondi que música laociana suave seria ótimo.

Keo disse:

— Para mim não é problema. Tenho música laociana perfeita de que vocês gostarão.

Ele pôs para tocar algumas canções de amor laocianas, mas num volume altíssimo, para demonstrar melhor a qualidade da aparelhagem de som. Foi por essa mesma razão que Keo dirigiu o ventilador bem para a nossa cara. Tinha o conforto desses luxos e queria que os aproveitássemos ao máximo.

Assim, foi uma noite bem barulhenta, mas não a pior coisa do mundo, porque o barulho assinalava o ar festivo, e obedecemos devidamente à mensagem. Logo, estávamos todos tomando Beerlao, contando histórias e rindo. Ou pelo menos Felipe, Keo, Khamsy e eu estávamos todos bebendo e rindo; Noi, em sua extrema gravidez, parecia sofrer com o calor e não tomou cerveja, só ficou sentada em silêncio no chão duro de terra batida, mudando de posição de vez em quando em busca de conforto.

Quanto à Avó, ela tomou cerveja, mas não riu muito conosco. Só nos olhava a todos, com um ar tranquilo e contente. Soubemos que a Avó plantava arroz e viera do norte, de perto da fronteira chinesa. Era de uma antiga linhagem de plantadores de arroz e tivera dez filhos (Noi, a caçula), todos nascidos em casa. Ela só nos contou tudo isso porque lhe perguntei diretamente qual era a história da sua vida. Com Keo como intérprete, ela nos contou que o casamento, aos 16 anos, fora um tanto "acidental". Ela se casou com um homem que só estava de passagem pela aldeia. Ele passara a noite na casa da família e se apaixonara por ela. Alguns dias depois da chegada do estranho, os dois se casaram. Tentei fazer à Avó algumas perguntas a mais sobre o que pensava do casamento, mas ela não revelou nada além desses fatos: produtora de arroz, casamento acidental, dez filhos. Eu morria de vontade de saber o que significava casamento "acidental" (muitas mulheres da minha família também tiveram de se casar por causa de "acidentes"), mas não recebi mais nenhuma informação.

— Ela não está acostumada com tanto interesse pela sua vida — explicou Keo, e deixei o assunto morrer.

Mas, durante a noite toda, não parei de lançar à Avó olhares furtivos, e a noite toda achei que ela nos observava de uma enorme distância. Ela transmitia um desligamento cintilante, marcado por um comportamento tão silencioso e reservado que, às vezes, era quase como se desaparecesse. Muito embora estivesse sentada no chão bem na minha frente, muito embora eu pudesse tocá-la facilmente a qualquer momento se estendesse a mão, era como se residisse em outro lugar e nos olhasse de um trono benevolente, situado em algum ponto lá na Lua.

A casa de Keo, embora minúscula, era tão limpa que se podia comer no chão, e foi exatamente isso que fizemos. Todos nos sentamos numa esteira de bambu e dividimos a refeição, fazendo bolinhos de arroz com as mãos. De acordo com o costume laociano, todos bebemos do mesmo copo, passando-o de mão em mão na sala, do mais velho ao mais novo. E eis o que comemos: sopa de peixe-gato maravilhosamente temperada, salada de mamão verde com molho de peixe defumado, arroz empapado e, claro, rã. As rãs eram o prato principal, servido com orgulho por serem do rebanho pessoal de Keo, e tivemos de comer várias. Eu já comera rãs no passado (bem, *pernas* de rã), mas essas eram diferentes. Eram rãs gigantes, imensas, corpulentas, carnudas, picadas em pedaços grandes, como num guisado de frango, e cozidas com pele, ossos e tudo. A pele foi a parte mais difícil da refeição, já que, mesmo depois de cozida, era uma pele de rã muito óbvia: manchada, borrachenta, anfíbia.

Noi nos observava com atenção. Falou pouco durante a refeição, exceto para nos lembrar em certo instante: "Não comam só arroz, comam a carne também", porque a carne é preciosa e éramos visitantes importantes. Assim, comemos todas aquelas postas de carne de rã borrachenta, junto com a pele e um ou outro pedacinho de osso, mastigando tudo sem queixas. Felipe pediu para repetir, não uma vez só, mas duas, o que fez Noi corar e sorrir para a barriga grávida com prazer incontido. Embora no fundo eu soubesse que Felipe preferiria comer o próprio sapato refogado a engolir mais um pedaço de rã gigante cozida, naquele momento senti por ele, mais uma vez, um amor avassalador pela sua grande bondade.

Dá para levar esse homem a qualquer lugar, pensei com orgulho, *e ele sempre vai saber se comportar.*

Depois do jantar, Keo passou alguns vídeos de danças tradicionais dos casamentos laocianos para nos entreter e instruir. Os vídeos mostravam um grupo de mulheres laocianas rígidas e formais dançando no palco de uma discoteca, com maquiagem exagerada e sarongues reluzentes. A dança envolvia muita imobilidade, com as mãos regirando e um sorriso cimentado no rosto. Todos assistimos a isso durante meia hora de silêncio atento.

— São todas dançarinas excelentes e profissionais — informou Keo finalmente, quebrando o estranho devaneio. — O cantor cuja voz vocês podem ouvir na música de fundo é muito famoso no Laos, exatamente como o seu Michael Jackson nos Estados Unidos. E eu mesmo já o conheci.

Havia em Keo uma inocência quase comovente de se ver. Na verdade, a família inteira parecia a coisa mais pura que eu já encontrara. Apesar da televisão, da geladeira e do ventilador, continuavam intocados pela modernidade, ou pelo menos intocados pela malícia sofisticada da modernidade. Eis aqui apenas alguns elementos que faltaram na conversa com Keo e a sua família: ironia, cinismo, sarcasmo e presunção. Conheço nos Estados Unidos crianças de 5 anos mais astutas do que essa família. Na verdade, *todas* as crianças de 5 anos que conheço nos Estados Unidos são mais astutas do que essa família. Fiquei com vontade de embrulhar a casa inteira num tipo de gaze protetora para defendê-la do mundo — façanha que, dado o tamanho da casa, não exigiria muita gaze.

Depois de terminada a exibição de dança, Keo desligou a televisão e levou a conversa de volta aos sonhos e planos dele e de Noi para a vida conjugal. Depois que o bebê nascesse, era óbvio que precisariam de mais dinheiro, e por isso Keo tinha um plano para expandir o negócio de carne de rã. Ele explicou que gostaria de inventar uma casa de criação de rãs com ambiente controlado que imitasse as condições do verão, ideais para a atividade, mas durante o ano todo. Essa invenção, que supus ser um tipo de estufa, incluiria tecnologias como "sol falso e chuva falsa". As condições climáticas falsas levariam as rãs a não perceber que o inverno chegara. Isso seria benéfico, porque o inverno é uma época do ano difícil para os criadores de rãs. Todo inverno, as rãs de Keo entravam em hibernação (ou, como ele dizia, "meditação") e não comiam, perdendo assim muito peso e transformando em mau negócio a venda de carne de rã a quilo. Mas, se Keo conseguisse criar rãs o ano todo, e se fosse a única pessoa de Luang Prabang a fazer isso, a empresa dele cresceria e a família inteira iria prosperar.

— Parece uma ideia brilhante, Keo — disse Felipe.

— Foi ideia de Noi — disse Keo, e todos nos viramos de novo para a mulher de Keo, para a linda Noi, de apenas 19 anos e com o rosto úmido de calor, ajoelhada meio sem jeito no chão de terra, a barriga cheia de bebê.

— Você é um gênio, Noi! — exclamou Felipe.

— Ela *é* um gênio! — concordou Keo.

Noi corou tanto com esse elogio que parecia que ia desmaiar. Não conseguia nos olhar nos olhos, mas dava para ver que se sentia honrada, mesmo que não conseguisse aceitar as honras. Dava para ver que sentia muito bem como era considerada pelo marido. Keo, jovem, bonito e inventivo, tinha a mulher em tão alta conta que era impossível não se gabar dela para os honrados convidados do jantar! Com uma declaração tão pública da sua importância, a tímida Noi pareceu inchar para o dobro do tamanho natural (e ela já *estava* com o dobro do tamanho natural, com aquele bebê prestes a nascer a qualquer momento). Honestamente, naquele instante sublime, a jovem futura mamãe pareceu tão extasiada, tão inchada, que fiquei com medo que saísse flutuando e se encontrasse com a mãe dela lá na superfície da Lua.

Naquela noite, quando voltamos ao hotel, tudo isso me fez pensar na minha avó e no seu casamento.

Minha vovó Maude, que fez 96 anos há pouco tempo, vem de uma longa linhagem cujo nível de conforto na vida foi bem mais próximo do de Keo e Noi do que do meu. A família da vovó Maude era de imigrantes do norte da Inglaterra que chegaram ao centro do estado americano de Minnesota em carroças cobertas e que passaram aqueles primeiros invernos impensáveis em casas grosseiras feitas de torrões de turfa. Simplesmente se matando de trabalhar, adquiriram terras, construíram casinhas de madeira, depois casas maiores e, aos poucos, aumentaram o rebanho e prosperaram.

Minha avó nasceu em janeiro de 1913, em casa, no meio do inverno frio das pradarias. Chegou ao mundo com um defeito capaz de pôr a vida em risco: um caso grave de lábio leporino que a deixava com um buraco no céu da boca e o lábio superior incompleto. Era quase abril quando os trilhos da ferrovia degelaram o suficiente para que o pai de Maude levasse o bebê até Rochester, para a primeira cirurgia rudimentar. Até aquela época, não sei como a mãe e o pai da minha avó conseguiram mantê-la viva, apesar de ela não conseguir mamar. Até hoje a minha avó ainda não sabe como os pais a alimentaram, mas acha que deve ter sido com um pedaço de tubo de borracha que o pai tirou da ordenhadeira. A minha avó me disse recentemente que hoje gostaria de ter pedido à mãe mais informações sobre esses primeiros meses difíceis da sua vida, mas naquela família ninguém gostava de falar de lembranças tristes nem encorajava conversas dolorosas, e por isso o assunto nunca foi abordado.

Embora minha avó não seja de se queixar, a sua vida foi difícil sob todos os pontos de vista. É claro que a vida de todo mundo em volta dela também era difícil, mas Maude tinha a desvantagem extra do problema de saúde que a deixou para sempre com dificuldade de falar e com uma cicatriz visível no meio do rosto. Não surpreende que fosse terrivelmente tímida. Por todas essas razões, todos achavam que ela jamais se casaria. Essa suposição nunca precisou ser dita em voz alta; simplesmente, todo mundo sabia.

Mas, às vezes, até o destino mais infeliz pode trazer benefícios específicos. No caso da minha avó, o benefício foi o seguinte: ela foi o único membro da família a receber uma boa educação. Maude pôde se dedicar aos estudos porque *precisava* mesmo se instruir, para um dia se sustentar como mulher solteira. Assim, enquanto todos os meninos saíram da escola por volta da oitava série para trabalhar no campo e as meninas raramente iam até o fim do secundário (era comum já estarem casadas e com filhos antes de terminar os estudos), Maude foi morar na cidade com outra família e se tornou uma aluna dedicada. Destacou-se na escola. Tinha gosto especial pela história e pelo inglês e sonhava em algum dia se tornar professora; trabalhava como faxineira e economizava para pagar a faculdade. Então veio a Grande Depressão, e o custo da faculdade ficou alto demais. Mas Maude continuou trabalhando, e o dinheiro que ganhava a transformou numa das criaturas mais raras que se podia imaginar no centro de Minnesota: uma moça autônoma que se sustentava sozinha.

Aqueles anos da vida da minha avó logo depois do curso secundário sempre me fascinaram porque o caminho dela foi muito diferente do caminho de todos os que a cercavam. Ela teve *experiência* no mundo real em vez de partir diretamente para o negócio de constituir família. A mãe de Maude raramente saía da fazenda da família, a não ser para ir à cidade uma vez por mês (e nunca no inverno) para comprar produtos básicos, como farinha, açúcar e pano. Mas, depois de terminar o secundário, Maude foi para Montana sozinha e trabalhou num restaurante, servindo café e torta aos vaqueiros. Isso foi em 1931. Ela fez coisas exóticas e incomuns que nenhuma mulher da família jamais imaginara fazer. Cortou o cabelo e fez um permanente da moda (por dois dólares inteiros!) num cabeleireiro de verdade, numa estação ferroviária de verdade. Comprou um vestido amarelo justo, chique, sedutor, numa loja de verdade. Foi ao cinema. Leu livros. Pegou uma carona para voltar de Montana a Minnesota na carroceria do caminhão de uns imigrantes russos, com um filho bonito mais ou menos da idade dela.

Depois de voltar da aventura em Montana, ela arranjou emprego de secretária e faxineira na casa de uma velha rica chamada sra. Parker, que bebia, fumava, ria e gozava a vida imensamente. Minha avó me informa que a sra. Parker "não tinha medo nem de falar palavrão" e dava festas em casa, tão extravagantes (os melhores bifes, a melhor manteiga e muita bebida e cigarro) que nem se percebia que havia uma Depressão rugindo lá fora. Além disso, a sra. Parker era generosa e liberal e costumava dar suas boas roupas para minha avó, que tinha metade do tamanho dela e, infelizmente, nem sempre podia se aproveitar dessa generosidade.

Minha avó trabalhou muito e economizou. Aqui, tenho de enfatizar: *ela tinha suas próprias economias.* Acredito que dá para passar em revista vários séculos de ancestrais de Maude sem jamais encontrar uma mulher que conseguisse guardar um dinheiro só seu. Ela chegou a juntar um dinheiro extra para pagar uma operação que tornaria menos visível a cicatriz do lábio leporino. Mas, para mim, o maior símbolo da independência da sua juventude é o seguinte: um casaco cor de vinho maravilhoso, com gola de pele verdadeira, que ela comprou por vinte dólares no início da década de 1930. Foi uma extravagância sem precedentes para uma mulher daquela família. A mãe da minha avó ficou sem fala com a ideia de desperdiçar aquela quantia astronômica num... casaco. Mais uma vez, acredito que dá para examinar com pinças a genealogia da minha família sem jamais encontrar uma mulher antes de Maude que tivesse comprado para si mesma uma coisa tão fina e cara.

Hoje, quando falamos dessa compra com a minha avó, os olhos dela ainda esvoaçam de prazer absoluto. Aquele casaco cor de vinho com gola de pele verdadeira foi a coisa mais linda que Maude possuiu na vida — seria até a coisa mais linda que viria a possuir na vida — e ela ainda se lembra da sensualidade da pele encostada ao rosto e ao queixo.

Naquele mesmo ano, talvez usando aquele mesmo casaco encantador, Maude conheceu um jovem fazendeiro chamado Carl Olson, cujo irmão cortejava sua irmã, e Carl, o meu avô, se apaixonou por ela. Ele não era um homem romântico nem poético, muito menos rico. (A pequena conta de poupança dela era bem maior do que o patrimônio dele.) Mas era um homem lindíssimo e trabalhador. Todos os irmãos Olson eram famosos por serem bonitos e trabalhadores. A minha avó ficou caidinha por ele. E logo, para surpresa de todos, Maude Edna Morcomb *se casou.*

Agora, a conclusão que sempre tirei dessa história no passado ao refletir sobre ela era que o casamento marcou o fim da autonomia de Maude Edna Morcomb. Depois disso, a vida dela foi de trabalho duro e dificuldades constantes até, talvez, 1975. Não que ela não estivesse acostumada a trabalhar, mas a situação ficou muito ruim muito depressa. Ela se mudou da bela casa da sra. Parker (chega de bife, chega de festas, chega de *água corrente*) para a fazenda da família do meu avô. Os parentes de Carl eram imigrantes suecos e severos, e o jovem casal teve de morar numa casa pequena com o pai e o irmão mais novo do meu avô. Maude era a única mulher da fazenda e cozinhava e lavava para os três homens, e muitas vezes alimentava também os peões da fazenda. Quando a luz chegou finalmente à cidade com o programa de eletrificação rural do governo Roosevelt, o sogro só comprava as lâmpadas mais fracas, que raramente eram acesas.

Maude criou os primeiros cinco ou sete filhos naquela casa. Minha mãe nasceu naquela casa. Os três primeiros filhos foram criados num único quarto, com uma única lâmpada, assim como serão criados os filhos de Keo e Noi. (O sogro e o cunhado tinham um quarto para cada um.) Quando Lee, o filho mais velho de Maude e Carl, nasceu, pagaram o médico com um vitelo. Não havia dinheiro. Nunca havia dinheiro. A poupança de Maude, o dinheiro que ela tinha juntado para a cirurgia de reconstrução, fora absorvido havia muito tempo pela fazenda. Quando nasceu a filha mais velha, minha tia Marie, minha avó cortou o seu querido casaco cor de vinho com gola de pele verdadeira e usou o tecido para fazer uma roupinha de Natal para a bebezinha nova.

E sempre foi assim, na minha cabeça, a metáfora operacional do que o casamento faz com o meu pessoal. Com "meu pessoal", quero dizer as mulheres da minha família, especificamente as mulheres do lado materno — o meu legado, a minha herança. Afinal, o que a minha avó fez com o seu lindo casaco (a coisa mais adorável que ela já possuiu) foi o que todas as mulheres daquela geração (e das anteriores) fizeram pela família, pelos maridos e pelos filhos. Cortaram as melhores partes de si, aquelas de que mais se orgulhavam, e distribuíram. Repartiram o que era delas, ajustando tudo aos outros. Abriram mão. Eram as últimas a comer na hora do jantar, as primeiras a acordar de manhã, a esquentar a cozinha fria para passar mais um dia cuidando de todo mundo.

Era a única coisa que sabiam fazer. Eis o verbo que as conduzia, o princípio que as definia na vida: *dar*.

A história do casaco cor de vinho com gola de pele verdadeira sempre me fez chorar. E se eu dissesse que essa história não configurou para sempre os meus sentimentos para com o casamento e que não forjou dentro de mim uma magoazinha silenciosa com o que a instituição matrimonial pode tirar de mulheres boas, estaria mentindo.

Mas também estaria mentindo — ou pelo menos ocultando informações importantes — se não revelasse o final inesperado da história: alguns meses antes de Felipe e eu sermos condenados a casar pelo Departamento de Segurança Interna, fui a Minnesota visitar a minha avó. Sentei-me com ela enquanto ela trabalhava no quadrado de uma colcha de retalhos e ela me contou histórias. Então lhe fiz uma pergunta que nunca fizera antes:

— Qual foi a época mais feliz da sua vida?

No fundo, acreditava já saber a resposta. Seria o início da década de 1930, quando morava com a sra. Parker, usava um vestido amarelo justo, o cabelo penteado no cabeleireiro e um casaco cor de vinho bem cortado. A resposta tinha de ser essa, não é? Mas esse é o problema das avós. Apesar de tudo o que dão aos outros, elas ainda insistem em guardar opiniões próprias sobre a vida. Porque, na verdade, a vovó Maude disse o seguinte:

— A época mais feliz da minha vida foram aqueles primeiros anos de casada com o seu avô, quando morávamos juntos na fazenda da família Olson.

Lembrem-se bem: eles não tinham *nada*. Maude era praticamente a escrava doméstica de três homens crescidos (agricultores suecos grosseiros, ainda por cima, que viviam irritados uns com os outros) e foi obrigada a amontoar os filhos e as fraldas sujas num único quarto frio e mal iluminado. Ficou cada vez mais doente e fraca a cada gravidez. A Depressão rugia do lado de fora. O sogro se recusava a instalar água corrente na casa. Etc. etc.

— Vovó — disse eu, segurando as mãos artríticas dela —, como essa *pode* ter sido a época mais feliz da sua vida?

— Mas foi — disse ela. — Eu vivia feliz porque tinha a minha própria família. Tinha um marido. Tinha filhos. Nunca ousei sonhar que um dia eu poderia ter essas coisas na vida.

Por mais que essas palavras me surpreendessem, acreditei. Mas só porque acreditei não quero dizer que tenha entendido. Na verdade, só comecei a entender a resposta da minha avó sobre a maior felicidade da sua vida naquela noite, meses depois, em que jantei no Laos com Keo e Noi. Sentada ali no chão de terra, vendo Noi mudar de posição com desconforto em torno da barriga grávida, comecei naturalmente a formular suposições de todos os tipos sobre a vida dela também. Tive pena de Noi pelas dificuldades que enfrentava por ter se casado tão nova e fiquei preocupada porque ela teria de criar o bebê numa casa já tomada por um rebanho de rãs gigantes. Mas, quando Keo se gabou da inteligência da jovem esposa (com todas aquelas grandes ideias sobre estufas!) e quando vi a alegria passar pelo rosto da moça (uma moça tão tímida que mal nos olhou nos olhos durante a noite inteira), encontrei de repente a minha avó. De repente *conheci* a minha avó refletida em Noi, de um jeito que nunca a conhecera.

Soube como a minha avó deve ter sido quando jovem esposa e mãe: orgulhosa, imprescindível, apreciada. Por que Maude foi tão feliz em 1936? Pela mesma razão pela qual Noi era feliz em 2006: porque sabia ser indispensável na vida de alguém. Era feliz porque tinha um parceiro, porque estavam construindo algo juntos, porque acreditava profundamente no que estavam construindo, porque se espantava de estar incluída nessa empreitada.

Não vou insultar a minha avó nem Noi e insinuar que, na verdade, elas deveriam visar a algo mais elevado na vida (algo mais próximo, talvez, das minhas aspirações e dos meus ideais). Também me recuso a dizer que o desejo de estar no centro da vida do marido refletia ou reflete alguma patologia dessas mulheres. Garanto que tanto Noi quanto a minha avó sabiam que eram felizes, e me curvo com respeito diante da sua experiência. Parece que o que obtiveram foi exatamente o que sempre desejaram.

Então, está resolvido.

Estará mesmo?

Porque, só para confundir ainda mais a questão, preciso revelar o que a minha avó me disse no final da nossa conversa naquele dia lá em Minnesota. Ela sabia que eu tinha me apaixonado recentemente por esse homem chamado Felipe e soube que a nossa relação estava ficando séria. Maude não é uma mulher invasiva (ao contrário da neta dela), mas estávamos numa conversa íntima, e talvez tenha sido por isso que ela se sentiu à vontade para me perguntar diretamente:

— Quais são os seus planos com esse homem?

Eu lhe disse que não tinha certeza, que só queria ficar com ele porque ele era gentil, amoroso, me dava apoio e me deixava feliz.

— Mas você vai...? — e se interrompeu.

Não terminei a frase por ela. Sabia o que ela queria perguntar, mas, naquele momento da minha vida, ainda não tinha a mínima intenção de voltar a me casar, por isso nada disse, esperando que o momento passasse.

Depois de um certo silêncio, ela tentou de novo.

— Vocês dois estão planejando ter...? — Novamente, não lhe dei a resposta. Não estava tentando ser rude nem evasiva. É que eu sabia que não teria filhos e, na verdade, não queria desapontá-la.

Mas aí essa mulher quase centenária me chocou. A minha avó ergueu as mãos e disse:

— Ora, é melhor eu perguntar de uma vez! Agora que você conheceu esse homem tão bacana, não vai se casar e ter filhos e parar de escrever livros, vai?

E como é que eu resolvo isso?

O que posso concluir quando a minha avó diz que a decisão mais feliz da vida dela foi largar tudo pelo marido e pelos filhos, mas depois diz, quase no mesmo fôlego, que não quer que eu faça a mesma coisa? Não sei direito como conciliar, só que acredito que, seja lá como for, as duas afirmativas são verdadeiras e autênticas, embora pareçam se contradizer totalmente. Acredito que uma mulher que viveu tanto quanto a minha avó tem direito a algumas contradições e mistérios. Como a maioria de nós, essa mulher contém multidões. Além disso, na questão da mulher e do casamento é difícil tirar conclusões levianas, e o caminho é apinhado de enigmas em todas as direções.

Para nos aproximarmos da solução do problema — mulheres e casamento —, temos de começar com o fato feio e frio de que o casamento beneficia menos as mulheres do que os homens. Não inventei esse fato e não gosto de afirmá-lo, mas é uma verdade triste, reforçada por um estudo atrás do outro. Por outro lado, o casamento, como instituição, sempre foi absurdamente benéfico para os homens. Os gráficos atuariais afirmam que, quando se é homem, a decisão mais inteligente possível, supondo que se queira uma vida longa, feliz, saudável e próspera, é se casar. Os casados têm na vida um desempenho imensamente melhor do que os solteiros. Os casados vivem mais do que os solteiros; acumulam mais riqueza do que os solteiros; sobem mais na carreira do que os solteiros; têm probabilidade muito menor de sofrer morte violenta do que os solteiros; se consideram muito mais felizes do que os solteiros; e sofrem menos de alcoolismo, vício em drogas e depressão do que os solteiros.

"Não se poderia inventar sistema mais meticulosamente hostil à felicidade humana do que o casamento", escreveu Percy Bysshe Shelley em 1813, mas estava redondamente enganado, pelo menos com relação à felicidade humana *masculina*. Parece que não há nada, estatisticamente falando, que o homem não ganhe quando se casa.

É desalentador, mas o contrário não é verdade. As casadas modernas não se dão melhor na vida do que as solteiras. Nos Estados Unidos, as casadas não vivem mais do que as solteiras; não acumulam tanta riqueza quanto as solteiras (em média, recebemos uma redução salarial de 7% só porque juntamos os trapinhos); não progridem tanto na carreira quanto as solteiras; são bem menos saudáveis do que as solteiras; têm probabilidade maior do que as solteiras de ser vítima de depressão; e têm mais probabilidade de sofrer morte violenta do que as solteiras, em geral pelas mãos do marido, o que revela a triste realidade de que, estatisticamente falando, a pessoa mais perigosa na vida da média das mulheres é o seu próprio homem.

Tudo isso se resume ao "Desequilíbrio dos Benefícios do Casamento", como dizem os sociólogos perplexos — um nome simples para uma conclusão sombria e assustadora: em geral, as mulheres perdem em troca dos votos matrimoniais, enquanto os homens ganham muito.

Agora, antes de nós todas nos deitarmos debaixo das cobertas para chorar — que é o que essa conclusão me dá vontade de fazer — devo garantir a todos que a situação está melhorando. Conforme os anos passam e mais mulheres se tornam autônomas, o Desequilíbrio dos Benefícios do Casamento diminui, e há alguns fatores que podem reduzir consideravelmente essa desigualdade. Quanto mais instruída for a mulher casada, mais dinheiro ganhar, mais tarde se casar, menos filhos tiver e mais o marido ajudar nos afazeres domésticos, melhor será a qualidade de vida que terá no casamento. Assim, se existe um bom momento na história ocidental para a mulher se tornar esposa, o provável é que seja agora. Se pretende dar conselhos à sua filha sobre o futuro e quer que algum dia ela seja um adulto feliz, o melhor é encorajá-la a terminar a faculdade, retardar o casamento o máximo possível, ganhar a vida, limitar o número de filhos e achar um homem que não se incomode de lavar o banheiro. Aí a sua filha terá a possibilidade de uma vida quase tão saudável, rica e feliz quanto a do futuro marido.

Quase.

Porque, muito embora a diferença tenha diminuído, o Desequilíbrio dos Benefícios do Casamento persiste. Já que é assim, devemos parar aqui um instante para avaliar essa pergunta desconcertante: por que, depois de tantas vezes demonstrado que o casamento é desproporcionalmente desvantajoso para elas, as mulheres ainda anseiam tanto por ele? Dá para argumentar que talvez as mulheres não tenham lido as estatísticas, mas acho que a questão não é tão simples assim. Há outra coisa aqui nisso de mulheres e casamento, algo mais profundo, mais emocional, que uma mera campanha de utilidade pública (não se case antes dos 30 anos e antes de ser solvente em termos econômicos!!!) dificilmente mudaria ou alteraria.

Intrigada com esse paradoxo, abordei o problema por e-mail com algumas amigas minhas nos Estados Unidos, que sabia que havia muito queriam arranjar marido. O anseio profundo delas pelo matrimônio era algo que eu nunca vivera pessoalmente e, portanto, nunca conseguira entender de verdade, mas agora queria ver pelos olhos delas.

"Como é isso?", perguntei.

Recebi algumas respostas ponderadas, outras engraçadas. Uma delas redigiu uma longa meditação sobre o seu desejo de encontrar um homem que pudesse se tornar, como ela disse com elegância, "a cotestemunha que sempre desejei na vida". Outra amiga afirmou que queria constituir família com alguém "mesmo que seja só para ter filhos. Quero finalmente usar esses meus seios gigantescos para o seu objetivo inicial". Mas hoje as mulheres podem construir parcerias e ter filhos fora do matrimônio, então por que o anseio específico pelo casamento oficial?

Quando fiz a pergunta de novo, outra amiga solteira respondeu: "Para mim, querer me casar é como o desejo de me sentir *escolhida.*" Ela continuou escrevendo que, embora o conceito de construir uma vida em comum com outro adulto fosse atraente, o que realmente lhe falava ao coração era o desejo das bodas, de um evento público que "provará sem dúvida alguma a todo mundo, principalmente a mim, que sou preciosa a ponto de ter sido escolhida para sempre por alguém".

Agora, é possível dizer que a minha amiga sofreu a lavagem cerebral dos meios de comunicação americanos, que vendem sem parar essa fantasia de perfeição feminina eterna (a linda noiva de vestido branco, com uma auréola de flores e rendas, cercada de solícitas damas de honra), mas não aceito totalmente essa explicação. A minha amiga é adulta, sã, inteligente, muito lida e ponderada; não consigo acreditar que desenhos animados Disney e novelas de TV a tenham ensinado a desejar o que ela deseja. Acho que ela chegou a esse desejo por conta própria.

Também acredito que essa mulher não deveria ser julgada nem condenada por querer o que quer. Ela tem um grande coração. Com demasiada frequência, a sua enorme capacidade de amar não recebeu do mundo retorno nem reciprocidade. Desse modo, ela luta com algumas aspirações e questões emocionais muito sérias e não respondidas sobre o seu próprio valor. Sendo assim, que confirmação melhor desse valor poderia conseguir, senão com a cerimônia numa linda igreja, vista por todos num cortejo, como uma princesa, uma virgem, um anjo, um tesouro mais valioso do que rubis? Quem a condenaria por querer saber, *uma vez só*, como é isso?

Espero que ela chegue a ter essa experiência — com a pessoa certa, é claro. Ainda bem que a minha amiga tem suficiente estabilidade mental para não sair correndo e se casar às pressas com algum homem superinadequado só para dar vida às suas fantasias matrimoniais. Mas sem dúvida há outras mulheres por aí que fizeram essa troca: o bem-estar futuro (mais 7% do salário e, não esqueçamos, alguns anos de expectativa de vida) por uma tarde de comprovação pública e irrefutável do seu valor. E vou dizer de novo: não ridicularizarei esse anseio. Como quem sempre quis ser considerada preciosa e que fez muitas coisas idiotas para comprovar que assim era considerada, *isso eu entendo*. Mas também entendo que nós, mulheres, especificamente, temos de trabalhar muito para manter as nossas fantasias separadas da realidade da maneira mais clara e limpa possível, e às vezes são necessários anos de esforço para chegar a esse ponto de discernimento sóbrio.

Penso na minha amiga Christine, que percebeu, às vésperas do quadragésimo aniversário, que adiara para sempre a vida real à espera da validação do dia do casamento para se considerar adulta. Como nunca percorreu a igreja de véu e vestido branco, ela também nunca se sentira *escolhida*. Portanto, durante duas décadas ela apenas cumpriu tarefas — trabalhar, fazer exercícios, comer, dormir —, mas o tempo todo aguardava em segredo. Mas, quando o quadragésimo aniversário se aproximou e nenhum homem se apresentou para coroá-la como sua princesa, ela percebeu que toda aquela espera era ridícula. Não, era mais do que ridícula: era uma prisão. Ela era refém da ideia que batizou de "Tirania da Noiva" e decidiu que tinha de quebrar esse encantamento.

Eis o que ela fez: quando a aurora do quadragésimo aniversário nasceu, ela foi até o norte do Oceano Pacífico. Era um dia frio e nublado, sem nada de romântico. Ela levava um barquinho de madeira que construíra com as próprias mãos. Encheu o barquinho de pétalas de rosa e arroz, artefatos de um casamento simbólico. Entrou na água fria até o peito e pôs fogo no barquinho. E depois o deixou ir, libertando com ele as suas fantasias mais tenazes de casamento num ato de salvação pessoal. Depois disso, Christine me contou que, quando o mar levou para sempre a Tirania da Noiva (ainda em chamas), ela se sentiu transcendente e poderosa, como se tivesse atravessado uma soleira importantíssima levando a si mesma no colo. Finalmente, se casara com a própria vida, e bem na hora certa.

Esse é um jeito de resolver a questão.

Mas, para ser totalmente honesta, esse tipo de ato corajoso e voluntário de autosseleção nunca foi muito adequado para mim dentro da história da minha família. Nunca vi nada como o barquinho de Christine quando criança. Nunca vi uma mulher casar-se ativamente com a própria vida. Todas as mulheres que mais me influenciaram (mãe, avós, tias) eram mulheres casadas no sentido mais tradicional, e todas elas, tenho de revelar, abriram mão de boa parte de si mesmas nessa troca. Nenhum sociólogo precisa me falar de algo chamado Desequilíbrio de Benefícios do Casamento; vi isso em primeira mão desde a infância.

Ademais, não preciso ir muito longe para procurar a explicação da existência desse desequilíbrio. Pelo menos na minha família, a grande falta de paridade entre maridos e esposas sempre foi gerado pelo grau desproporcional de autossacrifício que as mulheres se dispõem a fazer por aqueles que amam. Como escreveu a psicóloga Carol Gilligan, "parece que a noção de integridade das mulheres está entrelaçada com a ética do cuidar, de modo que se ver como mulher é se ver numa relação de conexão". Com frequência, esse instinto feroz de entrelaçamento levou as mulheres da minha família a fazer escolhas ruins para elas — a abrir mão várias vezes da própria saúde, do seu tempo ou dos seus interesses em troca do que percebem como bem maior —, talvez para reforçar constantemente a sensação imperativa de ser especial, de ser escolhida, de conexão.

Suspeito que isso também deve acontecer em várias outras famílias. Claro que sei que há exceções e anomalias. Eu mesma vi pessoalmente famílias em que os maridos abrem mão de mais do que as esposas, ou cuidam mais dos filhos e da casa do que as esposas, ou assumem o papel cuidador feminino mais do que as esposas; mas posso contar essas famílias nos dedos de uma única mão. (Mão, aliás, que agora ergo para saudar esses homens com enorme admiração e respeito.) Mas a estatística do último recenseamento dos Estados Unidos conta a verdadeira história: em 2000, havia no país cerca de 5,3 milhões de mães "do lar" e somente uns 140 mil pais "do lar". Isso se traduz numa proporção de apenas 2,6% de pais dentre todos os cidadãos "do lar". Quando escrevi isso, essa pesquisa já tinha uma década, e vamos esperar que a proporção esteja mudando. Mas não dá para mudar tão depressa quanto eu gostaria. E essa criatura rara, o pai que é uma mãe, nunca foi personagem na história da minha família.

Não entendo direito por que as mulheres da minha família dão tanto de si para cuidar dos outros, nem por que eu mesma herdei dose tão grande desse impulso, do impulso de sempre cuidar e remendar, de tecer redes complexas para cuidar dos outros, até mesmo em detrimento de mim mesma. Esse tipo de comportamento é aprendido? Herdado? Esperado? Biologicamente predeterminado? O senso comum só nos dá duas explicações para essa tendência feminina ao autossacrifício, e nenhuma delas me satisfaz. Ou nos dizem que as mulheres são geneticamente programadas para cuidar dos outros, ou que as mulheres foram enganadas pelo mundo patriarcal injusto para *acreditar* que são programadas geneticamente para cuidar dos outros. Essas duas visões opostas significam que sempre glorificamos ou patologizamos o altruísmo feminino. As mulheres que abrem mão de tudo pelos outros são consideradas paradigmas ou tapadas, santas ou idiotas. Não me entusiasmo com nenhuma das duas explicações porque não vejo o rosto das mulheres da minha família em nenhuma dessas descrições. Eu me recuso a aceitar que a história das mulheres é assim tão sem nuances.

Vejamos a minha mãe, por exemplo. E pode acreditar: *tenho* pensado na minha mãe todo dia desde que descobri que me casaria de novo, já que acho que precisamos pelo menos tentar entender o casamento da mãe antes de embarcar no nosso. Os psicólogos sugerem que devemos voltar pelo menos três gerações em busca de pistas sempre que começamos a desenrolar a herança emocional do nosso histórico familiar. É quase como se tivéssemos de olhar a história em três dimensões, com cada dimensão representando uma geração que se desenrola.

Enquanto a minha avó foi a típica mulher de fazendeiro da época da Grande Depressão, a minha mãe pertenceu àquela geração de mulheres que chamo de "feministas limítrofes". Mamãe foi só um pouquinho velha demais para participar do movimento de libertação das mulheres da década de 1970. Foi criada para acreditar que as mulheres deviam se casar e ter filhos pela mesma razão que a bolsa e os sapatos tinham sempre de combinar: porque é assim que se faz. Afinal de contas, mamãe chegou à maioridade na década de 1950, época em que o dr. Paul Landes, médico famoso que dava conselhos às famílias, pregava que todos os adultos solteiros dos Estados Unidos deviam se casar, "exceto os doentes, os aleijados graves, os deformados, os emocionalmente incapazes e os deficientes mentais".

Para tentar me pôr de volta naquela época, para tentar entender com mais clareza as expectativas de casamento com as quais a minha mãe foi criada, pedi pela internet um filme antigo de propaganda matrimonial de 1950 chamado *Casamento para Pessoas Modernas*. O filme foi produzido pela McGraw-Hill e se baseava nos estudos e pesquisas de um tal professor Henry A. Bowman, Ph.D., presidente da Divisão de Lares e Famílias do Departamento de Educação Conjugal do Stephens College, no estado do Missouri. Quando dei com essa antiga relíquia, pensei: "Caramba, lá vamos nós!", e me preparei para me divertir com um monte de disparates surrados e ridículos sobre a santidade do lar e da família, estrelado por atores bem penteados de colar de pérola e gravata, sorrindo com a alegria dos seus filhos perfeitos e exemplares.

Mas o filme me surpreendeu. A história começa com um casal jovem de aparência comum, de roupas modestas, sentado num banco de praça, conversando com seriedade tranquila. Por sobre a imagem, um narrador respeitável fala de como pode ser difícil e assustador para um casal jovem, "nos Estados Unidos de hoje", sequer pensar em casamento, de tão difícil que anda a vida. As nossas cidades são atormentadas por "uma chaga social chamada favela", explica o narrador, e todos vivemos numa "época de impermanência, de inquietação e confusão, sob a ameaça constante da guerra". A economia enfrenta problemas, e "o aumento do custo de vida rivaliza com a queda dos rendimentos". (Aqui, vemos um rapaz passar tristonho por um cartaz num prédio de escritórios onde se diz não há vagas, não se candidate.) Enquanto isso, "de cada quatro casamentos, um termina em divórcio". Não admira, portanto, que seja tão difícil para os casais se comprometerem com o matrimônio. "Não é a covardia que faz as pessoas pararem para pensar", explica o narrador, "mas a pura realidade".

Não consegui acreditar no que estava ouvindo. "Pura realidade" não era o que esperava encontrar. Aquela década não foi a nossa Idade do Ouro, o nosso doce Éden conjugal, o tempo em que a família, o trabalho e o casamento eram todos ideais simples e santificados? Mas, como indicava o filme, em 1950, pelo menos para alguns casais, as questões do casamento eram complicadas como sempre.

O filme destaca, especificamente, a história de Phyllis e Chad, jovens recém-casados que tentam viver de acordo com o orçamento. Quando conhecemos Phyllis, ela está em pé na cozinha, lavando pratos. Mas a voz do narrador nos conta que, poucos anos antes, essa mesma moça "preparava lâminas no laboratório de patologia da universidade, ganhando a vida, vivendo a vida". Ficamos sabendo que Phyllis era pós-graduada, tinha uma carreira e adorava o seu trabalho. ("Ser moça solteira não era a desgraça social da época em que os nossos pais a chamariam de solteirona.") Quando a câmera mostra Phyllis fazendo as compras da casa, o narrador explica: "Phyllis não se casou porque *precisava*. Ela podia se casar ou não. As moças modernas como Phyllis consideram o casamento um estado voluntário. A liberdade de escolha é um privilégio moderno, uma responsabilidade moderna." O narrador explica que Phyllis só se voluntariou para o casamento porque decidiu que preferia ter família e filhos a ter carreira. A decisão foi ela quem tomou, e acha que foi acertada, muito embora o sacrifício tenha sido grande.

No entanto, logo vemos sinais de tensão.

Parece que Phyllis e Chad se conheceram na aula de matemática da universidade, onde "ela tirava notas melhores. Mas agora *ele* é engenheiro e *ela*, dona de casa". Phyllis aparece passando devidamente as camisas do marido à tarde, em casa. Mas aí a nossa heroína se distrai quando encontra as plantas que o marido está desenhando para a concorrência de um grande prédio. Ela pega a régua de cálculo e começa a conferir os números, porque sabe que é o que ele gostaria que fizesse. ("Ambos sabem que, na matemática, ela é melhor do que ele.") Ela perde a noção do tempo e fica tão envolvida nos cálculos que não termina de passar a roupa; de repente, se lembra de que está atrasada para a hora marcada no médico, para conversar sobre a (primeira) gravidez. Phyllis se esqueceu totalmente do bebê dentro dela de tão cativada que ficou com os cálculos matemáticos.

Céus, pensei, *que tipo de dona de casa de 1950 é essa aí?*

"Uma dona de casa típica", diz o narrador, como se escutasse a minha pergunta. "Uma dona de casa moderna."

A história continua. Naquela noite, Phyllis, a grávida que é um gênio na matemática, e o lindo marido Chad estão sentados no apartamento minúsculo, fumando. (Ah, o fresco sabor da nicotina das gestações de 1950!) Juntos, trabalham nas plantas de engenharia de Chad para o novo prédio. O telefone toca. É um amigo de Chad; quer ir ao cinema. Com os olhos, Chad pede a aprovação de Phyllis. Mas ela é contra. O prazo da concorrência vence na semana que vem e é preciso terminar as plantas. Os dois têm trabalhado tanto! Mas Chad quer *mesmo* assistir ao filme. Phyllis argumenta: todo o futuro deles depende daquele trabalho! Chad parece desapontado, de um jeito quase infantil. Mas acaba cedendo, meio emburrado, e deixa que Phyllis literalmente o empurre de volta à prancheta.

O narrador onisciente, ao analisar a cena, aprova. Explica que Phyllis não é uma chata. Ela tem todo o direito de exigir que Chad fique em casa e termine o projeto que pode melhorar muito a situação deles no mundo.

"Ela abriu mão da carreira por ele", diz o nosso sonoro narrador, "e quer ver resultados". Senti uma estranha combinação de vergonha e emoção ao assistir ao filme. Fiquei envergonhada por nunca ter imaginado que os casais americanos da década de 1950 tivessem conversas assim. Por que engoli sem questionar a imagem cultural nostálgica e convencional de que aquela época fora "mais simples"? Que época jamais foi simples para quem a viveu? Além disso, fiquei comovida porque os cineastas, a seu modo discreto, defendiam Phyllis, tentando passar uma mensagem importantíssima aos jovens noivos americanos: "Sua noiva linda e inteligente abriu mão de tudo por você, seu gostosão; por isso, é bom fazer jus ao sacrifício dela trabalhando duro e lhe dando uma vida de prosperidade e segurança."

Além disso, fiquei comovida porque essa reação inesperadamente solidária com o sacrifício da mulher veio de alguém tão claramente masculino e abalizado quanto o dr. Henry A. Bowman, ph.D., presidente da Divisão de Lares e Famílias do Departamento de Educação Conjugal do Stephens College, no estado do Missouri.

Dito isso, não pude evitar de me perguntar o que aconteceria com Phyllis e Chad uns vinte anos depois, quando os filhos tivessem crescido e a prosperidade fosse atingida, e Phyllis não tivesse vida nenhuma fora do lar, e Chad começasse a se perguntar por que abrira mão de tantos prazeres pessoais durante todos aqueles anos para ser um bom e fiel arrimo de família, só para ser recompensado agora com uma esposa frustrada, filhos adolescentes rebeldes, um corpo flácido e uma carreira chata. Pois não foram exatamente essas as perguntas que explodiram em todas as famílias americanas no final da década de 1970, tirando dos trilhos tantos casamentos? O dr. Bowman — ou qualquer um em 1950, aliás — conseguiria prever a tempestade cultural que estava por vir?

Ah, boa sorte, Chad e Phyllis!

Boa sorte, todo mundo!

Boa sorte, papai e mamãe!

Porque, embora a minha mãe tivesse se definido como noiva da década de 1950 (apesar de ter se casado em 1966, as suas ideias sobre o casamento vinham de Mamie Eisenhower), a história ditou que ela se transformasse numa esposa da década de 1970. Só estava casada havia cinco anos, e as filhas mal tinham largado as fraldas, quando a grande onda de turbulência feminista atingiu com força os Estados Unidos e abalou todos as ideias que tinham lhe ensinado sobre casamento e sacrifício.

Veja bem, o feminismo não chegou da noite para o dia, como às vezes parece. Não aconteceu de as mulheres do mundo ocidental acordarem certo dia durante o governo Nixon e decidirem que não aguentavam mais e que iriam para as ruas. As ideias feministas circulavam na Europa e na América do Norte décadas antes de a minha mãe nascer, mas, ironicamente, foi necessária a prosperidade econômica sem precedentes da década de 1950 para deflagrar o levante que definiu a década de 1970. Quando a necessidade básica de sobrevivência da família foi atendida em escala tão ampla, as mulheres finalmente puderam dar atenção a tópicos mais específicos como injustiça social e até os seus desejos emocionais. Além disso, de repente existia uma classe média imensa nos Estados Unidos (minha mãe foi um dos membros mais novos, nascida pobre, formada como enfermeira e casada com um engenheiro químico); dentro dessa classe média, as inovações que poupavam mão de obra, como máquinas de lavar, geladeiras, comida industrializada, roupas fabricadas em série e água quente nas torneiras (confortos com que a minha avó Maude, na década de 1930, só poderia sonhar), deram pela primeira vez na história tempo livre às mulheres — ou, pelo menos, *algum* tempo livre.

Além disso, devido aos meios de comunicação de massa, as mulheres não precisavam mais morar na cidade grande para ouvir ideias novas e revolucionárias; os jornais, a televisão e o rádio levaram conceitos sociais inovadores lá para a cozinha no meio da roça. Assim, uma população imensa de mulheres comuns passou a ter tempo (além de saúde, intercomunicação e alfabetização) para fazer perguntas como "Espere aí: o que é que quero da vida? O que quero para as minhas filhas? Por que ainda sirvo a refeição desse homem toda noite? E se eu também quiser trabalhar fora? Posso continuar estudando, mesmo que o meu marido não tenha estudado? Por que não posso ter conta no banco, aliás? E preciso mesmo continuar tendo tantos filhos?".

Essa última pergunta foi a mais importante e transformadora. Embora nos Estados Unidos houvesse formas limitadas de controle da natalidade desde a década de 1920 (pelo menos para mulheres não católicas com dinheiro), só na segunda metade do século XX, com a invenção e a ampla disponibilidade da pílula anticoncepcional, é que toda a conversa social sobre casamento e criação de filhos pôde finalmente mudar. Como escreveu a historiadora Stephanie Coontz, "antes que as mulheres tivessem acesso à contracepção segura e eficaz que lhes permitisse controlar quando ter filhos e quantos ter, havia um limite à reorganização da vida e do casamento".

Enquanto minha avó teve sete filhos, minha mãe só teve duas. É uma diferença enorme numa única geração. Mamãe também tinha aspirador de pó e água encanada, de modo que, para ela, tudo era um pouco mais fácil. Isso criou, na vida da minha mãe, uma lasquinha de tempo para que começasse a pensar em outras coisas e, na década de 1970, havia muito em que pensar. Minha mãe nunca se identificou como feminista; isso eu quero deixar claro. Ainda assim, não ficou surda às vozes dessa nova revolução feminista. Como filha do meio de uma família grande e muito observadora, ela sempre foi boa ouvinte; e pode acreditar, ela escutava com muita atenção tudo o que se dizia sobre direitos da mulher, e boa parte daquilo fazia sentido. Pela primeira vez, discutiam-se abertamente ideias que ela ponderara em silêncio durante muito tempo.

A principal delas era a questão relativa ao corpo e à saúde sexual da mulher, e a hipocrisia a ela ligada. Lá na sua pequena comunidade rural de Minnesota, ela crescera assistindo a um drama bem desagradável que se desenrolava ano após ano, de casa em casa, quando, inevitavelmente, uma mocinha se via grávida e "tinha de casar". Na verdade, era assim que a maioria dos casamentos acontecia. Mas toda vez que acontecia — *toda vez, sem exceção* —, o caso era tratado como um escândalo absurdo para a família e uma crise de humilhação pública para a moça em questão. Toda vez, sem exceção, a comunidade se comportava como se esse fato chocante nunca tivesse acontecido, muito menos cinco vezes por ano, em famílias de todas as condições sociais possíveis.

Mas, ainda assim, o rapaz em questão, o fecundador, era poupado da desgraça. Em geral, era considerado inocente, ou às vezes vítima de sedução ou de armadilhas. Quando se casava com a moça, ela era considerada sortuda. Era quase um ato de caridade. Quando não se casava, a moça era mandada para longe enquanto a gravidez durasse, mas o rapaz continuava na escola ou na fazenda, levando a vida como se nada tivesse acontecido. Era como se, na cabeça da comunidade, o rapaz sequer estivesse presente no quarto quando aconteceu o ato sexual original. O seu papel na concepção era imaculado, de um jeito estranho e quase bíblico.

Minha mãe observou esse drama durante os anos da sua formação e, em tenra idade, chegou a uma conclusão bastante sofisticada: quando, numa sociedade, a moralidade sexual feminina significa *tudo* e a moralidade sexual masculina não significa *nada*, essa sociedade é muito deformada e aética. Ela nunca ligou essas palavras específicas a esses sentimentos, mas, no início da década de 1970, quando as mulheres começaram a falar, ela finalmente ouviu essas ideias pronunciadas. Em meio a todas as outras questões da pauta feminista — oportunidade de emprego igual, acesso igual à educação, direitos iguais perante a lei, mais paridade entre maridos e mulheres — o que realmente falou ao coração dela foi essa única questão da justiça sexual na sociedade.

Incentivada por suas convicções, arranjou emprego na Planned Parenthood, uma instituição de planejamento familiar, em Torrington, no estado de Connecticut. Ela foi trabalhar nisso quando eu e minha irmã ainda éramos bem pequenas. O fato de ser enfermeira lhe garantiu o emprego, mas foi o talento administrativo inato que a transformou em parte tão vital da equipe. Em pouco tempo coordenava todo o escritório da Planned Parenthood, que começara numa sala de estar residencial e logo se transformou numa clínica propriamente dita. Foram dias inebriantes. Naquela época ainda era quase pecaminoso discutir abertamente a contracepção ou, pior ainda, o aborto. Os preservativos ainda eram ilegais em Connecticut quando fui concebida, e um bispo local declarara recentemente, na assembleia legislativa local, que, se removessem as restrições aos contraceptivos, em 25 anos o Estado se transformaria numa "massa de ruínas fumegantes".

Minha mãe adorava o emprego. Estava na linha de frente de uma verdadeira revolução da saúde pública, quebrando todas as regras ao falar abertamente sobre a sexualidade humana, tentando abrir uma clínica da Planned Parenthood em todos os condados do estado, permitindo às moças escolher o que queriam fazer com o seu corpo, derrubando mitos e boatos sobre gravidez e doenças venéreas, combatendo leis pudicas e, principalmente, oferecendo a mães cansadas (e pais cansados, aliás) opções que nunca estiveram disponíveis. Era como se, com o trabalho, ela encontrasse um modo de retribuir a todas aquelas primas, tias, amigas e vizinhas que tinham sofrido no passado pela falta de opções. Ela trabalhou muito a vida toda, mas esse emprego, essa *carreira*, se tornou uma expressão do seu ser, e ela adorava cada minuto.

Mas, em 1976, ela pediu demissão.

A decisão foi tomada na semana em que teria de comparecer a uma importante conferência em Hartford e eu e minha irmã pegamos catapora juntas. Na época, estávamos com 7 e 10 anos, e é claro que não podíamos ir à escola. Ela pediu ao meu pai que faltasse dois dias ao trabalho e ficasse em casa conosco para que pudesse ir à conferência. Ele não concordou.

Veja bem, aqui não quero criticar o meu pai. Adoro esse homem com todo o coração, e devo dizer o seguinte em sua defesa: *ele se arrependeu e pediu desculpas.* Mas, assim como a minha mãe foi uma noiva da década de 1950, o meu pai era um noivo da década de 1950. Nunca pedira nem esperara uma mulher que trabalhasse fora. Não pediu que o movimento feminista chegasse na época dele e não tinha muito interesse pela questão da saúde sexual da mulher. Não se empolgara muito com o emprego da minha mãe, para sermos claros. O que ela via como carreira, ele considerava um passatempo. Não fazia objeções a esse passatempo, desde que não interferisse de jeito nenhum na sua vida. Ela podia ter o seu emprego, desde que ainda cuidasse de tudo em casa. E também havia muito a cuidar em casa, porque, além de constituir família, os meus pais também tinham um sítio. No entanto, até o incidente da catapora minha mãe conseguira cuidar de tudo. Trabalhava em horário integral, cuidava da horta, limpava a casa, preparava as refeições, criava as filhas, ordenhava as cabras e ainda estava à disposição do meu pai quando ele chegava em casa todo fim de tarde, às 17h30. Mas quando a catapora surgiu e o meu pai não quis abrir mão de dois dias da vida dele para cuidar das filhas, de repente foi demais.

Naquela semana, minha mãe optou. Largou o emprego e decidiu ficar em casa comigo e com minha irmã. Não é que nunca mais pudesse voltar a trabalhar fora (sempre teve algum emprego em meio expediente enquanto crescíamos), mas uma *carreira*? Essa já era. Como me explicou depois, ela sentiu que teria de escolher: família ou vocação; mas não conseguiu descobrir como ter as duas sem apoio e encorajamento do marido. Por isso, demitiu-se.

Não é preciso dizer que foi um dos pontos baixos do casamento. Nas mãos de outra mulher, esse incidente poderia ter sido o fim da relação. Sem dúvida, muitas outras mulheres do círculo da minha mãe se divorciaram por volta de 1976, e por razões parecidas. Mas a minha mãe não é de tomar decisões apressadas. Ela estudou em silêncio e com atenção as mães que trabalhavam e estavam se divorciando e tentou avaliar se a vida delas era melhor. Para ser honesta, nem sempre ela viu muita melhora. Essas mulheres estavam cansadas e cheias de conflito quando casadas e agora, depois do divórcio, ainda pareciam cansadas e cheias de conflito. Ela achou que talvez só tivessem substituído os problemas antigos por outros novos, inclusive novos namorados e maridos que, talvez, não fossem tão melhores assim. Mas, além de tudo, no fundo a minha mãe era (e é) uma pessoa conservadora. Acreditava na santidade do matrimônio. Mais ainda, por acaso ela amava o meu pai, muito embora se zangasse com ele e muito embora ele a desapontasse profundamente.

Assim, tomou a decisão, manteve os votos e eis como explicou: "Escolhi a minha família."

Estarei deixando óbvia demais a questão se disser que muitas, muitas mulheres também enfrentaram esse tipo de escolha? Por alguma razão, June, mulher do cantor Johnny Cash, me vem à mente: "Eu poderia ter gravado mais discos", disse ela mais tarde, "mas queria me casar". Há infinitas histórias assim. Chamo-as de "Síndrome do Cemitério da Nova Inglaterra". Basta visitar qualquer cemitério da Nova Inglaterra que tenha dois ou três séculos de história para encontrar aglomerações de lápides familiares, muitas vezes arrumadas em fila, um bebê atrás do outro, um inverno atrás do outro, às vezes por anos a fio. Os bebês morriam. Morriam aos montes. E as mães faziam o que tinham de fazer: enterravam o filho morto, choravam e iam em frente para sobreviver mais um inverno.

É claro que as mulheres modernas não têm de aguentar perdas tão amargas, pelo menos não como rotina, pelo menos não literalmente, ou pelo menos não *anualmente*, como tantas ancestrais nossas. Isso é uma bênção. Mas não se deixe enganar: nem por isso a vida moderna é fácil, nem por isso deixa de causar às mulheres perdas e tristezas. Acredito que muitas mulheres modernas, inclusive a minha mãe, levam consigo todo um cemitério secreto da Nova Inglaterra, no qual enterraram em silêncio, em filas bem arrumadinhas, os sonhos pessoais que abandonaram pela família. Por exemplo, as canções nunca gravadas de June Carter Cash descansam nesse cemitério silencioso, ao lado da carreira modesta mas muito valiosa da minha mãe.

E assim, essas mulheres se adaptam à nova realidade. Choram a seu modo, muitas vezes invisível, e vão em frente. Seja como for, as mulheres da minha família são boas para engolir decepções e ir em frente. Sempre me pareceu que têm um certo talento para mudar de forma, que lhes permite se dissolver e depois fluir em torno da necessidade dos parceiros, dos filhos ou da mera realidade cotidiana. Elas se ajustam, se adaptam, deslizam, aceitam. São poderosas na sua maleabilidade, quase a ponto de terem um poder sobre-humano. Cresci observando uma mãe que, a cada novo dia, se transformava no que aquele dia lhe impunha. Criava guelras quando precisava de guelras, criava asas quando as guelras ficavam obsoletas, exibia velocidade furiosa quando se exigia velocidade e paciência épica em outras circunstâncias mais sutis.

O meu pai não tinha nada dessa elasticidade. Era homem, era engenheiro, fixo e firme. Era sempre o mesmo. Era *papai*. Era a pedra no meio do rio. Todas nos movíamos em torno dele, a minha mãe mais do que todas. Ela era o mercúrio, a maré. Devido a essa suprema capacidade de adaptação, criou o melhor mundo possível para nós dentro de casa. Tomou a decisão de largar o emprego e ficar em casa porque acreditava que essa opção seria a mais benéfica para a família, e devo dizer que nos beneficiou. Quando mamãe largou o emprego, toda a nossa vida (exceto a dela, quero dizer) ficou muito mais legal. Meu pai voltou a ter uma esposa em tempo integral, e eu e Catherine, uma mãe em tempo integral. Para ser honesta, eu e minha irmã não tínhamos gostado da época em que mamãe trabalhou na Planned Parenthood. Naquela época, não havia boas opções de creche na nossa cidade, e costumávamos ficar na casa de vários vizinhos depois da escola. Além do acesso bem-vindo à televisão dos vizinhos (não tínhamos o luxo estupendo de um televisor em casa), eu e Catherine sempre detestamos esses arranjos improvisados. Francamente, ficamos felicíssimas quando mamãe abriu mão dos sonhos e voltou para casa, para tomar conta de nós.

Mas, mais do que tudo, acho que eu e minha irmã recebemos um benefício incalculável com a decisão de mamãe de continuar casada com papai. O divórcio é horrível para os filhos e pode deixar cicatrizes psicológicas duradouras. Disso fomos poupadas. Tivemos em casa uma mãe atenta que nos recebia à porta todos os dias depois da escola, que supervisionava a nossa vida cotidiana e que servia o jantar quando papai voltava do trabalho. Ao contrário de tantos amigos meus em lares rompidos, nunca tive de conhecer a namorada nojenta do meu pai; os natais eram sempre passados no mesmo lugar; a sensação de constância em casa permitia que eu me concentrasse no dever de casa e não nos sofrimentos da família... e assim, prosperei.

Mas aqui quero dizer, para deixar registrado para sempre por escrito, no mínimo para homenagear a minha mãe, que uma parte enorme das vantagens que tive quando criança se baseou nas cinzas do sacrifício pessoal dela. O fato é que, embora a nossa família como um todo tivesse lucrado imensamente com o abandono da carreira da minha mãe, a vida dela como indivíduo não se beneficiou tanto assim, necessariamente. No final, ela só fez o que as suas antecessoras sempre fizeram: costurou os casacos de inverno dos filhos com o material que restara dos desejos mais secretos do seu coração.

E, aliás, é essa a minha objeção aos conservadores sociais que vivem batendo na tecla de que o lar mais propício para uma criança é aquele que tem os dois pais, com a mãe na cozinha. Se eu, como beneficiária exata dessa fórmula, admito que a minha vida realmente se enriqueceu com essa mesma estrutura familiar, os conservadores sociais fariam o favor (uma vezinha só!) de admitir que esse esquema sempre impôs um fardo incômodo e desproporcional às mulheres? Um sistema desses exige que as mães se tornem altruístas a ponto de ficar quase invisíveis para construir esses ambientes exemplares para a família. E esses mesmos conservadores sociais, em vez de só elogiar as mães como "nobres" e "sagradas", se disporiam, algum dia, a travar uma conversa mais ampla sobre como deveríamos trabalhar juntos, como sociedade, para construir um mundo em que seja possível criar filhos saudáveis e no qual famílias saudáveis possam prosperar sem que as mulheres tenham de se esfolar até o fundo da alma para isso?

Desculpem o discurso.

É que para mim essa é uma questão importantíssima.

Talvez seja exatamente por ter visto o custo da maternidade na vida de mulheres que amo e admiro que estou aqui, com quase 40 anos, sem o mínimo desejo de ter um bebê só meu.

É claro que essa é uma questão bem importante a ser discutida às vésperas do casamento, e por isso devo abordá-la aqui, no mínimo porque a criação de filhos e o casamento estão ligados de forma muito inerente na nossa cultura e no nosso pensamento. Todos conhecemos o refrão, não é?: primeiro o amor, depois o casamento, depois o bebê no carrinho. Até a palavra "matrimônio" nos veio da palavra latina que significa mãe. Não chamamos o casamento de "patrimônio". O matrimônio traz consigo o pressuposto intrínseco da maternidade, como se fossem os próprios bebês que fizessem o casamento. Na verdade, muitas vezes *são* os próprios bebês que fazem o casamento: não só, no decorrer da história, muitos casais foram obrigados a se casar devido a uma gravidez não planejada como, às vezes, os casais esperaram até que houvesse uma gravidez bem-sucedida para selar o contrato do matrimônio, de modo a garantir que, mais tarde, a fertilidade não fosse problema. Como saber se o candidato a noivo ou noiva era um bom reprodutor sem antes dar uma testada no motor? Como descobriu a historiadora Nancy Cott, isso era muito comum na antiga sociedade colonial americana, quando muitas comunidades consideravam a gravidez como sinal socialmente aceito e sem estigmas de que chegara a hora de o jovem casal juntar os trapinhos.

Mas, com a modernidade e o controle da natalidade mais disponível, toda a questão da procriação ficou mais complicada e cheia de nuances. Agora a equação não é mais "bebês geram matrimônio", nem mesmo, necessariamente, "matrimônio gera bebês"; em vez disso, hoje tudo se resume a três questões fundamentais: quando, como e se. Se, por acaso, você e o seu parceiro discordarem em qualquer uma delas, a vida de casado pode ficar complicadíssima, porque é comum que a nossa posição a respeito dessas três questões seja inegociável.

Sei disso por experiência própria e dolorosa, porque o meu primeiro casamento desmoronou, em grande parte, devido à questão dos filhos. O meu então marido sempre supôs que um dia teríamos filhos. Ele tinha todo o direito de fazer essa suposição, já que eu também supunha o mesmo, embora não tivesse muita certeza de *quando* eu iria querer bebês. No dia do casamento a possibilidade de um dia engravidar e ser mãe parecia confortavelmente distante; era um fato que aconteceria "no futuro", "na hora certa" e "quando nós dois estivermos prontos". Mas às vezes o futuro nos chega mais depressa do que esperamos, e o momento certo nem sempre se anuncia com clareza. O problema que existia dentro do meu casamento logo me fez duvidar de que eu e esse homem algum dia estaríamos realmente prontos para enfrentar um desafio tão grande quanto criar filhos.

Além disso, embora a vaga ideia da maternidade sempre me parecesse natural, a realidade, quando se aproximou, só me encheu de medo e tristeza. Quando fiquei mais velha, descobri que, dentro de mim, nada pedia um bebê. Parece que o meu útero não veio equipado com aquele famoso relógio biológico. Ao contrário de tantas amigas minhas, não ardia de vontade quando via um nenenzinho. (Embora, é verdade, eu ardesse de vontade sempre que via um bom sebo.) Toda dia de manhã, fazia em mim uma espécie de tomografia, por assim dizer, à procura do desejo de engravidar, mas nunca o encontrei. Não havia nenhum imperativo por ali, e acredito que ter filhos deve ser como um imperativo, que deve ser motivado por uma sensação de anseio e até mesmo de destino, por ser um feito de imensa importância. Já vi esse anseio em outras pessoas; sei como é. Mas nunca o senti em mim.

Além disso, conforme envelhecia, descobri que adorava cada vez mais o meu trabalho de escritora e não queria abrir mão dessa comunhão nem por uma hora. Como Jinny em *As Ondas*, de Virginia Woolf, às vezes sinto "mil capacidades" brotarem em mim; quero ir atrás de todas e fazer cada uma delas se manifestar. Décadas atrás, a romancista Katherine Mansfield escreveu num dos seus diários da juventude: "Quero trabalhar!" — e a ênfase, a paixão daquele anseio sublinhada com força, ainda atravessa as décadas e causa uma ruga no meu coração.

Eu também queria trabalhar. Sem parar. Com alegria.

Mas como administrar isso com um bebê? Num pânico cada vez maior diante dessa questão e sabendo muito bem da impaciência crescente do meu então marido, passei dois anos frenéticos entrevistando todas as mulheres que encontrava — casadas, solteiras, sem filhos, artísticas, arquétipos maternais — para lhes perguntar o que tinham escolhido e as consequências dessa escolha. Esperava que as respostas esclarecessem todas as minhas dúvidas, mas as respostas abrangiam uma gama tão ampla de experiências que no final só fiquei ainda mais confusa.

Por exemplo, conheci uma mulher (uma artista que trabalhava em casa) que disse: "Também tive as minhas dúvidas, mas assim que o meu bebê nasceu tudo o mais na minha vida sumiu. Agora, nada é mais importante para mim do que o meu filho."

Mas outra mulher (que eu definiria como uma das melhores mães que já conheci e cujos filhos adultos são maravilhosos e bem-sucedidos) admitiu em particular e de forma até chocante: "Quando me lembro do passado, não fico muito convencida de que a minha vida tenha melhorado com a opção de ter filhos. Abri mão totalmente de muita coisa e me arrependi. Não é que eu não adore os meus filhos, mas, honestamente, às vezes gostaria de ter de volta todos aqueles anos perdidos."

Por outro lado, uma empresária elegante e carismática da costa oeste me disse: "A única coisa de que ninguém me avisou quando comecei a ter filhos foi o seguinte: prepare-se para os anos mais felizes da sua vida. Nunca vi que se aproximavam. A alegria foi como uma avalanche."

Mas também conversei com uma mãe solteira exausta (uma romancista talentosa) que disse: "Criar filhos é a mais pura definição de ambivalência. Às vezes fico estupefata ao ver que, ao mesmo tempo, pode ser tão horrível e tão compensador."

Uma amiga minha, muito criativa, disse: "É, a gente perde muita liberdade. Mas, como mãe, a gente também ganha um novo tipo de liberdade, a liberdade de amar incondicionalmente outro ser humano, de todo o coração. Essa também é uma liberdade que vale a pena."

Outra amiga ainda, que largou a carreira de editora para ficar em casa com os três filhos, me alertou: "Pense muito bem sobre essa decisão, Liz. Já é bastante difícil ser mãe quando é isso que a gente realmente quer. Não chegue nem perto de ter filhos antes de ter certeza absoluta."

Mas outra mulher que conseguiu manter a carreira próspera e vibrante mesmo com três filhos e que às vezes leva as crianças com ela nas viagens de negócios ao exterior disse: "Vá fundo. Não é tão difícil assim. Só é preciso resistir a todas as forças que dizem o que não podemos mais fazer agora que somos mães."

Mas também fiquei profundamente comovida quando conheci uma renomada fotógrafa, já com mais de 60 anos, que me fez o seguinte comentário simples sobre o tópico dos filhos: "Nunca tive, querida. E nunca senti falta."

Dá para perceber o padrão?

Eu não vi nenhum.

É porque não havia padrão. Havia apenas um monte de mulheres inteligentes tentando entender a situação a seu modo, tentando navegar de acordo com o instinto. Era óbvio que se eu devia ou não ser mãe era uma questão que nenhuma dessas mulheres poderia resolver por mim. Eu precisaria escolher por conta própria. E, em termos pessoais, o que estava em jogo era imenso. Na prática, declarar que não queria ter filhos seria o fim do casamento. Havia outras razões pelas quais saí do casamento (havia aspectos do nosso relacionamento que, francamente, eram absurdos), mas a questão dos filhos foi o golpe final. Afinal de contas, nesse caso não há posição intermediária.

Assim, ele se enraiveceu; eu chorei; nos divorciamos.

Mas esse seria outro livro.

Com todo esse histórico, não deve ter surpreendido ninguém que, depois de alguns anos sozinha, eu conhecesse Felipe e me apaixonasse por ele: um homem mais velho, com dois filhos lindos e adultos e sem um único pingo de interesse em repetir a experiência da paternidade. Também não foi por acaso que Felipe se apaixonou por mim, uma mulher sem filhos, nos últimos anos de fertilidade, que adorava os filhos dele mas não tinha um único pingo de interesse em se tornar mãe.

Esse alívio, o grande alívio trovejante que nós dois sentimos ao descobrir que nenhum de nós tentaria forçar o outro a procriar, ainda provoca uma vibração agradável na nossa vida em comum. Ainda não consigo acreditar nisso inteiramente. Por alguma razão, nunca pensei na possibilidade de ter um companheiro vitalício sem que ele esperasse ter filhos. Para vocês verem como a fórmula "primeiro o amor, depois o casamento, depois o bebê no carrinho" penetrou profundamente na minha consciência, eu deixara de notar, com toda a honestidade, que é possível sair do ramo de carrinhos de bebê sem que ninguém, pelo menos não no nosso país, mande a gente para a cadeia por isso. E o fato de que, ao conhecer Felipe, também herdei dois enteados adultos maravilhosos foi um bônus a mais. Os filhos de Felipe precisam do meu amor e do meu apoio, mas não precisam que eu seja sua mãe; já tiveram uma mãe maravilhosa muito antes de eu entrar em cena. Mas o melhor de tudo foi que, ao trazer os filhos de Felipe para a minha família extensa, realizei o maior truque de mágica entre gerações: dei aos meus pais netos novos sem nem precisar criar filhos meus. Ainda hoje, a liberdade e a abundância disso tudo parecem quase milagrosas.

Ser dispensada da maternidade também permitiu que eu me tornasse exatamente a pessoa que acho que devia ser: não apenas escritora, não apenas viajante, mas também, de um jeito maravilhoso, tia. Tia sem filhos, para ser exata, o que me deixa em excelente companhia, porque eis um fato espantoso que descobri à margem da minha pesquisa sobre o casamento: quando examinamos toda a variedade de populações humanas de todas as culturas e continentes (mesmo entre os progenitores mais entusiasmados da história, como os irlandeses do século XIX ou os amish contemporâneos), descobrimos que sempre há uns 10% de mulheres, em qualquer população, que nunca têm filhos. O percentual nunca é menor do que esse em qualquer população que seja. Na verdade, na maioria das sociedades o percentual de mulheres que nunca se reproduzem costuma ser muito *maior* do que 10%, e não é só hoje no mundo ocidental desenvolvido, onde a proporção de mulheres sem filhos tende a oscilar perto dos 50%. Por exemplo, na década de 1920, espantosos 23% das mulheres adultas dos Estados Unidos nunca tiveram filhos. (Não parece uma proporção altíssima para uma época tão conservadora, antes do surgimento do controle legalizado da natalidade? Mas assim foi.) Portanto, o número pode ser bem alto. Mas nunca fica abaixo de 10%.

Com muita frequência, as que preferimos não ter filhos somos chamadas de pouco femininas, antinaturais ou egoístas, mas a história nos ensina que sempre houve mulheres que passaram a vida sem filhos. Muitas delas escolheram *deliberadamente* fugir à maternidade, evitando totalmente o sexo com homens ou aplicando com o máximo cuidado o que as damas vitorianas chamavam de "artes da precaução". (A irmandade sempre teve os seus segredos e talentos.) É claro que outras mulheres tiveram de suportar involuntariamente a falta de filhos, devido a infertilidade, doenças, solteirice ou falta geral de machos disponíveis por causa das baixas das guerras. Mas, seja qual for a razão, a falta generalizada de filhos não é uma evolução tão moderna quanto tendemos a acreditar.

De qualquer modo, no decorrer da história, o número de mulheres que nunca se tornou mãe é tão grande (tão *constantemente* grande) que suspeito hoje que um certo grau de mulheres sem filhos é uma adaptação evolucionária da raça humana. Talvez seja não apenas absolutamente legítimo, mas também necessário, que algumas mulheres nunca se reproduzam. É como se, como espécie, *precisássemos* de uma abundância de mulheres responsáveis, bondosas e sem filhos disponíveis para ajudar de várias maneiras a comunidade maior. Ter e criar filhos consome tanta energia que as mulheres que se tornam mães logo são engolidas por essa tarefa imensa, e até morrem por causa dela. Portanto, talvez precisemos de fêmeas a mais, mulheres adicionais com energia não exaurida, dispostas a entrar na dança e dar apoio à tribo. As mulheres sem filhos sempre foram essenciais na sociedade humana porque geralmente tomam a si a tarefa de cuidar daqueles que não são sua responsabilidade biológica oficial, e nenhum outro grupo faz isso em proporção tão elevada. As mulheres sem filhos sempre administraram orfanatos, escolas e hospitais. São parteiras, freiras e distribuidoras de caridade. Curam os doentes, ensinam as artes e, muitas vezes, se tornam indispensáveis no campo de batalha da vida. Em alguns casos, literalmente. (Florence Nightingale me vem à mente.)

Acho que essas mulheres sem filhos — vamos chamá-las de "Brigada das Tias" — nunca receberam da história as devidas homenagens. São chamadas de egoístas, frígidas, dignas de pena. Há uma ideia muito comum e bem asquerosa que circula por aí sobre mulheres sem filhos e que preciso repetir aqui: as mulheres que não têm filhos podem levar vidas liberadas, ricas e felizes quando jovens, mas vão acabar se arrependendo quando envelhecerem, porque todas morrerão sozinhas, deprimidas e amargas. Com certeza você já ouviu essa bobagem. Só para deixar tudo bem claro: não há *nenhum* indício sociológico que confirme isso. Na verdade, estudos recentes feitos em lares de idosos americanos para comparar o nível de felicidade das idosas sem filhos com o das idosas com filhos não revelou nenhum padrão especial de sofrimento ou alegria em nenhum dos grupos. Mas eis o que os pesquisadores descobriram que faz as mulheres idosas em geral sofrerem: pobreza e problemas de saúde. Quer se tenha filhos, quer não, a receita é óbvia: economize, use fio dental e cinto de segurança e se mantenha em forma; assim, garanto que algum dia você será uma velhota felicíssima.

É só um pequeno conselho gratuito da titia Liz.

No entanto, por não deixar descendentes, as tias sem filhos tendem a sumir da memória depois de uma simples geração, logo esquecidas, com vidas transitórias como as borboletas. Mas, enquanto vivas, são fundamentais e podem ser até heroicas. Até na história recente dos dois lados da minha família, há casos de tias verdadeiramente magníficas que entraram em ação e salvaram a situação em emergências. Capazes, muitas vezes, de acumular instrução e recursos exatamente por não terem filhos, essas mulheres tinham renda e compaixão em excesso para pagar operações em casos de vida ou morte, para salvar a fazenda da família ou para abrigar uma criança cuja mãe ficou gravemente enferma. Tenho uma amiga que chama esse tipo de tia resgatadora de crianças de "mãe sobressalente", e o mundo está cheio delas.

Mesmo na minha própria comunidade, posso ver que às vezes fui importantíssima como integrante da Brigada das Tias. O meu serviço não é apenas mimar e estragar a minha sobrinha e o meu sobrinho (embora leve essa função a sério), mas também ser, para o mundo, uma tia itinerante, uma tia embaixadora, que está à mão sempre que alguém precisa de ajuda, em qualquer família. Há pessoas que pude ajudar, às vezes apoiando-as durante anos, porque não sou obrigada, como a mãe seria, a dedicar toda a minha energia e todos os meus recursos à criação de um filho em tempo integral. Há um monte de camisas do time da escola e contas de ortodontista e cursos universitários que jamais terei de pagar, o que libera recursos que podem ser mais bem distribuídos pela comunidade. Dessa maneira, também promovo a vida. Há muitíssimas maneiras de promover a vida. E pode acreditar, todas elas são essenciais.

Certa vez, Jane Austen escreveu a uma parenta cujo primeiro sobrinho acabara de nascer: "Sempre defendi, o máximo que pude, a importância das tias. Agora que se tornou tia, você é uma pessoa de certa importância." Jane sabia o que estava falando. Ela também era uma tia sem filhos, adorada pelos sobrinhos como confidente maravilhosa e sempre lembrada pelos "ataques de riso".

Por falar em escritores: de uma posição que admito tendenciosa, acho necessário mencionar aqui que Leon Tolstoi, Truman Capote e as irmãs Brontë foram criados por tias sem filhos depois que as mães naturais morreram ou os abandonaram. Tolstoi afirmou que a tia Toinette foi a maior influência da sua vida, já que ela lhe ensinou "a alegria moral do amor". O historiador Edward Gibbon, que ficou órfão quando pequeno, foi criado pela amada tia Kitty, que não tinha filhos. John Lennon foi criado pela tia Mimi, que convenceu o menino de que, algum dia, seria um artista importante. A leal tia Annabel de F. Scott Fitzgerald se ofereceu para lhe pagar o curso universitário. O primeiro prédio de Frank Lloyd Wright foi encomendado pelas tias Jane e Nell, solteironas adoráveis que tinham um internato em Spring Green, no estado americano do Wisconsin. Coco Chanel, órfã quando criança, foi criada pela tia Gabrielle, que a ensinou a costurar — um ofício útil para a menina, acho que nisso todos concordamos. Virginia Woolf foi profundamente influenciada pela tia Caroline, solteirona quacre que dedicava a vida a obras de caridade, ouvia vozes e falava com espíritos e que, como Woolf recordou anos depois, parecia "um tipo de profetisa moderna".

Lembram-se daquele momento fundamental da história literária em que Marcel Proust morde a famosa *madeleine* e fica tão assoberbado de saudade que não tem opção senão começar a escrever os vários volumes do épico *Em Busca do Tempo Perdido*? Todo aquele tsunami de saudade eloquente foi provocado pela lembrança específica da amada tia Leonie de Marcel, que, todo domingo depois da igreja, dividia as suas *madeleines* com o menino.

E já se perguntou com quem Peter Pan realmente se parecia? O seu criador, J. M. Barrie, nos respondeu essa pergunta em 1911. Para ele, a imagem de Peter Pan, a sua essência, o seu maravilhoso espírito de felicidade pode ser encontrado no mundo inteiro, refletido de forma difusa "no rosto de muitas mulheres que não têm filhos".

Isso é a Brigada das Tias.

Mas essa decisão minha, a decisão de entrar para a Brigada das Tias em vez de me alistar no Exército das Mães, me torna bem diferente de minha mãe, e aqui eu ainda sentia que precisava harmonizar alguma coisa dentro dessa distinção. Provavelmente foi por isso que, certa noite, no meio das minhas viagens com Felipe, liguei do Laos para minha mãe para tentar entender algumas questões persistentes sobre a vida dela, as escolhas que fez e a relação dessas escolhas com a minha vida e as minhas escolhas.

Conversamos mais de uma hora. Minha mãe estava calma e pensativa, como sempre. Não pareceu se surpreender com a linha de interrogatório; na verdade, respondeu como se esperasse as perguntas. Como se esperasse talvez há *anos*.

Em primeiro lugar, assim de improviso, ela logo me lembrou:

— Não me arrependo de nada que fiz por vocês.

— Não se arrepende de ter largado o trabalho que adorava? — perguntei.

— Eu me recuso a viver com remorsos — disse ela (o que não respondia exatamente à pergunta, mas parecia um começo sincero). — Aconteceu tanta coisa maravilhosa naqueles anos que passei em casa com vocês. Conheço vocês de um jeito que seu pai jamais conhecerá. Eu estava lá, observando vocês crescerem. Foi um privilégio ver vocês virarem adultas. Eu nunca ia perder uma coisa dessas.

Além disso, minha mãe me lembrou que escolheu ficar casada tantos anos com o mesmo homem porque, por acaso, ela ama demais meu pai, o que é um argumento bom e muito convincente. É verdade que meus pais não estão ligados só como amigos, mas também num nível bem corporal. Em tudo, estão fisicamente juntos: caminham, pedalam e cuidam do sítio lado a lado. Lembro que liguei da faculdade para casa tarde da noite, num dia de inverno, e peguei os dois sem fôlego.

— O que vocês dois estavam aprontando? — perguntei, e minha mãe, eufórica de tanto rir, anunciou:

— Andando de trenó!

Os dois tinham furtado o tobogã do vizinho de 10 anos e descido o morro gelado nos fundos da casa à meia-noite, minha mãe atrás de meu pai, gritando de prazer com a adrenalina, enquanto ele dirigia o trenó a toda sob o luar. Quem ainda *faz* isso na meia-idade?

Meus pais sempre tiveram uma certa química sexual, desde o dia em que se conheceram. "Ele se parecia com Paul Newman", diz minha mãe sobre o primeiro encontro, e quando minha irmã perguntou a meu pai qual lembrança favorita que tinha de minha mãe, ele não hesitou ao responder: "Sempre amei a natureza agradável da forma de sua mãe." E ainda ama. Meu pai vive agarrando o corpo de minha mãe quando ela passa pela cozinha, sempre avaliando, admirando as pernas dela, cobiçando. Ela o enxota e se faz de chocada: "John! Pare com isso!" Mas dá para ver que ela adora essas atenções. Cresci vendo isso e acho que é uma dádiva rara saber que os pais da gente são fisicamente agradáveis um para o outro. Assim, grande parte do casamento de meus pais, como minha mãe me fez lembrar, sempre se abrigara além do lado racional, escondida lá no fundo do corpo sexual. E esse grau de intimidade está além de toda e qualquer explicação, além de todo e qualquer debate.

E há o companheirismo. Meus pais estão casados há mais de quarenta anos. De modo geral, eles chegaram a um acordo. Vivem uma rotina bem tranquila, os hábitos azeitados pelo fluxo do tempo. Giram em torno um do outro no mesmo padrão básico todos os dias: café, cachorro, desjejum, jornal, jardim, contas, tarefas domésticas, rádio, almoço, compras da casa, cachorro, jantar, leitura, cachorro, cama... Repita.

O poeta Jack Gilbert (sem parentesco, infelizmente) escreveu que o casamento é o que acontece "em meio ao memorável". Ele disse que muitas vezes recordamos o casamento anos depois, talvez após a morte de um dos cônjuges, e só conseguimos lembrar "as férias, as emergências" — os pontos altos e baixos. O resto se funde num tipo nebuloso de mesmice cotidiana. Mas o poeta afirma que é exatamente essa mesmice nebulosa que compõe o casamento. O casamento *é* essas duas mil conversas indistintas, durante dois mil desjejuns indistintos, nos quais a intimidade gira como uma roda lenta. Como medir o valor de ficar tão familiar para alguém, tão absolutamente conhecido e tão completamente presente que viramos uma necessidade quase invisível, como o ar?

Além disso, minha mãe teve a bondade de me lembrar naquela noite, quando liguei para ela do Laos, que está longe de ser santa e que meu pai também teve de abrir mão de partes dele para ficar casado com ela. Minha mãe reconheceu generosamente que nem sempre ela é uma pessoa de convivência muito fácil. Meu pai teve de aprender a tolerar e suportar o efeito de ser administrado o tempo todo por uma esposa com mania de organização. Nesse aspecto, os dois combinam horrivelmente mal. Meu pai aceita a vida que vier; minha mãe faz a vida acontecer. Por exemplo: certo dia, meu pai trabalhava na garagem e, acidentalmente, assustou um passarinho que fizera ninho nas vigas do telhado. Confuso e com medo, o bichinho se instalou na aba do chapéu do meu pai. Para não assustá-lo ainda mais, meu pai ficou quase uma hora sentado no chão da garagem até que o passarinho decidisse voar. Essa história é típica de meu pai. Uma coisa dessas nunca aconteceria com minha mãe. Ela é ocupada demais para permitir que passarinhos tontos descansem na cabeça dela quando há tarefas a cumprir. Mamãe não espera passarinho nenhum.

Além disso, embora seja verdade que minha mãe abriu mão de muito mais ambições pessoais do que meu pai, ela exige do casamento muito mais do que ele. Ele a aceita muito mais do que ela a ele. (Ele vive dizendo que "ela é a melhor Carole possível", mas a gente fica com a sensação de que a minha mãe acredita que o marido poderia, e talvez até devesse, ser um homem muito melhor.) Ela o comanda o tempo todo. É suficientemente sutil e graciosa nos seus métodos de controle para nem sempre a gente perceber o que ela está fazendo, mas acredite: mamãe nunca larga o leme.

Ela adquiriu essa característica honestamente. Todas as mulheres da família dela fazem isso. Elas assumem todos os aspectos da vida do marido e depois, como o meu pai adora destacar, *recusam-se terminantemente a morrer*. Nenhum homem consegue sobreviver a uma noiva Olson. Esse é um simples fato biológico. Não estou exagerando: nunca aconteceu, pelo menos não que alguém se lembre. E nenhum homem consegue escapar de ser totalmente controlado pela esposa Olson. ("Estou lhe avisando", disse meu pai a Felipe, no começo do nosso relacionamento, "se pretende ter algum tipo de vida em comum com Liz, terá de definir o seu espaço já e defendê-lo para sempre".) Certa vez o meu pai brincou — só que não era brincadeira — que minha mãe controla uns 95% da vida dele. O mais extraordinário, meditou ele, é que ela fica muito mais tensa com os 5% da vida dele dos quais ele não abre mão do que ele com os 95% que ela domina totalmente.

Robert Frost escreveu que "o homem deve desistir em parte de ser homem" para se casar e, para ser justa, não posso negar isso no caso da minha família. Já escrevi muitas páginas descrevendo o casamento como ferramenta repressora usada contra as mulheres, mas é importante lembrar que o casamento também costuma ser usado como ferramenta repressora contra os homens. O casamento é um arreio da civilização, que prende o homem a um conjunto de obrigações e, portanto, restringe a sua energia inquieta. As sociedades tradicionais perceberam há muito tempo que nada é mais inútil para a comunidade do que um monte de rapazes solteiros e sem filhos (fora do papel sabidamente útil de bucha de canhão, é claro). Em sua maioria, os rapazes solteiros têm fama global de desperdiçar dinheiro com prostitutas, bebidas, jogos e preguiça: não ajudam em nada. É preciso conter essas feras, prendê-los à responsabilidade — ou, pelo menos, o argumento sempre foi esse. É preciso convencer esses rapazes a deixar de lado os modos infantis e vestir o manto da condição de adulto, construir lares e empresas e cultivar o interesse pelo que o cerca. Um antigo truísmo de incontáveis culturas diferentes é que não há melhor ferramenta para criar responsabilidade num rapaz irresponsável do que uma esposa boa e sólida.

Não há dúvida de que foi esse o caso de meus pais. "Ela me pôs em forma no chicote", é o resumo que meu pai faz da história de amor. Em geral, ele não se incomoda com isso, mas às vezes — digamos, no meio de uma reunião de família, cercado pela mulher poderosa e pelas filhas igualmente poderosas — meu pai lembra apenas um urso de circo velho e perplexo que não consegue entender como se tornou tão domesticado nem como conseguiu se sentar tão alto naquele estranho monociclo. Nesses momentos, ele me lembra Zorba, o Grego, que, quando lhe perguntavam se já se casara, respondia: "Não sou homem? É claro que já me casei. Mulher, casa, filhos, a catástrofe completa!" (A angústia melodramática de Zorba, aliás, me lembra o fato curioso de que, na Igreja Ortodoxa grega, o casamento não é considerado sacramento, mas *santo martírio*; a ideia é que a parceria humana bem-sucedida a longo prazo exige uma certa Morte do Eu daqueles que participam.)

Sem dúvida, no casamento ambos meus pais sentiram essa restrição, essa pequena sensação de morte do eu. Sei que é verdade. Mas não tenho certeza de que sempre se incomodaram de o outro ficar ali por perto, atrapalhando. Quando perguntei a meu pai que tipo de criatura ele gostaria de ser na próxima encarnação, caso haja uma próxima encarnação, ele respondeu sem hesitar:

— Um cavalo.

— Que tipo de cavalo? — perguntei, imaginando um garanhão selvagem a galopar pela ampla planície.

— Um bom cavalo — disse ele.

Ajustei devidamente a imagem na minha cabeça. Imaginei um garanhão selvagem e *amistoso* galopando pela planície.

— Que tipo de cavalo bom? — sondei.

— Um cavalo castrado — anunciou.

Um cavalo *castrado*! Por isso eu não esperava. A imagem da minha cabeça mudou completamente. Agora visualizei meu pai como um gentil cavalo de tração, puxando docilmente a carroça conduzida pela minha mãe.

— Por que castrado? — perguntei.

— Descobri que a vida assim é mais fácil — respondeu ele. — Pode acreditar.

E assim a vida *foi* mais fácil para ele. Em troca das restrições quase castradoras que o casamento impôs à liberdade pessoal de meu pai, ele recebeu estabilidade, prosperidade, encorajamento no trabalho, camisas limpas e costuradas que surgiam num passe de mágica nas gavetas da cômoda, uma refeição confiável no final de um bom dia de trabalho. Em troca, trabalhou para minha mãe, foi fiel a ela e submete à vontade dela 95% completos do seu tempo, só a afastando um pouco quando ela chega perto demais de conseguir o domínio total do mundo. Os termos desse contrato devem ser aceitáveis para os dois porque, como minha mãe me lembrou quando lhe telefonei do Laos, o casamento deles agora entra na quinta década.

É claro que, provavelmente, os termos do casamento de meus pais não servem para mim. Enquanto minha avó era uma mulher da roça tradicional e minha mãe, uma feminista limítrofe, eu cresci com ideias totalmente novas sobre as instituições do casamento e da família. O relacionamento que provavelmente construirei com Felipe é aquele que eu e minha irmã batizamos de "Casamento Sem Esposa", ou seja, na nossa casa ninguém vai representar (ou representar *exclusivamente*) o papel tradicional da esposa. As tarefas menos gratas que sempre caíram sobre os ombros das mulheres serão equilibradas com mais justiça. E como não haverá filhos, suponho que também podemos chamá-lo de "Casamento Sem Mãe", um modelo de casamento que, obviamente, nem minha mãe nem minha avó experimentaram. Do mesmo modo, a responsabilidade de ganhar o pão não recairá inteiramente sobre os ombros do Felipe, como aconteceu com meu pai e meu avô; na verdade, é provável que o grosso da renda familiar seja sempre meu. Talvez nesse aspecto, portanto, teremos também algo como um "Casamento Sem Marido". Casamentos sem esposa, sem filhos, sem marido... não houve muitas uniões assim na história, logo não temos aqui um modelo para seguir. Felipe e eu teremos de elaborar pelo caminho as regras e fronteiras da nossa história.

Mas não sei. Talvez todo mundo tenha de elaborar pelo caminho as regras e fronteiras da sua história.

Seja como for, quando perguntei pelo telefone a minha mãe, naquela noite no Laos, se ela foi feliz durante os anos do seu casamento, ela me assegurou que, na maior parte do tempo, foi tudo muito agradável com meu pai. Quando lhe perguntei qual fora o seu período mais feliz, ela respondeu:

— Agora. Morando com o seu pai, saudável, financeiramente estável, livre. Eu e seu pai passamos o dia fazendo o que gostamos e depois nos encontramos toda noite à mesa do jantar. Mesmo depois de todos esses anos, ainda passamos horas lá sentados, rindo e conversando. É muito bom mesmo.

— Que maravilha — disse eu.

Houve uma pausa.

— Posso lhe dizer uma coisa sem querer ofender? — arriscou ela.

— Vá fundo.

— Para ser plenamente sincera, a melhor parte da minha vida começou assim que vocês duas cresceram e foram embora.

Comecei a rir (*Caraca! Obrigada, mãe!*), mas ela insistiu por sobre o meu riso.

— Estou falando sério, Liz. Tem uma coisa que você precisa entender a meu respeito: cuidei de crianças a vida toda. Cresci numa família grande e sempre tive de tomar conta de Rod, Terry e Luana quando eram pequenos. Cansei de me levantar no meio da noite quando tinha 10 anos para limpar alguém que tinha feito xixi na cama. Foi assim a minha infância toda. Nunca tive tempo só para mim. Depois, quando adolescente, tomei conta dos filhos de meu irmão mais velho, sempre tentando imaginar como fazer o dever de casa enquanto cuidava do bebê. Depois criei a minha própria família e tive de me dedicar muito a isso. Quando você e sua irmã finalmente foram para a faculdade, foi a primeira vez na vida em que não tive nenhuma criança sob minha responsabilidade. Adorei. Não dá para explicar o quanto adorei. Ter seu pai só para mim, ter todo o meu tempo para mim foi revolucionário. Nunca fui mais feliz.

Então tudo bem, pensei, com uma sensação de alívio. *Então ela fez as pazes com aquilo tudo. Ótimo.*

Houve outro instante de silêncio.

Então, de repente, minha mãe acrescentou, num tom de voz que eu nunca ouvira dela:

— Mas vou lhe dizer mais alguma coisa. Há épocas em que me recuso até a pensar nos primeiros anos do meu casamento e em tudo de que tive de abrir mão. Se pensar muito nisso, que Deus me perdoe, fico com tanta raiva que nem enxergo direito.

Ah.

Portanto, a conclusão perfeita e definitiva é... ???

Aos poucos, foi ficando óbvio para mim que, talvez, nunca haja aqui uma conclusão perfeita e definitiva. Provavelmente, até minha mãe desistiu há muito tempo de tirar conclusões perfeitas e definitivas sobre a vida dela, depois de abandonar (como tantas de nós temos de fazer, depois de certa idade) a fantasia esplendorosamente inocente de que temos o direito de alimentar sentimentos puros e nítidos sobre a vida. E se eu precisasse alimentar sentimentos puros e nítidos sobre a vida de minha mãe para acalmar a minha ansiedade com o matrimônio, acho que seria como carregar água em cesto. Eu só tinha certeza de que minha mãe deu um jeito de construir para si um lugar de descanso *suficientemente* tranquilo no campo coalhado de contradições da intimidade. Lá, com um volume de paz *suficientemente* satisfatório, ela vive.

É claro que me deixando para descobrir sozinha como construir algum dia um habitat assim tão cuidadoso.

CAPÍTULO SEIS

Casamento e autonomia

O CASAMENTO É UMA COISA LINDA. MAS TAMBÉM É UMA BATALHA CONSTANTE PELA SUPREMACIA MORAL.

Marge Simpson

Em outubro de 2006, Felipe e eu já estávamos viajando havia seis meses e o ânimo vinha fraquejando. Fazia semanas que tínhamos partido da cidade santa de Luang Prabang, no Laos, depois de exaurir todos os seus tesouros, e pegado a estrada de novo no mesmo movimento aleatório de antes, matando o tempo, passando as horas e os dias.

A essa altura, já esperávamos estar em casa, mas não havia avanço nenhum no nosso caso na Imigração. O futuro de Felipe estava atolado num tipo de limbo insondável que quase chegamos a acreditar irracionalmente que nunca acabaria. Separado do seu estoque comercial nos Estados Unidos, incapaz de fazer planos e de ganhar dinheiro, totalmente dependente do Departamento de Segurança Interna americano (e de mim) para decidir o seu destino, a cada dia ele se sentia com menos poder. Essa não era a situação ideal. Afinal, se há uma coisa que aprendi sobre os homens com o passar dos anos, é que esse sentimento não costuma alimentar as suas melhores qualidades. Felipe não foi exceção. Vinha ficando cada vez mais nervoso, mal-humorado, irritável e absurdamente tenso.

Mesmo na melhor das circunstâncias, às vezes Felipe tem o mau hábito de explodir com impaciência com quem ele acha que não está se comportando direito ou que está interferindo em sua qualidade de vida. Isso acontece raramente, mas gostaria que não acontecesse nunca. No mundo inteiro e em várias línguas, vi esse homem rugir com desaprovação para aeromoças incompetentes, motoristas de táxi ineptos, mercadores inescrupulosos, garçons apáticos e pais de crianças malcriadas. Às vezes também há braços agitados e voz alta envolvidos nessas cenas.

Lamento isso.

Criada por uma mãe tranquila do Meio-Oeste e um pai ianque e taciturno, sou genética e culturalmente incapaz de lidar com a clássica versão brasileira de Felipe para resolver conflitos. As pessoas da minha família não falariam assim nem com um *assaltante*. Além disso, sempre que vejo Felipe perder o controle em público, isso interfere em minha adorada narrativa pessoal de como escolhi amar um cara gentil e de bom coração, coisa que, francamente, é o que mais me irrita. A indignidade que jamais suportarei com educação é ver os outros maltratarem as minhas queridas narrativas pessoais sobre eles.

O pior é que o meu anseio de ver todas as pessoas do mundo se tornarem boas amigas, combinado à minha empatia quase patológica pelos sofredores, me deixa na defesa das vítimas de Felipe, o que só aumenta a tensão. Enquanto ele demonstra tolerância zero com idiotas e incompetentes, acho que por trás de todos os idiotas incompetentes há uma pessoa doce num dia ruim. Tudo isso pode levar a brigas entre mim e Felipe e, nas raras ocasiões em que discutimos, geralmente é sobre questões como essa. Ele nunca me deixou esquecer que certa vez o obriguei a voltar a uma sapataria na Indonésia e pedir desculpas à vendedora que achei que ele tinha maltratado. E ele pediu mesmo! Marchou de volta àquela sapatariazinha dilapidada e fez à moça perplexa uma declaração cortês de arrependimento por ter perdido a paciência. Mas ele só agiu assim porque achou fascinante a minha defesa da vendedora. Mas não achei a situação nada fascinante. Nunca acho.

Ainda bem que as explosões de Felipe são bastante raras na nossa vida normal. Mas o que estávamos vivendo naquela época não era normal. Seis meses de viagens desconfortáveis, pequenos quartos de hotel e impasses burocráticos exasperantes vinham desgastando o estado emocional de Felipe a ponto de eu sentir que a sua impaciência atingia um nível epidêmico (embora talvez os leitores devam dar um certo desconto à palavra "epidêmico", dado que a minha hipersensibilidade ao mais leve conflito humano me transforma em juíza muito melindrosa de atritos emocionais). Ainda assim, os indícios pareciam indiscutíveis: naqueles dias, ele não levantava a voz somente com estranhos, estava também explodindo comigo. Isso era mesmo inédito, porque no passado Felipe sempre parecera ser imune a mim, como se eu, somente eu em meio a todo mundo na Terra, fosse sobrenaturalmente incapaz de irritá-lo. Mas agora parecia que aquele doce período de imunidade terminara. Ele se irritava comigo por ficar tempo demais nos computadores alugados, por nos arrastar para ver "a merda dos elefantes" numa arapuca cara para turistas, por nos plantar em mais um trem noturno horrível, se irritava quando eu gastava e quando poupava dinheiro, se irritava porque eu sempre queria ir a toda parte a pé, porque eu vivia tentando encontrar comida saudável quando era obviamente impossível...

Felipe parecia cada vez mais preso àquele tipo de humor em que qualquer falha ou incômodo fica quase fisicamente intolerável. Isso era uma pena, porque viajar, ainda mais se for o tipo de viagem barata que fazíamos, praticamente não passa de uma falha ou incômodo atrás do outro, interrompidos por um pôr do sol impressionante de vez em quando, que o meu companheiro, evidentemente, perdera a capacidade de aproveitar. Enquanto eu arrastava um Felipe cada vez mais relutante pelas atividades do sudeste da Ásia (mercados exóticos! templos! cachoeiras!), ele só ia ficando *menos* relaxado, *menos* complacente, *menos* confortado. Já eu reagi ao seu mau humor estragado da maneira como a minha mãe me ensinou a reagir ao mau humor dos homens: ficando mais alegre, mais animada, mais odiosamente faladeira. Enterrei a frustração e as saudades de casa num disfarce de otimismo infatigável, avançando impetuosa com um comportamento agressivamente radiante como se fosse possível forçar Felipe a ficar num estado de felicidade despreocupada só com o poder do meu júbilo magnético e incansável.

Espantosamente, não deu certo.

Com o tempo, fiquei irritada com ele, exasperada com a sua impaciência, irritação, letargia. Além disso, fiquei irritada *comigo*, incomodada com o tom falso da minha voz quando tentava envolver Felipe nas coisas curiosas para as quais o arrastava de cada vez. (*Ah, querido, olhe! Estão vendendo ratos para comer! Ah, querido, olhe! A mamãe elefante está dando banho no filhote! Ah, querido, olhe! Esse quarto de hotel tem uma vista tão interessante do matadouro!*) Enquanto isso, Felipe seguia para o banheiro e voltava furioso com o fedor e a imundície do lugar — qualquer que fosse o lugar — enquanto, ao mesmo tempo, se queixava de que a poluição lhe irritava a garganta e o trânsito lhe dava dor de cabeça.

A tensão dele me deixava tensa, o que me deixou fisicamente descuidada e me levou a dar uma topada em Hanói, cortar o dedo no barbeador dele em Chiang Mai enquanto procurava a pasta de dentes na bolsinha de produtos de higiene e, numa noite pavorosa, pôr repelente de inseto nos olhos em vez de colírio porque não olhei direito a garrafinha. O que mais me lembro desse último incidente é que fiquei uivando de dor e autorrecriminação enquanto Felipe segurava a minha cabeça sobre a pia e lavava os meus olhos com uma garrafa de água morna atrás da outra, me consertando o melhor possível enquanto fazia um discurso contínuo e furioso sobre, para começar, a estupidez do fato de estarmos *naquele* país maldito. O fato de não me lembrar especificamente do país maldito onde estávamos é a prova de como aquelas semanas foram ruins.

Toda essa tensão chegou ao ponto mais alto (ou melhor, ao pior ponto) no dia em que arrastei Felipe por um viagem de doze horas de ônibus pelo interior do Laos para visitar um sítio arqueológico no meio do país que insisti que seria fascinante. Dividíamos o ônibus com uma boa quantidade de animais de criação, e os assentos eram mais duros do que os bancos de uma igreja quacre.

É claro que não havia ar-condicionado e as janelas não abriam. Não posso dizer honestamente que o calor fosse insuportável, porque é óbvio que o suportamos, mas direi que estava muito, muito quente. Não consegui despertar o interesse de Felipe pelo iminente sítio arqueológico, mas também não consegui irritá-lo com as condições da nossa viagem de ônibus — e isso foi mesmo notável, dado que talvez essa tenha sido a experiência de transporte público mais arriscada por que já passei. O motorista conduzia o seu antigo veículo com agressividade enlouquecida e várias vezes quase nos jogou de alguns penhascos bem impressionantes. Mas Felipe não reagiu a nada disso nem a nenhuma das nossas quase colisões com o trânsito em sentido contrário. Estava simplesmente entorpecido. Fechou os olhos de cansaço e parou totalmente de falar. Parecia resignado com a morte. Ou talvez apenas ansiasse por ela.

Depois de várias dessas horas perigosas, de repente o ônibus fez uma curva e deu com a cena de um grande acidente na estrada: dois ônibus bem parecidos com o nosso tinham acabado de bater de frente. Parecia não haver feridos, mas os veículos formavam uma pilha retorcida de metal fumegante. Quando reduzimos a velocidade para passar, agarrei a mão de Felipe e disse;

— Veja, querido! Dois ônibus bateram!

Sem nem abrir os olhos, ele respondeu, sarcástico:

— Oh! Como é que *isso* pôde acontecer?

De repente, a raiva subiu.

— O que é que você *quer*? — perguntei.

Ele não respondeu, o que só me deixou ainda mais zangada, e continuei:

— Só estou tentando encarar a situação pelo melhor lado possível, certo? Se tem alguma ideia melhor, algum plano melhor, então fale. E seria ótimo mesmo que você conseguisse pensar em alguma coisa que o deixe feliz, porque, sinceramente, não aguento mais o seu sofrimento, não aguento mesmo.

Nisso, os olhos dele se arregalaram.

— Eu só quero um bule de café — disse ele, com paixão inesperada.

— Como assim, um bule de café?

— Só quero estar em *casa*, morando junto com você com segurança num lugar só. Quero *rotina*. Quero um bule de café só nosso. Quero poder acordar todo dia de manhã à mesma hora e fazer o café da manhã para nós, na nossa casa, com o nosso bule de café.

Em outro ambiente, talvez essa confissão tivesse me despertado solidariedade e talvez devesse ter me despertado solidariedade naquela hora, mas só me deixou mais zangada: *por que ele só pensava no impossível?*

— Não podemos ter nada disso agora — respondi.

— Meu Deus, Liz, acha que não *sei* disso?

— Acha que também não quero essas coisas? — disparei de volta.

A voz dele subiu:

— Acha que não *sei* que você quer essas coisas? Acha que não percebi você consultando anúncios de imóveis pela internet? Acha que não sei que você sente saudades de casa? Tem alguma ideia de como é que me sinto por não poder lhe dar um lar agora, por você estar presa a esses quartos de hotel dilapidados do outro lado do mundo por minha causa? Faz alguma ideia de como é humilhante para mim não ter dinheiro para lhe oferecer uma vida melhor agora? Tem alguma ideia de como isso me faz sentir uma *puta impotência? Como homem?*

Às vezes, eu esqueço.

Tenho de dizer isso porque acho que essa é uma questão muito importante no casamento: às vezes esqueço como é importante para alguns homens — para algumas pessoas — ser capaz de dar aos entes queridos proteção e conforto material o tempo todo. Esqueço como alguns homens se sentem perigosamente diminuídos quando essa capacidade básica lhes é tirada. Esqueço o quanto isso importa para os homens, o que isso representa.

Ainda me lembro do ar angustiado no rosto de um velho amigo que me contou, há vários anos, que a mulher dele ia embora. Parece que ela se queixava de estar absurdamente sozinha, de que ele "não estava lá ao lado dela", mas ele não conseguia nem começar a entender o que isso significava. Ele achava que se esforçara ao máximo durante anos para cuidar da esposa.

— Tudo bem — admitiu —, talvez eu não estivesse lá *emocionalmente* ao lado dela, mas, meu Deus, como cuidei daquela mulher! Tinha dois empregos por causa dela! Isso não mostra que eu a amava? Ela devia saber que eu faria *qualquer coisa* para continuar cuidando dela, lhe dando proteção! Se acontecesse um holocausto nuclear, eu a pegaria e a jogaria nas costas e a levaria pela paisagem em chamas até um lugar seguro... e ela *sabia* disso! Como é que pode dizer que eu não estava lá ao lado dela?

Não consegui me forçar a dar ao meu amigo a má notícia de que, infelizmente, na maior parte do tempo, não há holocaustos nucleares. Infelizmente, na maior parte do tempo a única coisa que a mulher dele realmente queria era um pouco mais de atenção.

Do mesmo modo, a única coisa de Felipe que eu precisava naquele momento era que ele se acalmasse, que fosse mais gentil, que mostrasse a mim e a todos à nossa volta um pouco mais de paciência, um pouco mais de generosidade emocional. Não precisava que ele me protegesse nem me sustentasse. Não precisava do seu orgulho masculino, que ali não servia para nada. Só precisava que ele relaxasse na situação que se apresentava. É claro que seria muito melhor estar em casa, perto da minha família, morando numa casa de verdade; mas naquele momento a nossa falta de raízes não me incomodava tanto quanto o mau humor dele.

Tentando reduzir a tensão, toquei a perna de Felipe e disse:

— Dá para ver que para você essa situação é mesmo frustrante.

Aprendi esse truque num livro chamado *Ten Lessons to Transform Your Marriage: America's Love Lab Experts Share Their Strategies for Strengthening Your Relationship* (Dez lições para transformar o casamento: especialistas matrimoniais revelam estratégias para fortalecer a relação), de John M. Gottman e Julie Schwartz-Gottman, pesquisadores do Relationship Research Institute, instituto de pesquisa do relacionamento de Seattle, que receberam muita atenção ultimamente por afirmarem que conseguem prever, com 90% de acerto, se um casal ainda estará junto dali a cinco anos meramente pelo estudo da transcrição de cinco minutos de uma conversa típica entre marido e mulher. (Por essa razão, imagino que John M. Gottman e Julie Schwartz-Gottman sejam péssimos convivas num jantar.) Seja qual for o alcance dos seus poderes, os Gottman sugerem algumas estratégias práticas para resolver disputas conjugais e tentar salvar os casais do que chamam de Quatro Cavaleiros do Apocalipse: Obstrução, Defensividade, Crítica e Desprezo. O truque que usei, repetindo para Felipe a frustração dele para indicar que lhe dava ouvidos e me preocupava, os Gottman chamam de "voltar-se para o parceiro". Deveria desarmar as discussões.

Nem sempre dá certo.

— Você não sabe como eu me sinto, Liz! — explodiu Felipe. — Eles me *prenderam*. Me algemaram e me levaram por aquele aeroporto todo com todo mundo olhando, sabia? Tiraram as minhas impressões digitais. Tiraram a minha carteira, tiraram até o anel que você me deu. Tiraram tudo. Me puseram na cadeia e me expulsaram do seu país. Trinta anos de viagens e nunca me fecharam uma fronteira, e agora, de todos os malditos lugares de onde podiam me expulsar, não posso mais entrar logo nos Estados Unidos! Antigamente, eu só diria "que se dane" e continuaria numa boa, mas *não posso*, porque você quer morar nos Estados Unidos e quero ficar com você. Logo, não tenho opção. Tenho de aguentar essa merda toda e tenho de entregar toda a minha vida privada a esses burocratas e à sua polícia, e isso é humilhante. E não podemos nem conseguir informações sobre quando tudo isso vai acabar, porque nem mesmo *temos importância*. Somos apenas números na mesa de um funcionário público. Enquanto isso, o meu negócio morre e vou à falência. Logo, *é claro* que estou um trapo. E você ainda fica me arrastando por todo esse maldito sudeste da Ásia nesses malditos ônibus...

— Só estou tentando fazer você feliz — explodi de volta, recolhendo a mão, magoada. Se naquele ônibus houvesse uma cordinha para puxar e avisar ao motorista que um passageiro queria descer, juro por Deus que eu teria puxado. Teria saltado bem ali, deixado Felipe naquele ônibus, para me arriscar sozinha pela selva.

Ele inspirou fundo, como se fosse dizer algo duro, mas se segurou. Quase consegui sentir os tendões do pescoço se enrijecerem, e a minha exasperação também disparou. Aliás, o ambiente também não ajudava muito. O ônibus continuava sacolejando pelo caminho, barulhento, quente e arriscado, batendo em galhos baixos, espalhando porcos, galinhas e crianças estrada afora, soltando uma nuvem fedorenta de fumaça preta, malhando cada vértebra do meu pescoço a cada solavanco. E ainda tínhamos sete horas pela frente.

Não dissemos nada durante muito tempo. Eu queria chorar, mas me segurei, reconhecendo que chorar não ajudaria. Mas ainda estava zangada com ele. Com pena dele, claro, mas principalmente zangada. E por quê? Por pouco espírito esportivo, talvez? Por fraqueza? Por desmoronar antes de mim? Claro que a nossa situação era ruim, mas poderia ser infinitamente pior. Pelo menos, estávamos *juntos*. Pelo menos pude me dar ao luxo de ficar com ele durante esse período de exílio. Havia milhares de casais na mesma situação que nós que dariam a vida pelo direito de passar uma noite juntos durante um período tão longo de separação forçada. Pelo menos tínhamos *esse* consolo. E pelo menos tínhamos instrução suficiente para ler os documentos absurdamente confusos da Imigração, e pelo menos tínhamos dinheiro suficiente para contratar um bom advogado que nos ajudasse com o resto do processo. Seja como for, ainda que o pior acontecesse e os Estados Unidos rejeitassem Felipe para sempre, pelo menos tínhamos opções. Meus Deus, poderíamos sempre nos mudar para a Austrália, caramba. Austrália! Um país maravilhoso! Um país de prosperidade e sensatez no estilo do Canadá! Não seríamos mandados para o exílio no norte do Afeganistão! Quem mais na nossa situação tinha tantas vantagens?

E por que, além disso, era sempre eu que tinha de pensar nesses termos animados, enquanto Felipe, francamente, pouco fizera nas últimas semanas além de se emburrar com circunstâncias que, em boa medida, estavam fora do nosso controle? Por que nunca conseguia se curvar às situações adversas com um pouco mais de boa vontade? E, aliás, ele morreria se demonstrasse *um pouco* de entusiasmo com o sítio arqueológico que nos esperava?

Eu quase disse isso, cada palavra, a porcaria toda, mas me segurei. Um transbordamento de emoções como esse representa o que John M. Gottman e Julie Schwartz-Gottman chamam de "enchente", aquele ponto em que estamos tão cansados ou exasperados que a cabeça é inundada (e iludida) pela raiva. Um sinal seguro de que a enchente está próxima é que a gente começa a usar as palavras "sempre" ou "nunca" na discussão. Os Gottman chamam isso de "Tornar-se universal" (como em "Você *sempre* me deixa na mão!" ou "*Nunca* posso contar com você!"). Essa linguagem mata totalmente toda e qualquer possibilidade de discurso justo ou inteligente. Depois que chegamos à Enchente, depois que nos tornamos Universais na esteira de alguém, o pandemônio está criado. É melhor mesmo não deixar que aconteça. Como já me disse um velho amigo, dá para medir a felicidade de um casamento pelo número de cicatrizes que cada parceiro tem na língua, conseguidas durante anos de mordidas para não deixar sair palavras raivosas.

Assim, não falei, e Felipe não falou, e esse silêncio ardente durou muito tempo até que, finalmente, ele pegou a minha mão e disse, com voz exausta:

— Vamos tomar cuidado agora, tá bom?

Afrouxei, sabendo exatamente o que ele queria dizer. Era um antigo código nosso. Surgira numa viagem de carro que fizemos do Tennessee até o Arizona no início do nosso relacionamento. Eu dava aula de criação literária na universidade do Tennessee, morávamos naquele estranho quarto de hotel em Knoxville, e Felipe quis ir a uma exposição de pedras preciosas que descobrira em Tucson. Assim, espontaneamente, fomos juntos de carro até lá, tentando cobrir a distância numa estirada só. Na maior parte, foi uma viagem divertida. Cantamos, conversamos e rimos. Mas sempre há um limite para o canto, a conversa e o riso, e chegou um momento, já com umas trinta horas de viagem, em que nós dois atingimos a total exaustão. Estávamos ficando sem combustível, literal e figurativamente. Não havia hotéis por perto e estávamos cansados e com fome. Acho que me lembro de uma grande diferença de opinião entre nós sobre onde e quando seria a próxima parada. Ainda conversávamos num tom de voz perfeitamente civilizado, mas a tensão começara a circular pelo carro como uma leve neblina.

— Vamos tomar cuidado — disse Felipe, do nada.

— Com o quê? — perguntei.

— Vamos tomar cuidado com o que dizemos um ao outro nas próximas horas — ele continuou. — É nessas horas, quando todo mundo está cansado assim, que as brigas acontecem. Vamos escolher as palavras *com o máximo cuidado* até acharmos um lugar para descansar.

Nada tinha acontecido ainda, mas Felipe propunha a ideia de que talvez haja momentos em que é bom o casal praticar a solução preventiva de conflitos, interrompendo a discussão antes mesmo que comece. Assim, essa se tornou uma expressão em código nossa, uma placa avisando para tomar cuidado com o buraco e ficar atento às avalanches. Era uma ferramenta que usávamos de vez em quando em momentos especialmente tensos. No passado, sempre funcionou bem conosco. Mas no passado nunca tínhamos vivido nada tão tenso quanto aquele período de exílio indeterminado no sudeste da Ásia. Por outro lado, talvez a tensão da viagem só nos fizesse precisar mais do que nunca da bandeira amarela.

Sempre me lembro da história que os meus amigos Julie e Dennis contaram sobre a briga horrível que tiveram numa viagem à África, no início do casamento. Qualquer que tenha sido a razão da disputa, até hoje eles não conseguem se lembrar, mas eis como terminou: certa tarde, em Nairobi, os dois ficaram tão enraivecidos um com o outro que tiveram de andar em calçadas diferentes rumo ao mesmo destino porque não conseguiam mais tolerar fisicamente a proximidade um do outro. Depois de um bom tempo dessa ridícula caminhada paralela, com quatro pistas defensivas de trânsito nairobiano entre eles, Dennis finalmente parou. Abriu os braços e acenou para que Julie atravessasse a rua para se juntar a ele. Parecia um gesto de reconciliação e ela cedeu. Andou até o marido, amolecendo pelo caminho, esperando sinceramente receber algo como um pedido de desculpas. Em vez disso, assim que ela chegou a uma distância em que pudesse ouvir, Dennis se inclinou e disse suavemente:

— Ei, Jules! Vá se foder!

Em resposta, ela saiu batendo os pés até o aeroporto e na mesma hora tentou vender a passagem de avião de volta do marido a um estranho qualquer.

No final, felizmente, tudo se resolveu. Décadas depois, esse é um caso engraçado para se contar num jantar, mas também é um alerta: não é bom deixar as coisas chegarem a esse ponto. Assim, apertei de leve a mão de Felipe e disse, em português: "*Quando casar passa*", que é uma doce expressão brasileira. Quando menino, a mãe dele costumava lhe dizer isso sempre que ele caía e ralava o joelho. É um pequeno murmúrio bobo de consolo maternal. Felipe e eu vínhamos dizendo muito essa frase um ao outro ultimamente. No nosso caso, em boa parte ela era verdadeira: quando finalmente nos casássemos, um monte desses problemas *passaria*.

Ele passou o braço nas minhas costas e me puxou para perto. Relaxei no seu peito. Ou relaxei o que foi possível, dado o ímpeto sacolejante do ônibus.

No fim das contas, ele era um bom homem.

De qualquer modo, ele era *basicamente* um bom homem.

Não, ele era bom. Ele é bom.

— O que faremos até lá? — perguntou.

Antes dessa conversa, a minha intuição fora nos manter em movimento rápido de um lugar a outro, na esperança de que novas paisagens nos distraíssem dos problemas jurídicos. No passado, esse tipo de estratégia sempre funcionou, pelo menos comigo. Como um bebê chorão que só adormece num carro em movimento, sempre me acalmei com o ritmo das viagens. Sempre achei que Felipe funcionava do mesmo jeito, uma vez que é a pessoa mais viajada que já conheci. Mas parece que ele não estava gostando de viver à deriva.

Para começar, embora eu sempre esqueça, esse homem *é* 17 anos mais velho do que eu. Logo, deve ser desculpado por se sentir um pouco menos empolgado do que eu com a ideia de viver de mochila às costas por um período indeterminado, levando apenas uma muda de roupa e dormindo em quartos de hotel de dezoito dólares. Era óbvio que isso o desgastava. E ele também já vira o mundo. Já vira tudo aquilo aos montes e já viajava pela Ásia em vagões de terceira classe quando eu ainda estava no segundo ano. Por que eu o obrigava a fazer isso de novo?

Pior ainda, os últimos meses tinham chamado a minha atenção para uma incompatibilidade importante entre nós que eu nunca tinha notado. Para um casal de viajantes vitalícios, Felipe e eu, na verdade, viajamos de maneira muito diferente. No caso de Felipe, a realidade, como eu vinha percebendo aos poucos, é que, ao mesmo tempo, ele é o melhor e o pior viajante que já conheci. Ele detesta banheiros esquisitos, restaurantes sujos, trens desconfortáveis, camas estranhas — tudo o que praticamente define o ato de viajar. Se puder escolher, vai sempre preferir uma vida de rotina, familiaridade e práticas cotidianas tediosas e tranquilizadoras. Tudo isso pode fazer alguém supor que ele não tem o mínimo talento de viajante. Mas quem pensa assim se engana, pois eis aqui o dom de viajante de Felipe, o seu superpoder, a arma secreta que o torna inigualável: ele consegue criar para si um habitat conhecido de práticas cotidianas tediosas e tranquilizadoras *em qualquer lugar*, basta deixá-lo ficar num lugar só. Ele consegue assimilar absolutamente qualquer ponto do planeta em cerca de três dias e, depois, é capaz de ficar parado nesse lugar sem se queixar pela década seguinte.

Foi por isso que Felipe conseguiu morar no mundo inteiro. Não só viajar, mas *morar*. Com o passar dos anos, ele se enfiou em sociedades que vão da América do Sul à Europa, do Oriente Médio ao sul do Pacífico. Ele chega a um lugar completamente novo, decide que gosta de lá, se muda, aprende a língua e, instantaneamente, vira um morador local. Felipe levou menos de uma semana, morando comigo em Knoxville, por exemplo, para localizar o lugar predileto para tomar o café da manhã, o *bartender* predileto, o restaurante predileto para almoçar. ("Querida!", disse ele certo dia, empolgadíssimo depois de uma exploração solitária do centro de Knoxville. "Sabia que aqui fica o restaurante de frutos do mar mais maravilhoso e barato, chamado John Long Slivers?" — só que o nome do restaurante é Long John Silver's, e faz parte de uma rede internacional americana fundada em 1969...) Ele teria ficado feliz em Knoxville para sempre, se eu quisesse. Para ele, não havia problema nenhum na ideia de morar naquele quarto de hotel durante muitos e muitos anos, desde que pudéssemos ficar num lugar só.

Tudo isso me lembra de uma história que Felipe um dia me contou sobre a sua infância. No Brasil, quando era menino, ele costumava acordar apavorado no meio da noite por causa de algum pesadelo ou monstro imaginário, e sempre disparava pelo quarto e subia na cama de sua maravilhosa irmã Lily, dez anos mais velha e que, portanto, personificava toda a segurança e sabedoria humana. Ele cutucava o ombro de Lily e sussurrava: "*Me dá um cantinho.*" Sonolenta, sem nunca protestar, ela se afastava e criava para ele um espaço quente na cama. Não era pedir demais: apenas um cantinho quente. Durante todos os anos em que conheço esse homem, nunca o vi pedir nada além disso.

Já eu não sou assim.

Enquanto Felipe consegue encontrar um cantinho em qualquer lugar do mundo e se instalar nele para sempre, eu não consigo. Sou muito mais inquieta do que ele. A minha inquietude me transforma numa viajante cotidiana muito melhor do que ele jamais será. Sou infinitamente curiosa e quase infinitamente paciente com contratempos, desconfortos e pequenos desastres. Portanto, posso *ir* a qualquer lugar do planeta; isso não é problema. O problema é que simplesmente não consigo *morar* em nenhum lugar do planeta. Percebera isso havia apenas algumas semanas, lá no norte do Laos, quando Felipe acordou numa linda manhã de Luang Prabang e disse:

— Querida, vamos ficar aqui.

— Claro — disse eu. — Podemos ficar aqui mais alguns dias, se você quiser.

— Não, estou falando em *morar* aqui. Vamos esquecer essa minha imigração para os Estados Unidos. É problema demais! Essa cidade é maravilhosa. Gosto do jeito daqui. Me lembra o Brasil de 30 anos atrás. Não precisaríamos de muito dinheiro e esforço para ter um pequeno hotel ou uma loja por aqui, alugar um apartamento, nos instalarmos...

Como reação, só empalideci.

Ele falava sério. Faria *mesmo* aquilo. Ele se levantaria, se mudaria indefinidamente para o norte do Laos e construiria ali uma nova vida. Mas não consigo. O que Felipe propunha era um nível de viagem que não posso alcançar, uma viagem que nem é mais viagem, mas sim a disposição de ser definitivamente engolido por um lugar desconhecido. Disso, eu não estava a fim. As minhas viagens, como entendi naquela hora pela primeira vez, eram muito mais diletantes do que eu imaginava. Por mais que eu adore sair beliscando o mundo, na hora de me instalar, de me instalar *de verdade*, queria morar em casa, no meu país, com a minha língua, perto da minha família e na companhia de pessoas que pensam como eu e acreditam nas mesmas coisas em que acredito. Isso, basicamente, me limita a uma pequena região do planeta Terra, formada pelo sul do estado de Nova York, pelas partes mais rurais do centro de Nova Jersey, pelo noroeste do estado de Connecticut e por pedacinhos do leste da Pensilvânia. Um habitat bastante limitado para um pássaro que se afirma migratório. Por sua vez, Felipe, o meu peixe voador, não tem essas limitações domésticas. Um baldinho d'água em qualquer lugar do mundo já lhe basta.

Perceber tudo isso também me ajudou a entender melhor a irritabilidade recente de Felipe. Ele passava por tudo aquilo, toda a incerteza e humilhação do processo americano de imigração, puramente por minha causa, suportando um processo jurídico totalmente invasivo quando poderia muito bem começar uma vida mais nova e muito mais fácil num apartamentinho recém-alugado em Luang Prabang. Mais ainda, enquanto isso ele tolerava todas essas viagens agitadas de um lugar a outro, processo que não aprecia nem um pouco, porque sentia que era o que eu queria. Por que eu o fazia passar por isso? Por que não deixava o homem descansar *em qualquer lugar*?

Então, mudei de plano.

— Por que não passamos alguns meses em algum lugar e ficamos lá até você ser chamado à Austrália para a entrevista da Imigração? — sugeri. — Vamos para Bangcoc.

— Não — disse ele. — Bangcoc, não. A gente enlouqueceria morando em Bangcoc.

— Não é isso — disse eu. — Não vamos *morar* em Bangcoc; só vamos naquela direção porque é um ponto central. Ficamos uma semana em Bangcoc, num bom hotel, descansamos e tentamos conseguir passagens baratas para Bali. Quando chegarmos lá, alugamos uma casinha. Aí ficamos em Bali e esperamos até tudo se acertar.

Deu para ver, pela cara de Felipe, que a ideia estava funcionando.

— Você faria isso? — perguntou.

De repente, tive outra inspiração.

— Espere! Vamos ver se conseguimos de volta a sua antiga casa de Bali! Talvez a gente consiga alugar do novo dono. E aí, ficamos lá, em Bali, até recebermos o seu visto para voltar aos Estados Unidos. O que acha?

Felipe levou uns segundos para responder, mas, para ser sincera perante Deus, quando respondeu achei que ele ia chorar de alívio.

E foi o que fizemos. Voltamos a Bangcoc. Encontramos um hotel com piscina e com um bar bem sortido. Ligamos para o novo dono da antiga casa de Felipe para ver se estava para alugar. Maravilhosamente, estava, a um preço confortável de quatrocentos dólares por mês — um preço surreal mas bastante bom para pagar por uma casa que já fora dele. Reservamos passagens para Bali e partimos dali a uma semana. No mesmo instante, Felipe ficou feliz de novo. Feliz, paciente e bondoso, como eu sempre o conhecera.

Mas quanto a mim...

Alguma coisa me incomodava.

Alguma coisa me puxava. Dava para ver que Felipe estava relaxando, sentado junto à linda piscina com um romance policial numa das mãos e uma cerveja na outra, mas agora era eu quem me debatia. Nunca serei aquela pessoa que só quer ficar sentada junto à piscina do hotel com uma cerveja gelada e um romance policial. Os meus pensamentos não saíam do Camboja, *cuja proximidade era tão torturante*, logo ali, do outro lado da fronteira da Tailândia... Sempre quis ver as ruínas do templo de Angkor Wat, mas nunca conseguira em viagens anteriores. Tínhamos uma semana de tempo livre, seria a ocasião perfeita para ir até lá. Mas não me passaria pela cabeça arrastar Felipe comigo até o Camboja. Na verdade, eu não conseguiria imaginar nada que Felipe quisesse menos do que pegar um avião para o Camboja e visitar as ruínas esfarelentas de um templo no calor escaldante.

E se eu fosse ao Camboja sozinha, só por alguns dias? E se eu deixasse Felipe ali em Bangcoc, sentado feliz junto à piscina? Nos últimos cinco meses, tínhamos passado quase todos os minutos do dia na companhia um do outro, muitas vezes em ambientes desafiadores. Era um milagre que a nossa recente desavença no ônibus fosse o único conflito sério até então. Uma separação curta não seria uma boa para nós?

Dito isso, a tenuidade da nossa situação me fez ter medo de deixá-lo, mesmo que por poucos dias. Não era hora de arrumar complicação. E se alguma coisa me acontecesse no Camboja? E se alguma coisa acontecesse a ele? E se houvesse um terremoto, um tsunami, um quebra-quebra, um acidente de avião, um caso grave de intoxicação alimentar, um sequestro? E se algum dia Felipe saísse para passear em Bangcoc enquanto eu não estava lá e fosse atropelado e sofresse traumatismo craniano e acabasse em algum hospital misterioso sei lá onde sem que ninguém soubesse quem era, e se eu nunca mais o encontrasse? Naquele momento, a nossa existência no mundo estava numa situação crítica, e tudo era delicadíssimo. Durante cinco meses tínhamos flutuado pelo planeta num único barco salva-vidas, balançando juntos na incerteza. Por enquanto, a união era a nossa única força. Por que arriscar uma separação num instante tão precário?

Por outro lado, talvez fosse hora de reduzir um pouco esse esvoaçar fanático. Não havia nenhuma razão sensata para supor que tudo não fosse dar certo no final para nós dois. Sem dúvida o nosso estranho período de exílio passaria; sem dúvida Felipe receberia o seu visto americano; sem dúvida nos casaríamos; sem dúvida encontraríamos um lar adequado nos Estados Unidos; sem dúvida passaríamos muitos anos juntos no futuro. Sendo assim, talvez eu devesse fazer uma rápida viagem sozinha agora, no mínimo para estabelecer um firme precedente para o futuro. Porque eis uma coisa sobre mim que eu já sabia ser verdadeira: assim como há esposas que às vezes precisam de uma pausa dos maridos para passar um fim de semana num *spa* com as amigas, sempre serei o tipo de esposa que às vezes precisa de uma pausa do marido para visitar o Camboja.

Só uns diazinhos!

E talvez também fizesse bem a ele ficar um pouco longe de mim. Ao ver como eu e Felipe tínhamos nos irritado um com o outro nas últimas semanas, e ao sentir agora com tanta força que queria uma certa distância dele, comecei a pensar na horta dos meus pais, que é uma boa metáfora de como duas pessoas casadas têm de aprender a se adaptar uma à outra e, às vezes, apenas se afastar do caminho da outra para evitar conflitos.

A princípio, a minha mãe era a jardineira da família, mas com o passar dos anos o meu pai ficou mais interessado pela agricultura doméstica, abrindo caminho e penetrando profundamente nesse terreno dela. Mas, assim como Felipe e eu viajamos de maneiras diferentes, a minha mãe e o meu pai plantam de maneiras diferentes, e muitas vezes isso provocou brigas. Assim, com o passar dos anos eles dividiram a horta para manter alguma civilidade ali, entre as plantas. Na verdade, dividiram a horta de uma maneira tão complicada que, nesse momento da história, seria preciso quase uma tropa de paz das Nações Unidas para entender as esferas cuidadosamente repartidas de influência hortícola. O alface, os brócolis, as ervas, as beterrabas e as framboesas ainda estão sob o domínio da minha mãe, por exemplo, porque o meu pai ainda não deu um jeito de arrancar dela o controle dessas hortaliças. Mas as cenouras, o alho-poró e os aspargos são província exclusiva do meu pai. E quanto aos mirtilos? Papai expulsa mamãe do canteiro de mirtilos como se ela fosse um pássaro atrás de comida. A minha mãe não tem permissão sequer de se aproximar dos mirtilos: nem para podá-los, nem para colhê-los, nem mesmo para regá-los. O meu pai reivindicou para si o canteiro de mirtilos e o *defende*.

Mas a horta fica mesmo complicada na questão dos tomates e do milho. Como a Cisjordânia, Formosa ou Caxemira, os tomates e o milho ainda são territórios disputados. A minha mãe planta os tomates, mas o meu pai está encarregado de estaqueá-los, só que depois é a minha mãe quem colhe. Não me pergunte por quê! São apenas as regras do combate. (Ou pelo menos eram as regras do combate no verão passado. A situação dos tomates ainda está em evolução.) Por outro lado, há o milho. O meu pai planta o milho e a minha mãe colhe, mas o meu pai insiste em cortar pessoalmente os galhos de milho para cobrir a terra depois da colheita.

E assim continuam trabalhando, juntos mas separados.

Plantai por nós, amém.

A trégua peculiar da horta dos meus pais me faz lembrar um livro que uma amiga minha, uma psicóloga chamada Deborah Luepnitz, publicou há vários anos, chamado *Os Porcos-espinhos de Schopenhauer*. A metáfora empregada no livro de Deborah é uma história que o filósofo pré-freudiano Arthur Schopenhauer contou sobre o dilema essencial da intimidade humana moderna. Schopenhauer acreditava que os seres humanos, nos relacionamentos amorosos, eram como porcos-espinhos numa noite fria de inverno. Para não congelar, os animais se amontoam. Mas, quando se aproximam o bastante para se aquecer, eles se espetam nos espinhos uns dos outros. Num ato reflexo, para evitar a dor e a irritação do excesso de proximidade, os porcos-espinhos se separam. Mas assim que se separam, sentem frio outra vez. O frio faz com que se aproximem novamente e se espetem de novo nos espinhos uns dos outros. Assim, voltam a se afastar. E depois a se aproximar. Infinitamente.

"E o ciclo se repete", escreveu Deborah, "enquanto lutam para encontrar uma distância confortável entre se emaranhar e congelar".

Ao dividir e subdividir o controle sobre coisas importantes como dinheiro e filhos, mas também sobre coisas aparentemente sem importância como beterrabas e mirtilos, os meus pais criam a sua versão da dança dos porcos-espinhos, avançando e retrocedendo no território um do outro, ainda negociando, ainda recalibrando, ainda trabalhando depois de todos esses anos, para encontrar a distância correta entre autonomia e cooperação, buscando um equilíbrio sutil e fugidio que, de algum modo, mantenha em crescimento esse estranho canteiro de intimidade. Eles cedem muito no processo; às vezes, cedem tempo e energia preciosos que talvez preferissem empregar em coisas diferentes, coisas separadas, se a outra pessoa não estivesse atrapalhando. Felipe e eu teremos de fazer o mesmo no caso das nossas esferas de cultivo, e com certeza precisaremos aprender os nossos passos na dança do porco-espinho na questão das viagens.

Ainda assim, quando chegou a hora de discutir com Felipe a minha ideia de passar um tempo no Camboja sem ele, tratei do tema com um grau de nervosismo que me surpreendeu. Durante alguns dias, não consegui achar a abordagem certa. Não queria que parecesse que estava pedindo permissão, já que isso o poria no papel de senhor ou pai, o que não seria justo comigo. Também não conseguia me imaginar diante desse homem bom e atencioso para lhe informar secamente que ia viajar sozinha, quer ele quisesse, quer não. Isso me colocaria no papel de tirana voluntariosa, o que obviamente era injusto com ele.

O fato é que eu perdera a prática desse tipo de coisa. Vivera sozinha por algum tempo antes de conhecer Felipe e me acostumara a organizar a minha agenda sem ter de levar em conta os desejos de outra pessoa. Além disso, até esse ponto na nossa história de amor as restrições externas das nossas viagens (assim como a nossa vida em continentes separados) sempre asseguraram que passássemos muito tempo sozinhos. Mas agora, com o casamento, tudo mudaria. Ficaríamos juntos o tempo todo, e esse estar junto traria novos limites desgastantes, porque o casamento, pela própria natureza, é algo que prende, que domestica. O casamento tem a energia de um bonsai: uma árvore num vaso, com raízes cortadas e galhos podados. Veja bem, o bonsai pode viver séculos, e a sua beleza etérea é resultado direto dessa restrição, mas ninguém jamais confundiria um bonsai com uma trepadeira que cresce em liberdade.

O filósofo e sociólogo polonês Zygmunt Bauman escreveu primorosamente sobre esse assunto. Ele acredita que os casais modernos foram ludibriados quando lhes disseram que podiam e deviam ter as duas coisas — que na vida deveríamos ter partes iguais de intimidade e autonomia. Bauman diz que, na nossa cultura, passamos a acreditar erradamente que, se conseguirmos administrar direito a vida emocional, seremos capazes de vivenciar toda a constância tranquilizadora do casamento sem jamais nos sentir confinados nem limitados. Aqui, a palavra mágica, a palavra quase transformada em fetiche, é "equilíbrio", e quase todo mundo que conheço hoje em dia parece procurar esse equilíbrio com insistência quase desesperada. Como escreve Bauman, todos tentamos forçar o casamento a "dar poder sem tirar poder, capacitar sem incapacitar, satisfazer sem sobrecarregar".

Mas será que essa aspiração é irrealista? Afinal, o amor *limita*, quase por definição. O amor estreita. A grande expansão que sentimos no coração quando nos apaixonamos só se iguala às grandes restrições que, necessariamente, virão a seguir. Felipe e eu temos uma das relações mais tranquilas que se pode imaginar, mas não se engane: declarei que esse homem é inteiramente meu e, portanto, o afastei do resto do rebanho. A sua energia (sexual, emocional, criativa) pertence em boa parte a mim, e a mais ninguém; não é nem mais inteiramente dele. Ele me deve coisas como informações, explicações, fidelidade, constância e detalhes sobre os pequenos aspectos mais mundanos da sua vida. Não é que eu mantenha esse homem numa coleira com rádio, mas não se engane: agora ele é meu. E pertenço a ele, exatamente na mesma medida.

O que não significa que eu não possa ir sozinha ao Camboja. Mas significa que preciso discutir os meus planos com Felipe antes de ir, como ele faria comigo se a situação se invertesse. Se ele fizer objeções ao meu desejo de viajar sozinha, posso discutir com ele a minha posição, mas sou obrigada pelo menos a ouvir as suas objeções. Se ele fizer objeções incansáveis, posso rejeitá-las da mesma forma incansável, mas tenho de escolher as minhas batalhas — e ele também. Se ele contestar os meus desejos com demasiada frequência, sem dúvida o nosso casamento vai desmoronar. Por outro lado, se eu exigir constantemente levar a vida longe dele, o casamento, com a mesma certeza, vai desmoronar. Portanto, é delicado esse funcionamento da opressão mútua, silenciosa, quase de veludo. Por respeito, temos de aprender a liberar e confinar um ao outro com o máximo cuidado, mas nunca, nem por um momento, devemos fingir que não estamos confinados.

Depois de muito pensar, certo dia em Bangcoc, durante o café da manhã, finalmente falei do assunto do Camboja com Felipe. Escolhi as palavras com um cuidado absurdo, usando uma linguagem tão obscura que, por algum tempo, ficou óbvio que o pobre coitado não fazia a mínima ideia do que eu estava dizendo. Com uma boa dose de formalidade rígida e um enorme preâmbulo, tentei explicar sem jeito que, embora o amasse e hesitasse em deixá-lo sozinho naquele momento tão tênue da nossa vida, eu gostaria muito de ver os templos do Camboja... e talvez, já que ele achava ruínas antigas tão chatas, essa fosse uma viagem que talvez eu devesse pensar, quem sabe, em fazer sozinha... e talvez não fosse assim tão ruim para nós dois passar alguns dias separados, visto que todas aquelas viagens tinham ficado tão estressantes...

Felipe levou alguns instantes para entender o rumo do que eu dizia, mas, quando a ficha finalmente caiu, ele pousou a torrada e me fitou com sincera perplexidade.

— Meu Deus, querida! — disse ele. — Por que está me pedindo? *Basta ir!*

E fui.

E a minha viagem ao Camboja foi...

Como é que vou explicar?

Ir ao Camboja não é passar um dia na praia. Ir ao Camboja não é passar um dia na praia nem mesmo quando se passa um dia numa praia de verdade de lá. O Camboja é duro. Tudo naquele lugar me pareceu duro. A paisagem é dura, arrasada até ficar quase sem vida. A história é dura, com o genocídio a persistir na memória recente. O rosto das crianças é duro. Os cães são duros. A pobreza era a mais dura que já vi. Era como a pobreza da Índia rural, sem a verve da Índia. Era como a pobreza do Brasil urbano, sem o brilho do Brasil. Era apenas pobreza, do tipo exausto e empoeirado.

Mais que tudo, entretanto, o meu guia era duro.

Depois que arranjei um hotel em Siem Reap, saí para contratar um guia que me mostrasse os templos de Angkor Wat e acabei achando um homem chamado Narith, um cavalheiro articulado, instruído e extremamente rígido de 40 e poucos anos que me mostrou com toda a educação as magníficas ruínas antigas, mas que, falando com delicadeza, não apreciava a minha companhia. Não ficamos amigos, Narith e eu, embora eu quisesse muito. Não gosto de conhecer uma pessoa e não ficar amiga, mas nunca haveria amizade entre mim e Narith. Parte do problema era o comportamento extremamente intimidador de Narith. Todo mundo tem a sua emoção básica; a de Narith era a desaprovação silenciosa, que ele irradiava a cada passo. Isso me desconcertou de tal forma que, dali a dois dias, eu mal ousava abrir a boca. Ele fez com que me sentisse como uma criança boba, o que não surpreende, já que o seu outro emprego, além de guia turístico, era de mestre-escola. Posso apostar que devia ser de uma eficácia tremenda. Ele confessou para mim que às vezes sente saudades dos bons dias de antigamente, antes da guerra, quando as famílias cambojanas estavam mais intactas e as crianças eram bem disciplinadas com surras regulares.

Mas não foi só a austeridade de Narith que impediu o desenvolvimento de uma calorosa ligação humana; a culpa também foi minha. Sinceramente, não consegui descobrir como falar com aquele homem. Eu sabia muito bem que estava na presença de uma pessoa que crescera num dos espasmos de violência mais brutais que o mundo já viu. Nenhuma família cambojana passou ilesa pelo genocídio da década de 1970. Quem não foi torturado ou executado no Camboja durante os anos de Pol Pot simplesmente sofreu e passou fome. Portanto, dá para supor com segurança que todo cambojano que tem 40 anos hoje passou por uma infância que foi puro inferno. Sabendo disso tudo, achei difícil travar uma conversa despreocupada com Narith. Não conseguia encontrar assunto que não fosse carregado de possíveis referências ao passado não tão distante. Decidi que viajar pelo Camboja com um cambojano devia ser como visitar uma casa que recentemente foi cenário de um horrível assassinato familiar em massa, guiada no passeio pelo único parente que conseguiu escapar da morte. Isso nos deixa desesperados para evitar perguntas como "Então foi neste quarto que seu irmão matou suas irmãs?" ou "É esta a garagem onde o seu pai torturou os seus primos?". Em vez disso, só seguimos o guia educadamente e, quando ele diz: "Eis aqui um aspecto antigo e bem interessante da casa", fazemos que sim e murmuramos: "Tem razão, *é* uma linda pérgula..."

E você fica se perguntando.

Nesse meio-tempo, enquanto Narith e eu percorríamos as ruínas antigas e evitávamos discutir a história moderna, tropeçamos por toda parte em grupos de crianças sozinhas, gangues esfarrapadas inteiras, abertamente pedindo esmolas. A algumas faltavam membros. As crianças sem membros sentavam-se no canto de um antigo edifício abandonado, apontando as pernas amputadas e gritando "Mina terrestre! Mina terrestre! Mina terrestre!". Enquanto andávamos, as crianças mais inteiras nos seguiam, tentando me vender cartões-postais, pulseiras, quinquilharias. Algumas eram insistentes, mas outras tentavam ângulos mais sutis. "De que estado dos Estados Unidos a senhora é?", perguntou um menininho. "Se eu lhe disser a capital, a senhora me dá um dólar!" Esse menino específico me seguiu por longos trechos do dia, vomitando o nome dos estados e das capitais americanos como um poema agudo e estranho: "Illinois, madame! Springfield! Nova York, madame! Albany!" Com o passar do dia, ele foi ficando cada vez mais desanimado: "Califórnia, madame! SACRAMENTO! Texas, madame! AUSTIN!"

Estrangulada de tristeza, ofereci dinheiro às crianças, mas Narith só fez me repreender pelas esmolas. Eu devia ignorar as crianças, foi a lição de moral. Eu só piorava a situação dando dinheiro, advertiu ele. Estava encorajando a cultura da mendicância, que seria o fim do Camboja. De qualquer modo, havia crianças selvagens demais para ajudar e os meus brindes só atrairiam mais ainda. E foi isso mesmo, mais crianças se juntavam sempre que me viam puxando notas e moedas, e assim que o meu dinheiro cambojano acabou elas ainda se amontoavam à minha volta. Eu me senti envenenada com a repetição constante da palavra "NÃO" saindo da minha boca sem parar: uma ladainha horrível. As crianças ficaram mais insistentes até que Narith decidiu que bastava e espalhou-as de novo pelas ruínas expulsando-as aos berros.

Certa tarde, voltando para o carro depois de visitar outro palácio do século XIII e tentando mudar o assunto das crianças mendigas, perguntei algo sobre a história da floresta próxima. Narith respondeu, com aparente incoerência:

— Quando o meu pai foi morto pelo Khmer Vermelho, os soldados tomaram a nossa casa como troféu.

Não consegui responder a isso, e andamos juntos em silêncio.

Dali a pouco, ele acrescentou:

— A minha mãe foi mandada para a floresta conosco, com todos os filhos, para tentar sobreviver.

Aguardei o resto da história, mas não houve resto da história — pelo menos, nada que ele quisesse dividir comigo.

— Sinto muito — disse eu, finalmente. — Deve ter sido terrível.

Narith me lançou um olhar escuro de... de quê? Pena? Desprezo? Daí passou.

— Vamos continuar a visita — disse, apontando um pântano fétido à esquerda. — Esse já foi um espelho d'água, usado pelo rei Jayavarman VII, no século XII, para estudar a imagem refletida das estrelas à noite...

Na manhã seguinte, querendo oferecer alguma coisa a esse país alquebrado, tentei doar sangue no hospital local. Vira cartazes pela cidade toda anunciando falta de sangue e pedindo ajuda aos turistas, mas nem nessa tentativa tive sorte. A estrita enfermeira suíça de plantão deu uma olhada no meu nível baixo de ferro e se recusou a aceitar o meu sangue. Não tiraria de mim nem meio litro.

— A senhora está fraca demais! — vaticinou. — É óbvio que não está se cuidando! A senhora não devia estar viajando por aí! Devia estar em casa, descansando!

Naquela noite, a minha última noite sozinha no Camboja, perambulei pelas ruas de Siem Reap, tentando relaxar. Mas não me sentia segura naquela cidade. Uma sensação peculiar de tranquilidade e harmonia costuma me invadir quando percorro sozinha uma nova paisagem (de fato, essa sensação é que fui buscar no Camboja), mas nunca a consegui naquela viagem. No mínimo, me sentia sempre no meio do caminho, como se fosse algo irritante, uma idiota, ou até um alvo. Eu me sentia patética e exangue. Quando voltava a pé para o hotel depois do jantar, um pequeno enxame de crianças se juntou à minha volta, pedindo dinheiro outra vez. Um menino não tinha pé e, enquanto mancava com vontade, pôs a muleta na minha frente e me fez tropeçar de propósito. Cambaleei, agitando os braços como um palhaço, mas não cheguei a cair.

— Dinheiro — disse o menino com voz monótona. — Dinheiro.

Tentei contorná-lo de novo. Com agilidade, ele esticou a muleta outra vez, e praticamente tive de pular sobre ela para me esquivar, o que me pareceu horrível e maluco. As crianças riram, e depois mais crianças se juntaram: agora era um espetáculo. Acelerei o passo e fui mais depressa rumo ao hotel. A multidão de crianças foi atrás de mim, à minha volta, à minha frente. Algumas riam e bloqueavam o meu caminho, mas uma menina bem pequena não parava de puxar a minha manga, gritando "Comida! Comida! Comida!". Quando me aproximei do hotel, estava correndo. Foi vergonhoso.

Toda a equanimidade que vinha mantendo com orgulho e teimosia durante aqueles últimos meses caóticos desmoronou no Camboja, e desmoronou depressa. Toda a minha compostura de viajante experiente se desfez em pedacinhos, aparentemente junto com a minha paciência e a minha compaixão humana básica, quando me vi em pânico e cheia de adrenalina fugindo a toda de crianças pequenas e famintas que abertamente me imploravam comida. Quando cheguei ao hotel, mergulhei no quarto, tranquei a porta, enfiei a cara numa toalha e tremi como uma covarde de bosta pelo resto da noite.

Pois foi essa a minha grande viagem ao Camboja.

É claro que um modo óbvio de interpretar essa história é que, talvez, para começar, eu não devesse ter ido — ou, pelo menos, não naquele momento. Talvez a minha viagem tenha sido um passo voluntarioso demais, ou até imprudente, dado que eu já estava fatigada dos meses de viagem e dada a tensão das circunstâncias incertas, minhas e de Felipe. Talvez não fosse hora de eu provar a minha independência, nem de criar precedentes para futuras liberdades, nem de testar os limites da intimidade. Talvez eu devesse ter ficado o tempo todo lá em Bangcoc com Felipe, junto à piscina, tomando cerveja e relaxando, à espera do nosso próximo passo juntos.

Só que não gosto de cerveja e não teria relaxado. Se tivesse refreado os meus impulsos e ficado em Bangcoc naquela semana, tomando cerveja e observando nós dois darmos nos nervos um do outro, teria enterrado dentro de mim algo importante, algo que talvez começasse a feder, como o espelho d'água do rei Jayavarman, criando ramificações contagiantes no futuro. Fui ao Camboja porque tinha de ir. Pode ter sido uma experiência confusa e mal-ajambrada, mas não é por isso que eu não deveria ir. Às vezes, a vida é confusa e mal-ajambrada. Fazemos o possível. Nem sempre damos o passo certo.

O que sei é que no dia seguinte ao meu encontro com as crianças mendigas voei de volta a Bangcoc e me reuni a Felipe, que estava calmo e relaxado e que, claramente, gozara de uma pausa reconfortante sem a minha companhia. Passara os dias da minha ausência aprendendo alegremente a fazer animais com balões, para se manter ocupado. Portanto, quando cheguei ele me presenteou com uma girafa, um dachshund e uma cascavel. Estava orgulhosíssimo de si mesmo. Já eu me sentia um tanto ou quanto desarranjada e não muito orgulhosa do meu desempenho no Camboja. Mas fiquei absurdamente contente de ver aquele cara. E fiquei absurdamente grata a ele por me encorajar a tentar coisas que nem sempre são totalmente seguras, que nem sempre são totalmente explicáveis, que nem sempre funcionam de forma tão perfeita quanto eu sonhava. Sou mais grata por isso do que posso dizer — porque, verdade seja dita, tenho certeza de que voltarei a fazer esse tipo de coisa.

Assim, elogiei Felipe pelo maravilhoso zoológico de balões, e ele escutou com atenção as minhas histórias tristes sobre o Camboja, e quando ambos estávamos bem e cansados subimos juntos para cama e amarramos mais uma vez os nossos barcos salva-vidas e continuamos com a nossa história.

CAPÍTULO SETE

Casamento e subversão

De todas as ações da vida de um homem, o casamento é o que menos diz respeito aos outros; mas, de todas as ações da nossa vida, é nele que os outros mais se metem.

John Selden, 1689

No final de outubro de 2006, estávamos de volta a Bali, instalados na antiga casa de Felipe nos arrozais. Lá, planejamos esperar com calma o resto do processo de imigração, de cabeça baixa, sem provocar mais estresse nem conflitos. Foi bom ficar num lugar mais conhecido, foi bom parar de viajar. Foi naquela casa que, fazia quase três anos, nos apaixonamos. Foi daquela casa que Felipe abrira mão fazia apenas um ano para ir morar comigo "permanentemente" na Filadélfia. Aquela casa era a coisa mais próxima de um verdadeiro lar que conseguimos encontrar naquele momento, e, caramba, como ficamos felizes ao vê-la!

Vi Felipe se derreter de alívio enquanto perambulava pela velha casa, tocando e cheirando todos os objetos conhecidos com prazer quase canino. Tudo estava do mesmo jeito que ele deixara. Lá estava o terraço aberto do andar de cima, com o sofá de ratã onde Felipe, como ele gosta de dizer, me *seduziu*. Lá estava a cama confortável onde fizemos amor pela primeira vez. Lá estava a cozinha miúda cheia de pratos e travessas que comprei para Felipe logo que nos conhecemos porque o seu equipamento de solteiro me deprimia. Lá estava a escrivaninha tranquila no canto onde trabalhei no meu livro anterior. Lá estava Raja, o velho cachorro alaranjado e amistoso do vizinho (que Felipe sempre chamou de "Roger"), mancando alegremente, rugindo para a própria sombra. Lá estavam os patos do arrozal, dando voltas e fofocando entre si sobre algum recente escândalo avícola.

Lá estava até o bule de café.

E foi assim que Felipe voltou a ser quem era: gentil, atento, legal. Ele tinha o seu cantinho e as suas rotinas. Eu, os meus livros. Nós dois, uma cama conhecida para dividir. Relaxamos o máximo possível num período de espera até que o Departamento de Segurança Interna decidisse o destino dele. Nos dois meses seguintes, caímos numa pausa quase narcótica, como as rãs meditativas do nosso amigo Keo. Eu lia, Felipe cozinhava, às vezes dávamos lentos passeios pela aldeia e visitávamos velhos amigos. Mas o que mais recordo desse período em Bali são as noites.

Eis algo que ninguém esperaria de Bali: o lugar é terrivelmente *barulhento*. Já morei num apartamento em Manhattan que dava para a rua 14 e o barulho do lugar nem chegava perto dessa aldeia rural balinesa. Havia noites em Bali em que acordávamos ao mesmo tempo com o som de uma briga de cães, ou uma discussão de galos, ou uma animada procissão cerimonial. Outras vezes, éramos arrancados do sono pelas condições climáticas, que conseguiam se comportar com espantosa dramaticidade. Sempre dormíamos de janela aberta, e houve noites de vento tão forte que acordamos emaranhados no tecido do mosquiteiro, como algas presas no cordame de um veleiro. Então, nos desamarrávamos um ao outro e ficávamos deitados na escuridão quente, conversando.

Um dos meus trechos favoritos da literatura é de *As Cidades Invisíveis*, de Italo Calvino. Nele, Calvino descreve uma cidade imaginária chamada Eufemia em que os mercadores de todos os países se reúnem em cada solstício e equinócio para trocar mercadorias. Mas esses mercadores não se reúnem apenas para trocar especiarias, pedras preciosas, gado e tecidos. Na verdade, eles vão a essa cidade para trocar *histórias* — para literalmente trocar intimidades pessoais. Segundo Calvino, funciona assim: os homens se reúnem à noite em torno das fogueiras no deserto, e cada um oferece uma palavra, como "irmã", "lobo" ou "tesouro enterrado". Então, todos os outros homens, um de cada vez, conta a sua história pessoal de irmãs, lobos e tesouros enterrados. E nos meses seguintes, muito depois de partirem de Eufemia, quando cruzam o deserto sozinhos em seus camelos ou singram o longo caminho até a China, os mercadores combatem o tédio desencavando antigas lembranças. E é aí que os homens descobrem que as suas lembranças *foram* mesmo trocadas, que, como escreve Calvino, "sua irmã foi trocada pela irmã de outrem, seu lobo pelo lobo de outrem".

Com o tempo, é isso o que a intimidade faz conosco. É isso que um casamento longo pode fazer: ele nos leva a herdar e trocar as histórias um do outro. Em parte, é assim que nos tornamos anexos um do outro, treliças nas quais a biografia do outro pode crescer. A história privada de Felipe se torna um pedaço da minha memória; a minha vida se entrelaça com a matéria-prima da vida dele. Ao recordar aquela cidade imaginária de Eufemia onde se trocam histórias e ao pensar nos minúsculos pontos narrativos que compõem a intimidade humana, às vezes, às três da madrugada numa noite insone em Bali, eu dizia a Felipe uma palavra específica só para ver que lembranças conseguia provocar. Com a minha deixa, com a palavra que eu lhe oferecia, Felipe ficava ali deitado ao meu lado no escuro contando as suas histórias dispersas de irmãs, tesouros enterrados, lobos e mais ainda — praias, pássaros, pés, príncipes, competições...

Lembro-me de uma noite quente e úmida em que acordei depois que uma motocicleta sem silencioso passou voando pela nossa janela e senti que Felipe também estava acordado. Mais uma vez, escolhi uma palavra ao acaso.

— Conte uma história sobre peixes — pedi.

Felipe pensou por um bom tempo.

Depois, demorou-se no quarto enluarado contando uma lembrança das pescarias com o pai em viagens noturnas quando era apenas um menininho no Brasil. Eles partiam juntos para algum rio no mato, só o homem e o menino, e passavam dias lá acampados, descalços e de peito nu o tempo todo, vivendo do que pescavam. Felipe não era tão inteligente quanto Gildo, o irmão mais velho (nisso, todos concordavam) nem tão encantador quanto Lily, a irmã mais velha (nisso, todos também concordavam), mas era famoso na família por ser o que mais ajudava, e por isso era o único que ia sozinho com o pai nas pescarias, muito embora fosse bem pequeno.

Nessas expedições, a principal tarefa de Felipe era ajudar o pai a armar as redes no rio. Era tudo uma questão de estratégia. O pai não conversava muito com ele durante o dia (ocupado demais, se concentrando na pescaria), mas toda noite, junto à fogueira, de homem para homem, explicava o plano de onde iriam pescar no dia seguinte. O pai de Felipe perguntava ao filho de 6 anos: "Está vendo aquela árvore mais ou menos um quilômetro e meio rio acima, que está meio afundada? O que acha de irmos até lá amanhã investigar?", e Felipe ficava de cócoras ali junto ao fogo, atento e muito sério, ouvindo como adulto, concentrado no plano, dando aprovação.

O pai de Felipe não era um homem ambicioso, nem um grande pensador, nem um capitão de indústria. Na verdade, nem era muito industrioso. Mas era um nadador destemido. Agarrava com os dentes a grande faca de caça e nadava por aqueles rios largos, verificando as redes e armadilhas enquanto deixava o filho pequeno sozinho na margem. Para Felipe, era ao mesmo tempo assustador e emocionante ver o pai se despir até ficar só de calção, morder a faca e abrir caminho pela corrente rápida, sabendo o tempo todo que, se o pai fosse levado embora, ele ficaria abandonado ali no meio do nada.

Mas o pai nunca foi levado embora. Era forte demais. No calor noturno do nosso quarto em Bali, sob o mosquiteiro úmido e ondulante, Felipe me mostrou como o pai era um nadador forte. Imitou as belas braçadas do pai, deitado ali de costas no ar úmido da noite, *nadando*, os braços indistintos e fantasmagóricos. Depois de todas aquelas décadas perdidas, Felipe ainda conseguia imitar o *som* exato que os braços do pai faziam ao cortar as águas rápidas e escuras: "*Xaxaaa, xaxaaa, xaxaaa...*"

E agora aquela lembrança, aquele som, também nadam em mim. É quase como se eu conseguisse me lembrar, apesar de não ter conhecido o pai de Felipe, que morreu anos atrás. Na verdade, talvez só haja quatro pessoas vivas no mundo inteiro que ainda se lembram do pai de Felipe, e só uma delas, até o momento em que Felipe dividiu essa história comigo, recordava exatamente como aquele homem era e soava quando costumava nadar pelos largos rios brasileiros em meados do século passado. Mas agora eu sentia que também conseguia lembrar, de um jeito estranho e pessoal.

Isso é intimidade: a troca de histórias no escuro.

Para mim, esse ato, o ato da conversa noturna tranquila, ilustra mais do que tudo a estranha alquimia do companheirismo. Afinal, quando Felipe descreveu as braçadas do pai, peguei aquela imagem aquosa e a costurei cuidadosamente na bainha da minha vida, e agora vou levá-la comigo para sempre. Enquanto viver, e mesmo muito depois que Felipe se for, a sua lembrança da infância, o pai, o rio, o Brasil, tudo isso também, de certo modo, passou a ser meu.

Quando já estávamos em Bali havia algumas semanas, finalmente houve algum avanço no caso da imigração.

De acordo com o nosso advogado da Filadélfia, o FBI verificara o meu histórico criminal. A minha ficha estava limpa. Agora eu era considerada um risco aceitável para me casar com estrangeiros, o que significava que, finalmente, o Departamento de Segurança Interna começaria a examinar o pedido de imigração de Felipe. Se tudo corresse bem, se lhe concedessem o difícil bilhete dourado do visto de noivo, ele poderia voltar aos Estados Unidos num período de três meses. Agora, o fim estava à vista. Agora, o nosso casamento ficara iminente. Os documentos da imigração, supondo que Felipe os obtivesse, estipulariam com bastante clareza que esse homem teria permissão de entrar de novo nos Estados Unidos, mas só por exatos trinta dias, e nesse prazo teria de se casar com uma cidadã específica chamada Elizabeth Gilbert, e *somente* com uma cidadã específica chamada Elizabeth Gilbert, senão seria deportado para sempre. O governo não ia despachar uma espingarda junto com a papelada, mas era quase essa a sensação.

Quando essa notícia chegou a todos os nossos parentes e amigos pelo mundo, começamos a receber mensagens perguntando que tipo de cerimônia de casamento tínhamos planejado. Quando seria o casório? Onde seria? Quem seria convidado? Fugi das perguntas de todo mundo. Na verdade, eu não planejara nada de especial como cerimônia de casamento, simplesmente porque achava essa ideia de casamento público uma agitação só.

Nos meus estudos, encontrei uma carta que Anton Tchecov escreveu à noiva Olga Knipper em 26 de abril de 1901, carta que exprimia com perfeição a soma de todos os meus temores. Tchecov escreveu: "Se me prometeres que nenhuma alma em Moscou saberá do nosso casamento a não ser depois que acontecer, disponho-me a desposar-te no mesmo dia da minha chegada. Por alguma razão, tenho um medo horrível da cerimônia de casamento e das congratulações e do champanhe que é preciso segurar enquanto sorrimos vagamente. Gostaria que fôssemos da igreja diretamente para Zvenigorod. Ou talvez pudéssemos nos casar em Zvenigorod. Pensa, pensa, querida! És inteligente, é o que dizem."

Isso! Pensa!

Eu também queria pular a confusão toda e ir direto para Zvenigorod, e nunca *ouvi falar* sequer em Zvenigorod! Só queria me casar da maneira mais furtiva e particular possível, talvez sem nem mesmo contar a ninguém. Lá não havia juízes e tabeliães para fazer o serviço quase sem dor? Quando confidenciei essas ideias num e-mail a minha irmã Catherine, ela respondeu: "Você faz o casamento parecer uma colonoscopia." Mas posso afirmar que, depois de meses de perguntas invasivas do Departamento de Segurança Interna, era exatamente com uma colonoscopia que o nosso casamento estava ficando parecido.

Ainda assim, no fim das contas, havia algumas pessoas na nossa vida que achavam que esse evento tinha de ser comemorado com uma cerimônia adequada, e minha irmã era uma das mais importantes. Ela me mandava da Filadélfia e-mails gentis mas frequentes tratando da possibilidade de dar uma festa de casamento na casa dela para nós, quando voltássemos. Ela prometeu que não seria nada muito pomposo, mas ainda assim...

Eu ficava com as mãos suadas só de pensar. Afirmei que não era mesmo necessário, que Felipe e eu não funcionamos desse jeito. Na mensagem seguinte, Catherine escreveu: "E se eu der uma grande festa de aniversário para mim e você e Felipe puderem vir? Você deixa pelo menos eu brindar ao seu casamento?"

Não me comprometi com nada disso.

Ela tentou de novo: "E se por acaso eu der uma grande festa quando vocês estiverem aqui em casa, mas você e Felipe nem precisarem *descer*? Basta se trancarem no andar de cima com a luz apagada. E quando eu fizer o brinde do casamento, assim, à toa, ergo a taça de champanhe mais ou menos na direção da porta do sótão? Até *isso* seria ameaçador demais?"

Estranha, indefensável e perversamente, *seria*.

Quando tentei esmiuçar a minha resistência à cerimônia pública de casamento, tive de admitir que parte do problema era simplesmente vergonha. Que coisa mais esquisita ficar na frente da família e dos amigos (muitos deles convidados para o primeiro casamento) e fazer novamente promessas solenes para a vida toda. Todos já não tinham visto esse filme? A nossa credibilidade começa a perder o lustro depois de tanta repetição. E Felipe também já fizera promessas para a vida inteira, e o casamento acabou depois de 17 anos. Que casal formávamos! Parafraseando Oscar Wilde: um divórcio pode ser visto como infortúnio, mas dois começa a parecer descuido.

Além disso, eu jamais esqueceria o que Miss Manners, aquela colunista especializada em etiqueta, disse sobre o assunto. Embora se declarasse convicta de que todos deveriam se casar quantas vezes quisessem, ela acreditava que cada um de nós tem direito apenas a uma grande cerimônia de casamento com fanfarra e tudo. (Pode parecer meio protestante e repressor demais, eu sei, mas o curioso é que os hmong também pensam assim. Quando perguntei àquela avó lá no Vietnã o procedimento hmong tradicional para o segundo casamento, ela respondeu: "O segundo casamento é exatamente igual ao primeiro, só que com menos porcos.") Além disso, o segundo ou o terceiro grande casamento deixa os parentes e amigos na estranha posição de duvidar se devem encher novamente os multinoivos de presentes e muita atenção. Parece que a resposta é não. Como Miss Manners explicou friamente a um leitor certa vez, a técnica adequada para congratular a futura noiva em série é evitar todos os presentes e pompas e escrever à dama um simples bilhete dizendo que estamos muito contentes com a felicidade dela e desejamos toda a sorte do mundo, tomando o máximo cuidado para não usar as palavras "desta vez".

Meu Deus, como essas duas palavrinhas condenatórias — *desta vez* — me causam arrepios. Mas é verdade. As lembranças da *última vez* pareciam recentes demais para mim, dolorosas demais. Além disso, não gostava da ideia de que é bem provável que os convidados do segundo casamento da noiva pensem no primeiro marido tanto quanto pensam no novo — e que é bem provável que a noiva, naquele dia, também pense no ex-marido. Aprendi que na verdade os primeiros cônjuges nunca vão embora, nem que a gente não fale mais com eles. Eles são fantasmas que moram pelos cantos das novas histórias de amor, que nunca somem de vista totalmente, que se materializam na nossa cabeça quando querem, fazendo comentários indesejados ou pequenas críticas doloridas e certeiras. "Conhecemos você melhor do que a nós mesmos", é disso que os fantasmas dos ex-cônjuges gostam de nos lembrar, e, infelizmente, o que sabem sobre nós não costuma ser muito bonito.

"Há quatro mentes na cama do divorciado que se casa com uma divorciada", diz um documento talmúdico do século IV — e é verdade, os ex-cônjuges costumam visitar a nossa cama. Ainda sonho com o meu ex-marido, por exemplo, muito mais do que imaginava fazer quando o deixei. Em geral, são sonhos agitados e confusos. Em raras ocasiões, são cordiais ou conciliadores. Mas na verdade não importa: não posso controlar os sonhos nem impedi-los. Ele aparece no meu subconsciente quando quer e entra sem bater. Ainda tem as chaves dessa casa. Felipe também sonha com a ex-mulher. Céus, *eu* sonho com a ex-mulher de Felipe! Às vezes sonho até com a nova mulher do meu ex-marido, que não conheço, cuja fotografia nunca vi — mas às vezes ela aparece nos meus sonhos e conversamos. (Na verdade, fazemos reuniões de cúpula.) E não me surpreenderia se, em algum lugar do mundo, a segunda mulher do meu ex-marido sonha de vez em quando comigo, tentando, no seu subconsciente, elaborar as estranhas dobras e costuras da nossa ligação.

A minha amiga Ann, divorciada há vinte anos e feliz no novo casamento com um homem mais velho e maravilhoso, me garante que tudo isso passa com o tempo. Ela jura que os fantasmas se recolhem, que chega uma hora em que nunca mais vou pensar no ex-marido. Mas não sei. Acho isso difícil de imaginar. Consigo imaginar que se *reduza*, mas não consigo imaginar que desapareça totalmente, ainda mais porque o meu primeiro casamento acabou de um jeito tão bagunçado, com tanta coisa mal resolvida. O meu marido e eu nunca concordamos com o que deu errado no relacionamento. Foi chocante a nossa total falta de consenso. Essa diferença tão absoluta de visão de mundo talvez seja também uma indicação de que nunca deveríamos ter nos juntado; fomos as únicas testemunhas oculares da morte do nosso casamento e cada um de nós deu um depoimento totalmente diferente sobre o que aconteceu.

Portanto, talvez venha daí a sensação difusa de ser perseguida por fantasmas. Assim, hoje levamos vidas separadas, eu e o meu ex-marido, mas ele ainda visita os meus sonhos na forma de um representante incorpóreo que sonda, debate e reconsidera de mil ângulos diferentes uma pauta eterna de assuntos não encerrados. É esquisito. É sinistro. É fantasmagórico, e eu não queria provocar aquele fantasma com uma cerimônia ou comemoração grande e barulhenta.

Talvez outra razão para Felipe e eu resistirmos tanto a trocar votos cerimoniais era que achávamos já ter feito isso. Já tínhamos trocado votos numa cerimônia absolutamente particular, inventada por nós mesmos. Isso aconteceu em Knoxville, em abril de 2005, quando Felipe veio morar comigo pela primeira vez naquele estranho hotel decadente na praça. Certo dia, saímos e compramos um par de alianças simples. Depois, escrevemos as promessas que faríamos um ao outro e as lemos em voz alta. Pusemos as alianças um no outro, selamos o nosso compromisso com um beijo e lágrimas, e pronto. Ambos sentimos que isso bastava. Portanto, no que tinha importância para nós achávamos que já estávamos casados.

Ninguém viu acontecer, a não ser nós dois (e, tomara, Deus). E nem preciso dizer que ninguém acatou essas promessas (a não ser nós dois e, tomara de novo, Deus). Convido o leitor a imaginar como os agentes do Departamento de Segurança Interna, por exemplo, reagiriam lá no Aeroporto de Dallas/Fort Worth se eu tentasse convencê-los de que uma cerimônia de compromisso particular realizada num quarto de hotel de Knoxville mudara o estado civil meu e de Felipe.

Verdade seja dita, muita gente achava profundamente irritante, até pessoas que nos amavam, que Felipe e eu usássemos aliança sem uma cerimônia de casamento legal e oficial. Segundo o consenso, os nossos atos eram, no melhor dos casos, confusos, e no pior, patéticos. "Não!", declarou o meu velho amigo Brian num e-mail da Carolina do Norte quando lhe disse que Felipe e eu tínhamos trocado votos particulares recentemente. "Não, vocês *não podem* fazer só assim!", insistiu. "Isso *não* basta! Vocês *têm* de fazer um casamento de verdade, seja de que tipo for!"

Brian e eu discutimos o assunto durante semanas e fiquei surpresa ao descobrir a sua inflexibilidade naquele tema. Achei que ele é que entenderia melhor por que Felipe e eu não precisaríamos nos casar de forma pública e oficial só para satisfazer as convenções dos outros. Brian é um dos homens mais bem casados que conheço (a sua devoção a Linda o transforma num exemplo vivo de endeusamento da esposa), mas talvez também seja o meu amigo mais naturalmente inconformista. Ele não se dobra com facilidade a nenhuma norma aceita pela sociedade. Basicamente, é um pagão com ph.D. que mora numa cabana na floresta com um vaso sanitário seco; não tem nada a ver com Miss Manners. Mas Brian foi inflexível na insistência de que promessas particulares feitas diante de Deus não contam como casamento.

"*CASAMENTO NÃO É ORAÇÃO!*", insistiu (o itálico e as maiúsculas são dele). "É por isso que você *tem* de se casar na frente dos outros, nem que seja na frente da tia que fede a cocô de gato. É um paradoxo, mas na verdade o casamento concilia um monte de paradoxos: liberdade e compromisso, força e subordinação, sabedoria e idiotice etc. E você está deixando de ver a questão principal: não é só para 'satisfazer' os outros. Na verdade, você tem de forçar os convidados do casamento a cumprir a parte *deles* no trato. Eles têm de *ajudar* você no casamento; têm de dar apoio a você e a Felipe quando o outro faltar."

A única pessoa que parecia mais incomodada do que Brian com a nossa cerimônia de compromisso particular era a minha sobrinha Mimi, de 7 anos. Em primeiro lugar, Mimi se sentiu horrivelmente lograda por não ter havido um casamento de verdade, porque ela queria muito ser daminha pelo menos uma vez na vida e nunca tivera a oportunidade. Enquanto isso, a sua melhor amiga e rival Moriya já fora daminha *duas vezes* — e olha aqui, gente, daqui para a frente Mimi só vai envelhecer!

Além disso, as nossas ações no Tennessee ofenderam a minha sobrinha num nível quase semântico. Disseram a Mimi que, agora, depois daquela troca de promessas particulares em Knoxville, ela poderia chamar Felipe de tio, mas ela nem quis pensar nisso. Nick, o irmão mais velho, também não aceitou a ideia. Não é que os filhos de minha irmã não gostassem de Felipe. É só que tio, como Nick (de 10 anos) me explicou com severidade, é o irmão do pai ou da mãe ou o homem *legalmente* casado com a tia. Portanto, Felipe não era oficialmente tio de Nick e Mimi, já que não era oficialmente meu marido, e não havia como convencer os dois do contrário. Nessa idade, as crianças não passam de defensoras das convenções. Que inferno, são praticamente recenseadoras! Para me punir pela desobediência civil, Mimi passou a chamar Felipe de "tio", sem nunca esquecer as aspas aéreas do sarcasmo. Às vezes, até se referia a ele como meu "marido", novamente com aspas aéreas e um tom de desdém irritado.

Em 2005, numa noite em que Felipe e eu fomos jantar na casa de Catherine, perguntei a Mimi o que precisava fazer para que ela considerasse válido o meu compromisso com Felipe. Ela foi inflexível na certeza:

— Você precisa de um casamento *de verdade* — disse ela.

— Mas o que é um casamento de verdade? — perguntei.

— É preciso ter uma *pessoa* lá. — Agora ela estava francamente exasperada. — Não dá para fazer promessas sem ninguém olhando. Tem de haver uma *pessoa* que veja vocês prometerem.

É interessante que Mimi defendia aqui uma forte questão intelectual e histórica. Como explicou o filósofo David Hume, em todas as sociedades são necessárias testemunhas na hora de promessas importantes. A razão é que não é possível saber se alguém diz a verdade ou mente ao fazer uma promessa. Quem a faz, como disse Hume, pode ter "uma secreta direção do pensamento" escondida por trás de palavras nobres e bombásticas. No entanto, a presença de testemunhas nega as intenções ocultas. Não importa mais o que você *queria dizer* quando disse; só importa que você *disse* o que disse e que um terceiro viu e ouviu você dizer. Assim, é a testemunha que se torna a prova viva da promessa, autenticando a promessa e lhe dando peso de verdade. Mesmo no início da Idade Média europeia, antes da época da igreja oficial e dos casamentos no cartório, bastava exprimir os votos diante de uma única testemunha para unir para sempre o casal no estado oficial do matrimônio. Mesmo naquela época, não se podia fazer isso sozinho. Mesmo naquela época, alguém tinha de assistir.

— Você ficaria satisfeita — perguntei a Mimi — se Felipe e eu fizéssemos os votos do casamento bem aqui na cozinha, na sua frente?

— Tudo bem, mas quem seria a *pessoa*? — perguntou ela.

— Por que não pode ser você? — sugeri. — Assim você garante que tudo vai ser feito direitinho.

Era um plano brilhante. Garantir que tudo seja feito direitinho é a especialidade de Mimi. Essa é uma menina que realmente nasceu para ser *a pessoa*. E me orgulho de dizer que ela ficou à altura da ocasião. Bem ali na cozinha, enquanto a mãe preparava o jantar, Mimi pediu a Felipe e eu que nos levantássemos e ficássemos de frente para ela. Ela nos pediu que lhe entregássemos as alianças de "casamento" (novamente com as aspas aéreas) que já usávamos havia meses. Esses anéis, ela prometeu guardar em segurança até que a cerimônia terminasse.

Depois, improvisou um ritual matrimonial, montado, suponho, a partir dos vários filmes a que assistiu durante os seus longos 7 anos de vida.

— Prometem amar um ao outro o tempo todo? — perguntou.

Prometemos.

— Prometem amar um ao outro na doença e na não doença?

Prometemos.

— Prometem amar um ao outro na loucura e na não loucura?

Prometemos.

— Prometem amar um ao outro na riqueza e na não-tanta-riqueza? — (Parece que ideia de pobreza pura não era algo que Mim quisesse nos desejar; por isso, a "não-tanta-riqueza" teria de bastar.)

Prometemos.

Ficamos todos ali em pé por um momento de silêncio. Era evidente que Mimi gostaria de ficar mais algum tempo na posição dominante de *pessoa*, mas não conseguia se lembrar de mais nada que precisasse de promessa. Então, nos devolveu os anéis e nos mandou colocá-los no dedo um do outro.

— Agora, pode beijar a noiva — anunciou.

Felipe me beijou. Catherine deu um pequeno viva e voltou a mexer o molho de mariscos. Assim terminou, bem ali na cozinha de minha irmã, a segunda cerimônia de compromisso não oficial de Liz e Felipe. Dessa vez, com uma testemunha de verdade.

Abracei Mimi.

— Satisfeita?

Ela fez que sim.

Mas era claro — dava para ver pela cara dela — que não estava nada satisfeita.

Afinal de contas, o que é que *há* numa cerimônia oficial e pública de casamento que significa tanto para todo mundo? E por que eu resistia a isso com tanta teimosia, quase com beligerância? A minha aversão fazia ainda menos sentido quando consideramos que, por acaso, sou uma pessoa que adora desmedidamente rituais e cerimônias. Vejam bem, estudei Joseph Campbell, li *O Ramo de Ouro*, e entendi. Reconheço plenamente que a cerimônia é essencial para os seres humanos: é um círculo que desenhamos em torno de fatos importantes para separar o grandioso do ordinário. E o ritual é um tipo de cinto de segurança mágico que nos guia de um estágio a outro da vida, assegurando que não vamos tropeçar nem nos perder pelo caminho. As cerimônias e os rituais nos levam cuidadosamente até o centro dos nossos medos mais profundos de mudança, do mesmo modo que um cavalariço consegue levar o cavalo vendado pelo meio de uma fogueira sussurrando: "Não se preocupe com isso, amigo, certo? Basta pôr uma pata na frente da outra e vamos sair pelo outro lado *numa boa*."

Entendo até por que todos acham tão importante assistir às cerimônias rituais dos outros. O meu pai, que não é, de jeito nenhum, um homem muito convencional, sempre foi inflexível na hora de comparecermos aos velórios e funerais de todo mundo que morria na cidade onde morávamos. Ele explicava que a questão não era só homenagear o morto nem consolar os vivos. Na verdade, íamos a essas cerimônias para *sermos vistos* — especificamente, por exemplo, pela viúva do falecido. Era preciso garantir que ela catalogasse o nosso rosto e registrasse o fato de que tínhamos comparecido ao funeral do marido. Não para ganhar pontos sociais ou crédito por ser boa pessoa, mas para que, da próxima vez que encontrássemos a viúva no supermercado, ela fosse poupada da incerteza horrível de não saber se tínhamos recebido a má notícia. Depois de nos ver no enterro do marido, ela saberia que *sabíamos*. Portanto, não teria de repetir toda a história da perda outra vez, e seríamos poupados da necessidade desagradável de dar condolências bem ali, no meio da seção de hortifruti, porque já as demos no velório, onde essas palavras são adequadas. Assim, a cerimônia pública da morte deixava a nós e a viúva quites, e *poupava* a todos da incerteza e do desconforto social. A questão se resolvia, com todos em segurança.

Percebi que era isso que os meus amigos e parentes queriam ao pedir uma cerimônia pública do meu casamento com Felipe. Não é que quisessem vestir roupas bonitas, dançar com sapatos desconfortáveis nem jantar frango ou peixe. O que os meus amigos e parentes realmente queriam era poder seguir na vida tendo certeza de conhecer a posição de todos em relação a todos. Era isso o que Mimi queria, tudo certinho, tim-tim por tim-tim. Ela queria uma garantia clara de que agora podia tirar as aspas aéreas das palavras "tio" e "marido" e continuar vivendo sem dúvidas esquisitas sobre como deveria tratar Felipe, como membro da família ou não. E era bem claro que só prestaria toda a sua lealdade a essa união se pudesse assistir pessoalmente à troca oficial de votos.

Eu sabia e entendia tudo isso. Ainda assim, resistia. O principal problema era que, mesmo depois de vários meses lendo sobre casamento, pensando sobre casamento, falando sobre casamento, eu ainda não estava totalmente *convencida* do casamento. Ainda não tinha certeza de que queria comprar o pacote que vinha junto com o matrimônio. Para ser sincera, ainda me ressentia de que Felipe e eu tivéssemos de nos casar só porque o governo mandara. E acabei percebendo que, provavelmente, a razão para tudo isso me incomodar tão profundamente, num nível tão fundamental, era que sou grega.

Entenda, por favor, que não quero dizer que sou *literalmente* grega, como se tivesse nascido na Grécia, pertencesse a alguma fraternidade universitária ou me enamorasse pela paixão sexual que une dois homens no amor. Quero dizer que sou grega no modo de pensar. Porque é o seguinte: os filósofos já entenderam há muito tempo que toda a base da cultura ocidental se apoia em duas visões de mundo rivais, a grega e a hebraica, e o lado que adotamos com mais intensidade determina em boa medida como vemos a vida.

Dos gregos, dos dias gloriosos da antiga Atenas, especificamente, herdamos as ideias de humanismo secular e santidade do indivíduo. Os gregos nos legaram as noções de democracia, igualdade, liberdade pessoal, razão científica, liberdade intelectual, abertura de pensamento e o que hoje chamamos de "multiculturalismo". A noção grega da vida, portanto, é urbana, sofisticada e investigativa, sempre deixando bastante espaço para a dúvida e o debate.

Por outro lado, há o modo hebraico de ver o mundo. Aqui, quando digo "hebraico", não me refiro especificamente aos princípios do judaísmo. (Na verdade, a maioria dos judeus americanos contemporâneos que conheço são bem gregos no seu modo de pensar, enquanto os cristãos fundamentalistas americanos de hoje é que são profundamente hebraicos.) "Hebraico", no sentido que os filósofos usam a palavra, é a forma abreviada de uma antiga visão de mundo que trata de tribalismo, fé, obediência e respeito. O credo hebraico se baseia no clã, é patriarcal, autoritário, moralista, ritualista e instintivamente desconfiado de estranhos. Os pensadores hebraicos veem o mundo como um jogo claro entre bem e mal, com Deus sempre firmemente do "nosso" lado. As ações humanas são certas ou erradas. Não há área cinzenta. O coletivo é mais importante do que o individual, a moralidade é mais importante do que a felicidade e os votos são invioláveis.

O problema é que a moderna cultura ocidental herdou, de certa forma, essas duas antigas visões de mundo, embora nunca tenhamos conciliado as duas completamente porque são inconciliáveis. (Você *acompanhou* o ciclo recente de eleições americanas?) A sociedade americana, portanto, é um amálgama engraçado de pensamento grego e hebraico. O nosso código jurídico é quase todo grego; o moral, quase todo hebraico. Não temos nenhum modo de pensar sobre independência, intelecto e santidade do indivíduo que não seja grego. Não temos nenhum modo de pensar sobre retidão e vontade de Deus que não seja hebraico. A nossa noção de justeza é grega; a nossa noção de justiça é hebraica.

E quando se chega às ideias sobre o amor... bem, aí somos uma mistura emaranhada dos dois. Em tudo quanto é pesquisa, os americanos declaram acreditar em duas ideias totalmente contraditórias sobre o casamento. Por um lado (o hebraico), acreditamos de forma avassaladora, como país, que o casamento deve ser um voto vitalício nunca rompido. Por outro, grego, acreditamos igualmente que o indivíduo deve ter sempre o direito de se divorciar por suas próprias razões.

Como as duas ideias podem ser verdadeiras ao mesmo tempo? Não admira que fiquemos tão confusos. Não admira que os americanos se casem com mais frequência e se divorciem com mais frequência do que todos os outros povos de todos os países da Terra. Não paramos de pular daqui para lá como bolas de pingue-pongue entre duas visões rivais do amor. A nossa visão hebraica (ou bíblica/moral) do amor se baseia na devoção a Deus, que é a submissão diante de um credo sacrossanto, e acreditamos nisso plenamente. A nossa visão grega (ou ética/filosófica) do amor se baseia na devoção à natureza, que trata de investigação, beleza e um profundo respeito à expressão pessoal. E também acreditamos plenamente nisso.

O amante grego perfeito é erótico; o amante hebraico perfeito é fiel.

A paixão é grega; a fidelidade é hebraica.

Essa ideia passou a me perseguir porque, no espectro grego-hebraico, fico muito mais perto da ponta grega. Isso faz de mim uma candidata muito ruim para o matrimônio? Tive medo que sim. Nós, gregos, não nos sentimos bem ao sacrificar o Eu no altar da tradição; isso nos soa opressor e apavorante. Fiquei ainda mais preocupada com isso quando encontrei uma informação minúscula mas importantíssima naquele imenso estudo do casamento da Universidade Rutgers. Parece que os pesquisadores acharam indícios que sustentam a noção de que o casamento em que marido e mulher respeitam sinceramente a santidade do próprio matrimônio tem mais probabilidade de durar do que o casamento em que os dois se mostram um pouco mais desconfiados diante da instituição. Assim, parece que respeitar o casamento é condição para permanecer casado.

Mas suponho que isso faz sentido, não é? É preciso acreditar no que se promete para que a promessa tenha alguma importância, não é mesmo? Afinal, o casamento não é apenas uma promessa feita a outro indivíduo; essa é a parte fácil. O casamento também é uma promessa feita a uma *promessa*. Sei com certeza que há quem fique casado para sempre não necessariamente por amar o cônjuge, mas por amar os próprios *princípios*. Essas pessoas irão para o túmulo ainda unidos em leal matrimônio a alguém que talvez detestem com todas as forças, só porque prometeram algo àquela pessoa diante de Deus e não se reconheceriam mais caso desonrassem a promessa.

É claro que não sou uma dessas. No passado, tive de optar claramente entre honrar os meus votos e honrar a minha vida e escolhi a mim, não à promessa. Recuso-me a dizer que isso me torna *necessariamente* aética (pode-se argumentar que escolher a libertação em vez do sofrimento é um modo de honrar o milagre da vida), mas me causou um dilema na hora de me casar com Felipe. Embora eu fosse hebraica o bastante para querer muito ficar casada para sempre desta vez (tudo bem, vamos ceder e usar essas palavras vergonhosas: *desta vez*), eu ainda não encontrara um jeito de respeitar com sinceridade a instituição do matrimônio propriamente dita. Ainda não encontrara, na história do casamento, um lugar onde pudesse me sentir em casa, onde conseguisse me reconhecer. Essa ausência de respeito e identidade me fez temer que nem mesmo eu acreditaria nas minhas palavras ao fazer os votos no dia do casamento.

Para tentar resolver a questão, falei dela a Felipe. Agora, devo dizer aqui que nisso tudo Felipe era muito mais tranquilo do que eu. Embora fosse tão pouco afeiçoado à instituição do casamento quanto eu, ele não parava de me dizer: "Nesse momento, querida, isso não passa de um jogo. O governo impôs as regras e agora temos de fazer o jogo deles para conseguir o que queremos. Pessoalmente, faço o jogo que for, desde que possa levar a vida com você em paz."

Esse modo de pensar funcionava com ele, mas não era espírito esportivo o que eu estava procurando; eu precisava de um certo nível de seriedade e autenticidade. Ainda assim, Felipe via a minha agitação com a questão e, que Deus o abençoe, foi muito gentil ao ouvir durante um bom tempo as minhas ideias sobre as filosofias rivais da civilização ocidental e como elas afetavam a minha opinião sobre o matrimônio. Mas, quando perguntei a ele se achava que o seu pensamento era mais grego ou mais hebraico, ele respondeu:

— Querida, na verdade nada disso se aplica a mim.

— Por que não? — perguntei.

— Não sou grego *nem* hebraico.

— Então o que você é?

— Sou brasileiro.

— Mas o que isso quer dizer?

Felipe riu.

— Ninguém sabe! Isso é que é maravilhoso em ser brasileiro. Não significa nada! Por isso, dá para usar a brasilidade como desculpa para viver a vida como a gente quer. Na verdade, é uma estratégia brilhante. Ela me levou longe.

— E como é que isso me ajuda?

— Talvez possa ajudar você a relaxar! Você vai se casar com um brasileiro. Por que não começa a pensar como brasileira?

— Como?

— Escolhendo o que você quer! Esse é o jeitinho brasileiro, não é? Pegamos as ideias de todo mundo emprestadas, misturamos tudo e depois, com isso, criamos algo novo. Escute, do que é que você gosta tanto nos gregos?

— A noção de humanidade — respondi.

— E do que você mais gosta, se é que gosta, nos hebraicos?

— Da noção de honra — disse eu.

— Ótimo, então está resolvido: fiquemos com os dois. Humanidade e honra. Faremos um casamento com essa combinação. Vamos chamá-lo de mistura brasileira. E ajeitaremos tudo de acordo com o nosso código.

— Podemos mesmo fazer isso?

— Querida! — disse Felipe, e pegou o meu rosto entre as mãos com uma urgência súbita e frustrada. — Quando você vai entender? Assim que conseguirmos esse maldito visto e nos casarmos diretinho lá nos Estados Unidos, *podemos fazer tudo o que quisermos.*

Será que podíamos?

Rezei para Felipe estar certo, mas não tinha certeza. O meu medo mais íntimo sobre o casamento, quando cavei bem fundo, era que o matrimônio acabasse nos configurando mais do que conseguiríamos configurá-lo. Todos os meus meses de estudos sobre o casamento só tinham conseguido que, mais do que nunca, eu temesse essa possibilidade. Passei a acreditar que, como instituição, o matrimônio era poderosíssimo. Com certeza, era muito maior, mais velho, mais profundo e mais complicado do que Felipe e eu jamais seríamos. Não importava que Felipe e eu nos sentíssemos modernos e sofisticados; eu temia que entraríamos na linha de montagem do casamento e logo nos veríamos transformados em *esposos*, enfiados num molde profundamente convencional que beneficiava a sociedade, mesmo que não nos beneficiasse tanto assim.

Tudo isso era inquietante porque, por mais que pareça incômodo, eu gosto de pensar em mim como vagamente boêmia. Não sou anarquista nem nada, mas me sinto bem quando vejo a minha vida em termos de uma certa resistência instintiva à conformidade. Para ser franca, Felipe gosta de pensar em si mais ou menos do mesmo modo. Tudo bem, vamos ser sinceros e admitir que *a maioria* de nós provavelmente gosta de pensar assim, não é mesmo? Afinal de contas, é encantador imaginar-se como um inconformista excêntrico, mesmo quando só acabamos de comprar um bule de café. Assim, talvez toda essa ideia de me curvar à convenção do casamento me incomodasse um pouco, naquele velho nível teimoso do orgulho grego antiautoritário. Francamente, eu não tinha certeza de que algum dia conseguisse contornar essa questão.

Quer dizer, até que descobri Ferdinand Mount.

Certo dia, procurando na internet novas pistas sobre o casamento, encontrei uma obra acadêmica que parecia interessante, intitulada *The Subversive Family* (A família subversiva), de um escritor britânico chamado Ferdinand Mount. Na mesma hora encomendei o livro e pedi a minha irmã que o mandasse para Bali. Adorei o título e tinha certeza de que esse texto me transmitiria histórias inspiradoras de casais que tinham encontrado maneiras de vencer o sistema e minar a autoridade social, se mantendo fiéis às raízes rebeldes, tudo dentro da instituição do casamento. Talvez eu encontrasse ali o meu modelo inspirador!

Na verdade, a subversão era o tema do livro, mas não da maneira que eu esperara. Dificilmente seria um manifesto sedicioso, o que não surpreende, já que Ferdinand Mount (desculpe; leia-se sir William Robert Ferdinand Mount,

3º baronete) é um colunista conservador do *Sunday Times*, de Londres. Afirmo honestamente que jamais teria encomendado o livro se soubesse desse fato com antecedência. Mas fico contente de tê-lo feito, porque às vezes a salvação nos chega da forma mais improvável, e sir Mount quase me resgatou ao me mostrar uma ideia de matrimônio radicalmente diferente de tudo o que eu já desenterrara.

Mount — vou deixar de lado o título daqui para a frente — sugere que todos os casamentos são atos automáticos de subversão contra a autoridade. (Quer dizer, todos os casamentos não arranjados. Ou seja, todos os casamentos não tribais, sem base no clã nem na propriedade. Ou seja, o casamento ocidental.) As famílias que nascem dessas uniões voluntariosas e pessoais também são unidades subversivas. Como o autor explica: "A família *é* uma organização subversiva. Na verdade, é a organização subversiva suprema, a única a sê-lo com constância e coerência. Só a família, em toda a história, continuou e ainda continua a minar o Estado. A família é o inimigo permanente e duradouro de todas as hierarquias, igrejas e ideologias. Não só os ditadores, bispos e comissários, mas também humildes padres paroquianos e intelectuais de mesa de bar se veem a enfrentar repetidamente a hostilidade pétrea da família e a sua determinação de resistir às interferências até o fim."

Bem, essa linguagem é bastante forte, mas Mount constrói uma argumentação cativante. Ele afirma que, como nos casamentos não arranjados os casais se unem por razões profundamente particulares, e como esses casais criam para si vidas secretas dentro da união, eles ameaçam de forma inata todos os que querem dominar o mundo. A primeira meta de qualquer corpo autoritário específico é impor o controle a uma população específica por meio de coação, doutrinação, intimidação ou propaganda. Mas, para sua frustração, as figuras de autoridade nunca conseguiram controlar inteiramente, nem mesmo monitorar, as intimidades mais secretas que se passam entre duas pessoas que dormem juntas regularmente.

Nem a Stasi da Alemanha Oriental comunista, a força policial totalitária mais eficaz que o mundo já conheceu, conseguia escutar todas as conversas privadas em todos os lares privados às três da madrugada. Ninguém jamais conseguiu isso. Não importa que a conversa de travesseiro seja modesta, trivial ou séria; essas horas silenciosas pertencem exclusivamente às duas pessoas que as dividem. O que se passa com um casal sozinho no escuro é a própria definição da palavra "privacidade". E aqui não estou falando só de sexo, mas do aspecto muito mais subversivo: a *intimidade*. Todo casal do mundo tem o potencial de se tornar, com o tempo, um pequeno país isolado com dois habitantes, criando uma cultura própria, uma linguagem própria, um código moral próprio do qual mais ninguém pode participar.

Emily Dickinson escreveu: "De todas as Almas criadas —/ Escolhi — Uma." Esse direito, essa ideia de que, por razões privadas só nossas, muitos acabamos escolhendo uma pessoa para amar e defender acima de todas as outras, é uma situação que desde sempre exasperou familiares, amigos, instituições religiosas, movimentos políticos, agentes da imigração e armas militares. Essa seleção, esse estreitamento da intimidade é enlouquecedor para quem deseja nos controlar. Por que vocês acham que os escravos americanos nunca tiveram permissão oficial para se casar? Porque era perigoso demais, para os donos de escravos, sequer pensar em permitir que algum cativo vivenciasse toda a gama de liberdade emocional e segredo íntimo que o casamento pode cultivar. O casamento representava um tipo de liberdade do coração, e nada disso poderia ser tolerado na população escravizada.

Por essa razão, Mount argumenta que, no decorrer dos séculos, as entidades poderosas sempre tentaram solapar os laços humanos naturais para aumentar o seu poder. Sempre que aparece um novo culto, religião ou movimento revolucionário, o jogo sempre começa do mesmo jeito: com um esforço para separar o indivíduo das lealdades pré-existentes. É preciso fazer um juramento de sangue de fidelidade total aos novos senhores, mestres, dogmas, deuses ou nações. Como escreve Mount, "é preciso renunciar a todos os outros bens e apegos mundanos e seguir a Bandeira, a Cruz, o Crescente ou a Foice e o Martelo". Em resumo, é preciso renegar a família real e jurar que *agora somos a sua família*. Além disso, é preciso abraçar os novos arranjos pseudofamiliares impostos de fora (como o mosteiro, o kibutz, o quadro do partido, a comuna, o pelotão, a gangue etc.). E quem prefere honrar a esposa, o marido, o amante acima do coletivo, é como se fracassasse e traísse o movimento e tem de ser condenado como reacionário, egoísta e até traidor.

Ainda assim, as pessoas continuam agindo dessa forma. Continuam a resistir ao coletivo e a escolher uma pessoa na massa para amar. Vimos isso acontecer nos primeiros dias do cristianismo, lembram? Os primeiros padres da Igreja ensinaram com bastante clareza ao povo que agora deviam preferir o celibato ao casamento. Esse seria o novo construto social. Embora seja verdade que alguns dos primeiros convertidos se tornaram celibatários, a maioria decididamente não o fez. No final, os líderes cristãos tiveram de ceder e aceitar que o casamento não acabaria. Os marxistas tiveram o mesmo problema quando tentaram criar uma nova ordem mundial em que as crianças seriam educadas em escolas comunitárias e onde não haveria nenhum apego específico entre os casais. Mas os comunistas não tiveram melhor sorte do que os primeiros cristãos ao tentar impor essa ideia. Os fascistas também não. Eles *influenciaram* o formato do casamento, mas não conseguiram *eliminar* o casamento.

Nem as feministas, devo admitir com toda a sinceridade. No início da revolução feminista, algumas ativistas mais radicais alimentavam o sonho de que, se tivessem opção, as mulheres liberadas sempre prefeririam os laços da irmandade e da solidariedade e não a instituição repressora do casamento. Algumas, como a feminista separatista Barbara Lipschutz, chegaram ao ponto de sugerir que as mulheres deveriam parar totalmente de fazer sexo, não só com os homens, mas também com outras mulheres, porque o sexo sempre seria um ato degradante e opressor. Portanto, o celibato e a amizade seriam os novos modelos para as relações femininas. "Ninguém precisa ser fodido" era o título do deplorável ensaio de Lipschutz; não são exatamente as mesmas palavras que São Paulo usaria, mas trata-se essencialmente dos mesmos princípios: os encontros carnais são sempre aviltantes e os parceiros românticos, no mínimo, nos afastam de um destino mais elevado e honroso. Mas Lipschutz e as suas seguidoras também não tiveram sorte na erradicação do desejo de intimidade sexual privada, assim como os primeiros cristãos, os comunistas e os fascistas. Muitas mulheres, inclusive mulheres muito inteligentes e liberadas, acabaram preferindo mesmo assim parcerias privadas com homens. E pelo que luta hoje a maioria das lésbicas feministas e ativistas? *Pelo direito de se casar*. Pelo direito de se tornarem mães e pais, de constituir família, de ter acesso a uniões legalmente reconhecidas. Querem estar *dentro* do matrimônio, configurando a sua história por dentro, não do lado de fora, jogando pedras na velha fachada decrépita.

Até Gloria Steinem, a personificação do movimento feminista americano, decidiu se casar pela primeira vez no ano 2000. Tinha 66 anos no dia do casamento e estava tão brilhante como sempre; temos de supor que sabia muito bem o que estava fazendo. Entretanto, para algumas seguidores suas, aquilo foi uma traição, como se um santo caísse da graça divina. Mas é importante observar que a própria Steinem viu o seu casamento como uma comemoração das vitórias feministas. Como explicou, caso tivesse se casado na década de 1950, quando "devia", teria realmente se transformado em propriedade do marido, ou no máximo numa auxiliar inteligente, como Phyllis, a matemática. Mas, no ano 2000, em boa parte graças ao seu próprio esforço incansável, o casamento evoluiu nos Estados Unidos, a ponto de uma mulher poder, ao mesmo tempo, ser esposa e pessoa humana, com toda a liberdade e os direitos civis intactos. Mas a decisão de Steinem ainda desapontou muitas feministas apaixonadas, que não conseguiram superar o insulto candente de que a sua líder destemida preferisse um homem à irmandade coletiva. De todas as almas da criação, até Gloria escolheu *uma* — e essa decisão deixou o resto todo de fora.

Mas não se pode impedir que as pessoas queiram o que querem, e muita gente, na verdade, quer intimidade com uma pessoa especial. E como não há intimidade sem privacidade, todos tendem a reagir bastante contra qualquer um ou qualquer coisa que interfira no desejo simples de ficar em paz com o ser amado. Embora as figuras de autoridade tentassem conter esse desejo no decorrer da história, não conseguiram nos forçar a abandoná-lo. Continuamos simplesmente a insistir no direito de nos ligarmos a outra alma de maneira oficial, emocional, física e material. Continuamos simplesmente a tentar, sem parar, por mais insensato que fosse, recriar o ser de duas cabeças e oito membros da união humana perfeita de Aristófanes.

Vejo essa ânsia funcionar por toda parte e, às vezes, da forma mais surpreendente. Algumas pessoas que conheço, muito anticonvencionais, muito tatuadas, muito contrárias ao sistema e socialmente rebeldes, se casam. Algumas pessoas sexualmente muito promíscuas que conheço se casam (em geral com resultado desastroso, mas ainda assim elas tentam). Algumas pessoas muito misantropas que conheço se casam, apesar do aparente desagrado geral com a humanidade. Na verdade, conheço pouquíssimas pessoas que não *tentaram* uma parceria monogâmica de longo prazo pelo menos uma vez na vida, de um modo ou de outro, mesmo que nunca tenham selado esses votos oficialmente numa igreja ou diante de um juiz. Na verdade, a maioria das pessoas que conheço experimenttou várias parcerias monogâmicas de longo prazo, mesmo que o seu coração ficasse totalmente destruído com a tentativa anterior.

Até Felipe e eu, dois desertores e sobreviventes do divórcio que nos orgulhávamos de um certo grau de autonomia boêmia, começamos a criar para nós um mundinho que lembrava suspeitosamente um casamento muito antes que as autoridades da imigração se metessem. Antes de sequer ouvirmos falar em agente Tom, morávamos juntos, fazíamos planos juntos, dormíamos juntos, dividindo recursos, construíamos a vida em torno um do outro, excluindo outras pessoas do nosso relacionamento... e que nome isso tem, senão casamento? Tivemos até uma cerimônia para selar a nossa fidelidade. (Ora, tivemos *duas*!) Estávamos configurando a nossa vida daquela maneira específica de parceria porque ansiávamos por alguma coisa. Como tantos de nós anseiam. Ansiamos pela intimidade privada mesmo que seja um risco emocional.

Ansiamos pela intimidade privada mesmo que a detestemos. Ansiamos pela intimidade privada mesmo que seja ilegal amar quem amamos.

Ansiamos pela intimidade privada mesmo quando nos dizem que deveríamos ansiar por outra coisa, algo melhor, algo mais nobre. *E não paramos de ansiar pela intimidade privada*, e por razões só nossas e profundamente pessoais. Ninguém jamais conseguiu explicar esse mistério inteiramente e ninguém jamais conseguiu nos impedir de querer.

Como escreve Ferdinand Mount, "apesar de todo esforço oficial para rebaixar a família, para reduzir o seu papel e até para eliminá-la, os homens e mulheres continuam obstinados não só a se acasalar e produzir filhos como a insistir em viver juntos em pares". (E, aliás, eu acrescentaria a essa ideia que homens e homens também insistem em viver juntos em pares. E que mulheres e mulheres também insistem em viver juntas em pares. E tudo isso deixa as autoridades ainda mais malucas.)

Diante dessa realidade, as autoridades repressoras sempre acabam cedendo, curvando-se finalmente à inevitabilidade da parceria humana. Mas não cedem sem luta, esses incômodos poderes constituídos. Há um padrão na sua desistência, um padrão que Mount afirma ser constante em toda a história ocidental. Primeiro, aos poucos as autoridades constatam que são incapazes de impedir que as pessoas prefiram a lealdade ao parceiro à lealdade a alguma causa maior e que, portanto, o casamento não vai desaparecer. Mas, assim que desistem de *eliminar* o casamento, tentam *controlá-lo*, criando todo tipo de limite e lei restritiva em torno do costume. Por exemplo, na Idade Média, quando finalmente se renderam à existência do matrimônio, os padres imediatamente amontoaram sobre a instituição uma pilha gigantesca de novas e duras condições: não haveria divórcio; o casamento teria de ser um sacramento sagrado e inviolável; ninguém poderia se casar fora das vistas do padre; as mulheres tinham de curvar-se à lei da *coverture* etc. Depois, a igreja quase enlouqueceu tentando impor ao casamento todo esse controle, até no nível mais íntimo da sexualidade conjugal privada.

Por exemplo, em Florença, no século XVII, um monge (e portanto, celibatário) chamado frei Cherubino foi encarregado da tarefa extraordinária de escrever, para maridos e mulheres cristãos, um manual que esclarecesse as regras sobre quais relações sexuais eram consideradas aceitáveis dentro do casamento cristão e quais não eram. "A atividade sexual", ensinava o frei Cherubino, "não deveria envolver os olhos, o nariz, as orelhas, a língua nem outras partes do corpo que não sejam de modo algum necessárias para a procriação". A esposa podia olhar as partes pudendas do marido, mas só se ele estivesse doente, e não porque fosse excitante, e "nunca vos permitais, mulher, ser vista nua por vosso marido". E embora fosse permissível aos cristãos tomarem banho de vez em quando, é claro que seria terrivelmente pecaminoso tentar cheirar bem para atrair sexualmente o cônjuge. Também nunca se devia beijar o cônjuge usando a língua. *Em lugar nenhum*! "O diabo sabe muito bem como agir entre marido e mulher", lamentava-se o frei Cherubino. "Ele os faz tocarem e beijarem não apenas as partes honestas, mas também as desonestas. Só de pensar nisso fico inundado de horror, medo e perplexidade..."

É claro que, no que dizia respeito à Igreja, o mais horrível, assustador e causador de perplexidade era o fato de o leito conjugal ser tão privado e, portanto, tão absolutamente incontrolável. Nem mesmo o monge florentino mais vigilante conseguiria impedir as investigações de duas línguas privadas num quarto particular no meio da noite. E nenhum monge conseguiria controlar o que todas essas línguas diziam depois que o ato de amor terminava — e talvez fosse essa a realidade mais ameaçadora de todas. Mesmo naquela época tão repressora, depois que as portas se fechavam e as pessoas podiam fazer suas escolhas, cada casal definia os seus termos de expressão íntima.

No final, os casais tendem a vencer.

Depois de não conseguir *eliminar* o casamento e depois de não conseguir *controlar* o casamento, as autoridades desistem e abraçam plenamente a tradição matrimonial. (O engraçado é que Ferdinand Mount chama isso de assinar o "tratado de paz unilateral".) Mas aí vem um estágio ainda mais esquisito: como o mecanismo de um relógio, os poderes constituídos tentarão cooptar a noção de matrimônio, chegando a ponto de fingir que foram eles que inventaram o casamento. É isso o que a liderança cristã conservadora vem fazendo no mundo ocidental já há vários séculos: agindo como se tivesse *criado* pessoalmente toda a tradição do casamento e dos valores familiares, quando na verdade a religião deles começou com um ataque bastante intenso ao casamento e aos valores familiares.

Esse é o padrão que aconteceu com os soviéticos e também com os chineses no século XX. Primeiro, os comunistas tentaram eliminar o casamento; depois, tentaram controlar o casamento; depois, fabricaram toda uma nova mitologia para afirmar que "a família" sempre foi a coluna vertebral da boa sociedade comunista, você não sabia?

Enquanto isso, durante toda essa história retorcida, durante todo o vaivém de ditadores, déspotas, padres e agressores, o povo continuou se casando, ou seja lá como se queira chamar isso a cada momento. Por mais que as uniões fossem disfuncionais, tumultuadas e insensatas, ou mesmo secretas, ilegais, sem nome e rebatizadas, todos continuaram a insistir em se fundir um com o outro segundo termos próprios. Lidaram com todas as mudanças legais e contornaram todas as restrições limitadoras da sua época para obter o que queriam. Ou simplesmente *ignoraram* todas as restrições limitadoras da época! Como se queixou um ministro anglicano da colônia americana de Maryland, em 1750, se fosse obrigado a reconhecer como "casados" apenas os casais que tivessem selado oficialmente a situação numa igreja teria de considerar bastardos "nove décimos das pessoas deste condado".

Ninguém espera permissão; todos vão adiante e criam o que precisam. Até os escravos africanos dos primórdios da história norte-americana inventaram uma forma profundamente subversiva de casamento, chamada "casamento da vassoura", em que o casal pulava sobre um cabo de vassoura enviesado num portal e se declarava casado. E ninguém podia impedir esses escravos de assumir esse compromisso oculto num momento de invisibilidade roubada.

Assim, vista sob essa luz, para mim toda a noção de casamento ocidental muda — muda a ponto de parecer revolucionária, de forma tranquila e pessoal. É como se todo o quadro histórico se deslocasse um delicado centímetro e, de repente, tudo se alinhasse de outra forma. De repente, o casamento legal começa a parecer menos uma *instituição* (um sistema estrito, estático, tacanho e desumanizador imposto por autoridades poderosas a indivíduos indefesos) e mais uma *concessão* bastante desesperada (uma tentativa das autoridades indefesas de monitorar o comportamento incontrolável de dois indivíduos poderosíssimos).

Portanto, não somos nós, como indivíduos, que devemos nos curvar com desconforto à instituição do casamento; em vez disso, é a instituição do casamento que tem de se curvar com desconforto diante de nós. Afinal, "eles" (os poderes constituídos) nunca conseguiram impedir totalmente que "nós" (duas pessoas) interligássemos a nossa vida e criássemos um mundo secreto só nosso. E assim, "eles" acabam não tendo opção senão permitir legalmente a "nós" que nos casemos, de algum modo ou forma, por mais restritivas que possam parecer as suas determinações. O governo vai correndo atrás do povo, se esforçando para acompanhar o ritmo, atrasado e em desespero (e, muitas vezes, de forma ineficaz e até cômica), criando regras e tradições em torno de algo que sempre faremos, queiram ou não.

Assim, talvez o tempo todo eu tenha entendido essa história deliciosamente ao contrário. Dizer que a sociedade inventou o casamento e depois obrigou os seres humanos a se unirem talvez seja absurdo. É como sugerir que a sociedade inventou os dentistas e depois obrigou as pessoas a ter dentes. *Nós* inventamos o casamento. Os casais inventaram o casamento. Também inventamos o divórcio, veja bem. E inventamos também a infidelidade, além do sofrimento romântico. Na verdade, inventamos toda essa bagunça horrível de amor, intimidade, aversão, euforia e fracasso. Mas o mais importante, o mais subversivo, o mais teimoso, é que inventamos a *privacidade*.

Até certo ponto, portanto, Felipe estava certo: o casamento é um jogo. Eles (os ansiosos e poderosos) dão as regras. Nós (os comuns e subversivos) nos curvamos obedientes a essas regras. *E aí vamos para casa e fazemos o que queremos de qualquer jeito.*

Parece que aqui estou tentando me convencer de alguma coisa?

Gente, aqui *estou* tentando me convencer de alguma coisa.

Este livro inteiro, cada página dele, foi um esforço de vasculhar a história complexa do casamento ocidental até descobrir nela um lugarzinho confortável para mim. Esse conforto nem sempre é fácil de achar. No dia do casamento da minha amiga Jean, há trinta anos, ela perguntou à mãe:

— Todas as noivas se sentem assim tão apavoradas quando estão prestes a se casar?

E a mãe respondeu, enquanto abotoava calmamente o vestido branco da filha:

— Não, querida. Só as que pensam.

Bom, estive pensando muito sobre tudo isso. Para mim, não foi fácil pular para dentro do casamento, mas talvez não devesse mesmo ser fácil. Talvez seja bom que eu tivesse de ser convencida a me casar — até mesmo vigorosamente convencida —, ainda mais porque sou mulher e porque o casamento nem sempre tratou bem as mulheres.

Algumas culturas parecem entender melhor do que outras a necessidade de convencimento conjugal feminino. Em algumas culturas, a tarefa de incitar vigorosamente a mulher a aceitar um pedido de casamento evoluiu para uma cerimônia e até para uma verdadeira forma de arte. Em Roma, no bairro operário de Trastevere, uma forte tradição ainda exige que o rapaz que quer se casar com uma moça faça uma serenata pública para a amada diante da casa onde ela mora. Ele tem de pedir a mão dela cantando, bem ali, na rua, onde todos podem ver. É claro que muitas culturas mediterrâneas têm esse tipo de tradição, mas em Trastevere eles levam tudo muito a sério.

A cena sempre começa da mesma maneira. O rapaz chega à casa da amada com um grupo de amigos e vários violões. Eles se juntam debaixo da janela da moça e cantam a plenos pulmões, no sonoro e rude dialeto local, uma música com o título nada romântico de "*Roma, nun fa'la stupida stasera!*" ("Roma, não seja estúpida esta noite!"). Afinal, na verdade o rapaz não está cantando diretamente para a amada; ele não ousaria. O que ele quer dela (a mão, a vida, o corpo, a alma, a devoção) é tão monumental que é assustador demais fazer o pedido diretamente. Em vez disso, ele dirige o canto a toda a cidade de Roma, gritando com Roma numa urgência emocional que é crua, crassa e insistente. Com todo o seu coração, ele implora à cidade que o ajude nessa noite a seduzir essa mulher a se casar.

"Roma, não seja estúpida esta noite!", canta o rapaz sob a janela da moça. "Ajude-me! Afaste as nuvens do rosto da Lua, só para nós! Que cintilem as estrelas mais brilhantes! Sopre, seu vento oeste filho da puta! Sopre o seu ar perfumado! Que pareça ser primavera!"

Quando os primeiros acordes dessa música conhecida começam a soar pelo bairro, todos vão à janela, e assim começa a parte espantosa da participação do público na diversão da noite. Todos os homens ao alcance da voz se inclinam para fora da janela e sacodem o punho para o céu, ralhando com a cidade de Roma por não ajudar devidamente o rapaz com o seu pedido de casamento. Todos os homens bradam em uníssono: "Roma, não seja estúpida esta noite! Ajude-o!"

Então, a moça em pessoa, o objeto do desejo, chega à janela. Ela também tem de cantar uma estrofe da música, mas a sua letra é muito diferente. Quando chega a sua vez, ela também implora que Roma não seja estúpida esta noite. Também pede à cidade que a ajude. Mas o que ela pede é totalmente diferente. Ela pede forças para recusar o pedido de casamento.

"Roma, não seja estúpida esta noite!", implora ela cantando. "Devolva as nuvens por sobre a Lua! Esconda as estrelas mais brilhantes! Pare de soprar, seu vento oeste filho da puta! Esconda o ar perfumado da primavera! Me ajude a resistir!"

Todas as mulheres do bairro botam o corpo para fora das *suas* janelas e cantam bem alto, junto com a moça: "Roma, por favor, a ajude!"

Isso vira um duelo desesperado entre as vozes dos homens e das mulheres. A cena fica tão furiosa que parece mesmo que todas as mulheres de Trastevere imploram pela vida. O mais estranho é que parece que todos os homens de Trastevere também imploram pela vida.

No fervor da troca, é fácil deixar de ver que, no final, é tudo apenas um jogo. Desde o início da serenata, afinal de contas, todos sabem como a história vai acabar. Se a moça chegou à janela, se ela apenas olhou o pretendente na rua, significa que já aceitou o pedido de casamento. Ao simplesmente participar da sua metade do espetáculo, a moça demonstrou o seu amor. Mas, por certa sensação de orgulho (ou talvez por certa sensação de medo muito justificável), a moça deve esquivar-se, no mínimo para exprimir as suas dúvidas e hesitações. Tem de deixar bem claro que será preciso todo o grande poder do amor desse rapaz, combinado com toda a beleza épica de Roma, todo o brilho das estrelas, toda a sedução da Lua cheia e todo o perfume daquele vento oeste filho da puta para que diga sim.

Devido a tudo com que ela está concordando, pode-se argumentar que todo esse espetáculo e toda essa resistência são necessários.

De qualquer modo, foi disso que também precisei: uma música clamorosa de autopersuasão sobre casamento, cantada a plenos pulmões na minha rua, debaixo da minha janela, até que finalmente eu conseguisse relaxar e aceitar. O tempo todo, foi esse o propósito de tanto esforço. Por isso, me desculpem se, no fim da história, parece que estou me agarrando a qualquer bobagem para chegar a conclusões confortadoras sobre matrimônio. Preciso dessas bobagens; preciso desse conforto. Sem dúvida, precisei da teoria tranquilizadora de Ferdinand Mount de que, quando se olha o casamento sob certa luz, dá para defender que a instituição é intrinsecamente subversiva. Recebi essa teoria como um ótimo bálsamo calmante. Agora, talvez essa teoria não sirva para você. Talvez você não precise dela como precisei. Talvez a tese de Mount nem seja historicamente correta. Ainda assim, *fico com ela*. Como boa quase-brasileira, vou pegar esse verso da música do convencimento e me apossar dele, não só porque me encoraja, mas porque, na verdade, também me excita.

Com isso, encontrei finalmente o meu cantinho dentro da história longa e interessante do matrimônio. Assim, é aqui que amarro o meu burro, bem aqui, nesse lugar de subversão tranquila, com todas as lembranças dos outros casais teimosos e apaixonados de todos os tempos que também suportaram todo tipo de bobagem irritante e invasiva para conseguir o que, no fundo, queriam: um pouquinho de privacidade para praticar o amor.

Finalmente, sozinha naquele canto com o meu querido, tudo dará certo, e tudo dará certo, e todo tipo de coisa dará certo.

CAPÍTULO OITO

Casamento e cerimônia

NADA DE NOVO POR AQUI, EXCETO QUE ME CASEI,
O QUE PARA MIM É RAZÃO DE PROFUNDO ESPANTO.

Abraham Lincoln, numa carta de 1842 a Samuel Marshall

Depois disso, tudo foi muito rápido.

Em dezembro de 2006, Felipe ainda não tinha obtido os documentos de imigração, mas sentíamos que a vitória estava próxima. Na verdade, *decidimos* que a vitória estava próxima e, assim, avançamos e fizemos a única coisa específica que o Departamento de Segurança Interna diz expressamente que não se deve fazer durante a espera do visto de imigração do parceiro: planos.

A primeira prioridade? Precisávamos de um lugar permanente para morar depois de casados. Chega de alugar, chega de perambular. Precisávamos de uma casa só nossa. Assim, enquanto ainda estava lá em Bali com Felipe, comecei a procurar casas na internet, a sério e abertamente, atrás de alguma coisa num lugar rural e tranquilo a uma distância confortável de minha irmã na Filadélfia. É meio maluco procurar casa quando não podemos, na verdade, *ver* as casas, mas eu tinha uma imagem clara do que precisávamos: um lar inspirado no poema da minha amiga Kate Light sobre a sua versão de domesticidade perfeita: "Uma casa no campo para descobrir a verdade/ algumas camisas de linho, algumas obras de arte/ e você."

Eu sabia que reconheceria o lugar quando o encontrasse. E aí encontrei, escondido numa cidadezinha fabril em Nova Jersey. Ou melhor, na verdade não era uma casa, mas uma igreja — uma capela presbiteriana quadrada e minúscula, construída em 1802, que alguém transformou habilmente em moradia. Dois quartos, uma cozinha compacta e um grande santuário onde a congregação costumava se reunir. Janelas de vidro ondulado com quatro metros e meio de altura. Um bordo grande no jardim da frente. Era isso. Do outro lado do planeta, fiz uma oferta sem sequer ver a propriedade pessoalmente. Alguns dias depois, lá na distante Nova Jersey, os proprietários aceitaram a minha oferta.

— Temos uma casa! — anunciei triunfante a Felipe.

— Que maravilha, querida — disse ele. — Agora só precisamos de um país.

Assim, parti para nos garantir um país, ora bolas. Voltei sozinha aos Estados Unidos, pouco antes do Natal, e cuidei de todos os nossos negócios.

Assinei os documentos da compra da casa, tirei os nossos pertences do depósito, aluguei um carro, comprei um colchão. Encontrei um lugar numa aldeia próxima para guardar as mercadorias e pedras preciosas de Felipe. Registrei o negócio dele como empresa em Nova Jersey. Tudo isso antes mesmo de saber com certeza se ele teria permissão de voltar ao país. Em outras palavras, eu nos instalei antes mesmo que fôssemos oficialmente "nós".

Enquanto isso, em Bali, Felipe mergulhou nos últimos preparativos frenéticos para a futura entrevista no consulado americano em Sydney. Conforme a data da entrevista se avizinhava (diziam que seria em algum dia de janeiro), as nossas conversas à distância se tornaram quase totalmente administrativas. Perdemos toda noção de romance — não havia tempo para isso — enquanto eu estudava as listas burocráticas uma dúzia de vezes, para garantir que ele conseguira todos os documentos que teria de mostrar às autoridades americanas. Em vez de lhe mandar mensagens de amor, agora eu lhe enviava e-mails dizendo: "Querido, o advogado diz que tenho de ir à Filadélfia buscar pessoalmente os formulários, porque têm um código de barras especial que não dá para passar por fax. Assim que eu lhe enviar, a primeira coisa que você tem de fazer é assinar e datar o formulário DS-230 Parte I e mandá-lo para o consulado com os anexos. Você vai ter de levar o DS-156 original e todos os outros documentos da imigração para a entrevista, mas não se esqueça: enquanto não estiver lá na frente do entrevistador americano, NÃO ASSINE O FORMULÁRIO DS-156!!!"

No entanto, quase no último minuto, poucos dias antes da data marcada para a entrevista, percebemos que tínhamos dançado. Faltava a cópia da ficha policial de Felipe no Brasil. Ou melhor, faltava um documento que provasse que Felipe *não tinha* uma ficha policial no Brasil. Não sei como essa peça fundamental do dossiê escapou à nossa atenção. Seguiu-se uma horrível agitação de pânico. Isso atrasaria todo o processo? Seria possível conseguir um nada-consta brasileiro sem que Felipe tivesse de ir ao Brasil buscá-lo pessoalmente?

Depois de alguns dias de telefonemas internacionais complicadíssimos, Felipe conseguiu convencer Armênia, a nossa amiga brasileira, mulher de carisma e engenhosidade muito louvados, a ficar na fila o dia inteiro, numa delegacia do Rio de Janeiro, para convencer o inspetor a entregar a ela o nada-consta brasileiro de Felipe. (Houve uma certa simetria poética no fato de que, no final, foi ela que nos salvou, pois foi ela quem nos apresentou três anos antes num jantar em Bali.) Depois, Armênia mandou os documentos num voo noturno para Felipe em Bali, bem a tempo de ele voar até Jacarta durante a monção para procurar um tradutor juramentado que pudesse passar toda aquela papelada brasileira para o inglês necessário na presença do único tabelião de língua portuguesa autorizado pelo governo americano em toda a nação da Indonésia.

— É tudo muito simples — me tranquilizou Felipe no meio da noite, telefonando de um riquixá na torrencial chuva javanesa. — Vamos conseguir. Vamos conseguir. Vamos conseguir.

Na manhã de 18 de janeiro de 2007, Felipe era o primeiro da fila no consulado americano em Sydney. Não dormia havia dias, mas estava pronto, levando consigo uma pilha de papéis de complexidade apavorante: registros do governo, exames médicos, certidões de nascimento e montes de outras provas. Não cortava o cabelo havia muito tempo e ainda calçava as sandálias da viagem. Mas tudo bem. Não davam a mínima para a aparência dele, bastava estar de acordo com a lei. E, apesar de algumas perguntas irritadas do agente da Imigração sobre o que exatamente Felipe fora fazer na península do Sinai em 1975 (a resposta? apaixonar-se por uma linda mocinha israelense de 17 anos, naturalmente), a entrevista correu bem. E quando tudo acabou, finalmente, com aquele *tump* gratificante e bibliotecário no passaporte, lhe concederam o visto.

— Boa sorte no seu casamento — disse o agente americano ao meu noivo brasileiro, e Felipe estava livre.

Na manhã seguinte, pegou um voo da Chinese Airlines que o levou de Sydney para Taipei e depois para o Alasca. Em Anchorage, conseguiu passar pela alfândega e pela Imigração americanas e embarcou num avião para o aeroporto JFK. Algumas horas depois, percorri uma noite de inverno geladíssima para recebê-lo.

E, embora eu goste de acreditar que me aguentei com um mínimo de estoicismo durante os dez meses anteriores, tenho de confessar que desmoronei totalmente assim que cheguei ao aeroporto. Agora que ele estava tão perto de estar em casa são e salvo, todos os temores que eu vinha sufocando desde a prisão de Felipe começaram a transbordar às claras. Fiquei tonta, comecei a tremer e, de repente, tive medo de tudo. Tive medo de estar no aeroporto errado, na hora errada, no dia errado. (Devo ter conferido o itinerário 75 vezes, mas ainda estava preocupada.) Tive medo de que o avião de Felipe caísse. Tive um medo retroativo e quase insano de que ele não passasse na entrevista de imigração na Austrália, quando, na verdade, ele tinha acabara de *ser aprovado* na entrevista de imigração na Austrália um dia antes.

E mesmo então, mesmo que o quadro de chegadas anunciasse claramente que o voo dele tinha pousado, tive um medo perverso de que o avião *não* tivesse pousado, que nunca pousasse. *E se ele não sair do avião? E se ele sair do avião e for preso de novo? Por que estava demorando tanto para sair do avião?* Eu examinava o rosto de todos os passageiros que desciam o corredor do desembarque, procurando Felipe da forma mais ridícula. Irracionalmente, tive de olhar duas vezes cada velhinha chinesa de bengala e cada criança de colo para ter absoluta certeza de que não era ele. Estava com dificuldade de respirar. Como uma criança perdida, quase corri para pedir ajuda a um policial — mas ajuda em *quê*?

Então, de repente, era ele.

Eu o reconheceria em qualquer lugar. Para mim, o rosto mais familiar do mundo. Ele vinha correndo pelo desembarque, procurando por mim com a mesma expressão ansiosa que tenho certeza de que eu também exibia. Vestia as mesmas roupas do dia em que fora preso em Dallas, dez meses antes, as mesmas roupas que vinha usando praticamente todos os dias durante todo aquele ano, pelo mundo inteiro. Estava meio puído nas beiradas, é verdade, mas para mim parecia poderoso assim mesmo, os olhos ardentes com o esforço de me avistar na multidão. Não era uma velhinha chinesa, não era uma criança de colo, não era mais ninguém. Era Felipe, o meu Felipe, o meu ser humano, a minha bala de canhão — e aí ele me viu, e veio voando para mim, e quase me derrubou com a força do impacto.

"Rodamos e rodamos até voltarmos para casa, nós dois", escreveu Walt Whitman. "Esvaziamos tudo menos a liberdade e tudo menos a nossa alegria."

E agora, não conseguíamos nos soltar, e por alguma razão eu simplesmente não conseguia parar de chorar.

Dali a poucos dias, nos casamos. Nos casamos na nossa casa nova, naquela velha igreja esquisita, numa tarde fria de domingo, em fevereiro. Acontece que é muito conveniente possuir uma igreja quando temos de nos casar.

A certidão de casamento nos custou 28 dólares e o xerox de uma conta de luz, água ou telefone. Os convidados foram: meus pais (casados há quarenta anos), meu tio Terry com a tia Deborah (casados há vinte anos), minha irmã com o marido (casados há quinze anos), meu amigo Jim Smith (divorciado há 25 anos) e Toby, o cachorro da família (nunca casado, bissimpatizante). Todos gostaríamos que os filhos de Felipe (solteiros) tivessem vindo também, mas o casamento aconteceu tão depressa que não havia como eles chegarem a tempo da Austrália. Tivemos de nos contentar com alguns telefonemas empolgados, mas não podíamos nos atrasar. Precisávamos selar o acordo imediatamente para proteger o lugar de Felipe em solo americano com um vínculo legal inviolável.

No final, decidimos que, afinal de contas, queríamos algumas testemunhas no nosso casamento. O meu amigo Brian estava certo: o casamento não é um ato de oração privada. Em vez disso, é uma questão tanto pública quanto privada, com consequências no mundo real. Embora os termos íntimos do nosso relacionamento pertençam sempre apenas a mim e a Felipe, era importante lembrar que uma pequena parte do nosso casamento sempre pertenceria também à nossa família, a todas aquelas pessoas que seriam as mais afetadas pelo nosso sucesso ou pelo nosso fracasso. Assim, precisavam estar presentes naquele dia para enfatizar essa questão. Também tive de admitir que outra pequena parte dos nossos votos, queiramos ou não, sempre pertenceriam ao Estado. Afinal de contas, foi isso que tornou esse casamento legal.

Mas a menor parte e a mais interessante dos nossos votos pertencia à história, a cujos pés imensos e impressionantes todos temos de acabar nos curvando. O ponto onde pousamos na história determina, em boa parte, como serão e soarão os votos do casamento. Como por acaso Felipe e eu pousamos bem aqui, nessa pequena cidade fabril do "estado-jardim" de Nova Jersey no ano de 2007, decidimos não fazer as nossas promessas pessoais idiossincrásicas por escrito (afinal de contas, isso já tínhamos feito em Knoxville), mas reconhecer o nosso lugar na história repetindo os votos básicos e seculares daquele mesmo estado. Era como um gesto adequado de concordância com a realidade.

É claro que a minha sobrinha e meu sobrinho também compareceram ao casamento. Nick, o gênio teatral, estava ali para ler um poema comemorativo.

E Mimi? Ela me encurralara uma semana antes e perguntara:

— Esse vai ser um casamento *de verdade* ou não?

— Depende — respondi. — Para você, o que é um casamento de verdade?

— Casamentos de verdade têm daminha — respondeu Mimi. — Uma daminha de vestido rosa. E que leve flores. Não um *buquê* de flores, mas uma *cestinha* com pétalas de rosa. E não pétalas de rosa cor de rosa, mas pétalas de rosas *amarelas*. E a daminha vai entrar na frente da noiva, jogando no chão as pétalas de rosas amarelas. Vai ter isso?

— Não sei — disse eu. — Acho que depende de encontrarmos por aí alguma menina que consiga fazer o serviço. Tem alguma sugestão?

— Acho que *eu* conseguiria — respondeu ela lentamente, olhando para longe com uma demonstração perfeita de falsa indiferença. — Quero dizer, se você não encontrar mais ninguém...

E assim, tivemos um casamento de verdade, mesmo segundo os padrões exigentes de Mimi. Mas, fora a nossa arrumadíssima daminha, foi uma cerimônia bem informal. Usei o meu suéter vermelho preferido. O noivo usou camisa azul (a que estava limpa). Jim Smith tocou violão, e a minha tia Deborah, cantora de ópera formada, cantou "La Vie en Rose" só para Felipe. Parece que ninguém ligou para o fato de que a casa ainda estava cheia de caixotes e quase sem mobília. O único cômodo que dava para usar direito era a cozinha, e isso para que Felipe pudesse preparar um almoço de casamento para todos. Ele estava cozinhando havia dois dias e tivemos de lembrá-lo de tirar o avental quando chegou a hora de nos casarmos. ("Ótimo sinal", observou a minha mãe.)

O nosso casamento foi realizado por um bom homem chamado Harry Furstenberger, prefeito dessa cidadezinha de Nova Jersey. Quando o prefeito Harry entrou pela porta, meu pai lhe perguntou diretamente:

— O senhor é democrata ou republicano? — porque sabia que, para mim, isso era importante.

— Republicano — disse o prefeito Harry.

Seguiu-se um momento tenso de silêncio. Então, minha irmã me cochichou:

— Liz, na verdade, para esse tipo de coisa, é bom você *querer* um republicano. Só para garantir que o casamento seja aceito pela Segurança Interna, sabe?

E fomos em frente.

Todos vocês conhecem o padrão básico de votos conjugais americanos e não vou repetir tudo aqui. Basta dizer que repetimos tudo lá. Sem ironia nem hesitação, trocamos os nossos votos na presença da minha família, na presença do nosso amigável prefeito republicano, na presença de uma daminha de verdade e na presença de Toby, o cão. Na verdade, Toby, ao sentir a importância do momento, se enrolou no chão bem entre mim e Felipe na hora exata em que selávamos essas promessas. Tivemos de nos inclinar sobre ele para nos beijar. Isso foi auspicioso; nos retratos de casamento medievais, é comum ver a imagem de um cão pintado entre os recém-casados — o símbolo supremo da *fidelidade*.

Quando tudo terminou — e, na verdade, não levou muito tempo, considerando-se a magnitude do evento — Felipe e eu estávamos final e legalmente casados. Depois, todos nos sentamos juntos para almoçar: o prefeito, o meu amigo Jim, a minha família, as crianças e o meu novo marido. Naquela tarde, eu não tinha como saber com certeza quanta paz e contentamento me aguardavam nesse casamento (leitor: *agora eu sei*), mas me senti calma e grata mesmo assim. Foi um dia maravilhoso. Houve muito vinho e muitos brindes. Os balões que Nick e Mimi tinham trazido subiram lentamente para o teto empoeirado da velha igreja e lá ficaram balançando sobre nós. Todos poderiam ter ficado mais tempo, mas ao anoitecer começou a gear e os nossos convidados juntaram os pertences e casacos, ansiosos para pegar a estrada enquanto ainda dava.

Logo, todos foram embora.

E Felipe e eu finalmente ficamos sozinhos para lavar os pratos do almoço e começar a arrumar a nossa casa.

Agradecimentos

Este livro não é uma obra de ficção. Recriei todas as conversas e incidentes da melhor maneira possível, mas às vezes, em nome da coerência narrativa, juntei num trecho só fatos e conversas que podem ter ocorrido no decorrer de vários dias. Além disso, mudei o nome de alguns personagens da história (mas não todos) para proteger a privacidade de algumas pessoas que talvez não pretendessem, quando os seus caminhos se cruzaram por acaso com o meu, aparecer depois num livro. Agradeço a Chris Langford por me ajudar a encontrar apelidos adequados para essa boa gente.

Não sou acadêmica profissional, socióloga, psicóloga nem especialista em casamento. Fiz o que pude neste livro para discutir a história do matrimônio da maneira mais exata possível, mas, para isso, tive de me basear muito na obra de estudiosos e escritores que dedicaram ao tema toda a sua vida profissional. Não vou listar aqui uma bibliografia inteira, mas quero exprimir a minha gratidão especial a alguns autores específicos.

A obra da historiadora Stephanie Coontz foi a luz que me guiou nesses três últimos anos de estudo, e não posso deixar de recomendar o seu livro fascinante e extremamente gostoso de ler, *Marriage: A History* (Casamento: uma história). Também tenho uma dívida enorme para com Nancy Cott, Eileen Powers, William Jordan, Erika Uitz, Rudolph M. Bell, Deborah Luepnitz, Zygmunt Bauman, Leonard Shlain, Helen Fisher, John Gottman e Julie Schwartz-Gottman, Evan Wolfson, Shirley Glass, Andrew J. Cherkin, Ferdinand Mount, Anne Fadiman (pelo texto extraordinário sobre os hmong),

Allan Bloom (pelas elucubrações sobre a linha divisória filosófica entre gregos e hebraicos), os muitos autores do estudo sobre casamento da Universidade Rutgers e o mais delicioso e inesperado: Honoré de Balzac.

Além desses escritores, a pessoa mais influente na configuração deste livro foi a minha amiga Anne Connell, que revisou, conferiu os fatos e corrigiu o manuscrito minuciosamente com os seus olhos biônicos, o mágico lápis dourado e a perícia inigualável nas "redes da internet". Ninguém — e quero dizer ninguém mesmo — chega aos pés da Escrutatrix em meticulosidade editorial. Tenho de agradecer a Anne pelo fato de este livro estar dividido em capítulos, de a palavra "realmente" não aparecer quatro vezes em cada parágrafo e de todas as rãs destas páginas terem sido corretamente identificadas como anfíbios e não como répteis.

Agradeço a minha irmã Catherine Gilbert Murdock, que, além de escritora talentosa de ficção para jovens (o seu maravilhoso *Dairy Queen* é leitura indispensável para todas as meninas pensantes de 10 a 16 anos), é também minha amiga muito amada e o maior modelo intelectual da minha vida. Ela também leu este livro com cuidado prolongado, me salvando de muitos erros de pensamento e de falhas de sequência. Dito isso, o que mais me espanta não é tanto a compreensão abrangente que Catherine tem da história ocidental, mas o seu estranho talento de saber, sei lá como, o quanto a irmã saudosa precisa receber por via aérea pijamas novos, mesmo quando essa irmã está em Bangcoc se sentindo muito solitária. Em troca de toda a gentileza e generosidade de Catherine, eu lhe dediquei uma única nota de rodapé redigida com amor.

Agradeço a todos os outros leitores prévios deste livro pelas ideias e encorajamento: Darcey, Cat, Ann (a palavra "paquidérmica" é para ela), Cree, Brian (entre nós, este livro sempre será chamado de *Casamentos e despejos*), mamãe, papai, Sheryl, Iva, Bernadette, Terry, Deborah (que sugeriu gentilmente que talvez eu quisesse mencionar a palavra "feminismo" num livro sobre casamento), tio Nick (o meu mais leal defensor desde sempre), Susan, Shea (que, durante horas e horas e horas, escutou as minhas primeiras ideias sobre este assunto), Margaret, Sarah, Jonny e John.

Agradeço a Michael Knight por me oferecer um emprego e uma sala em Knoxville, em 2005, e por me conhecer bastante bem para perceber que eu preferiria muito mais morar num velho hotel-residência maluco do que em todos os outros pontos da cidade.

Agradeço a Peter e Marianne Blythe por dividir com Felipe o sofá e a coragem quando ele pousou na Austrália desesperado e recém-saído da cadeia. Com dois bebês novinhos, um cachorro, um passarinho e a maravilhosa e pequena Tayla, todos morando sob o mesmo teto, a casa dos Blythe já estava cheia demais, mas Peter e Marianne deram um jeito de abrir espaço para mais um refugiado carente. Também agradeço a Rick e Clare Hinton, em Canberra, por conduzir a parte australiana do processo de imigração de Felipe e por cuidar diligentemente da correspondência. Mesmo a meio mundo de distância, foram vizinhos perfeitos.

Por falar em grandes australianos, agradeço a Erica, Zo e Tara, meus espantosos enteados e nora, por me receber tão bem na sua vida. Tenho de dar especialmente a Erica o crédito pelo cumprimento mais doce que já recebi na vida: "Obrigada, Liz, por não ser uma loira burra." (Obrigada, querida. E o mesmo para você.)

Agradeço a Ernie Sesskin, Brian Foster e Eileen Marolla por conduzir, por pura bondade imobiliária do seu coração, toda a transação complicada de ajudar Felipe e eu a comprar uma casa em Nova Jersey estando no outro lado do mundo. Não há nada melhor do que receber uma planta desenhada à mão às três da manhã para saber que alguém nos dá apoio.

Agradeço a Armênia de Oliveira por entrar em ação no Rio de Janeiro e salvar o processo de imigração de Felipe bem no finalzinho. Também na frente brasileira, como sempre, tivemos os maravilhosos Claucia e Fernando Chevarria, que foram tão incansáveis na busca dos antigos registros militares quanto no encorajamento e no amor.

Agradeço a Brian Getson, o nosso advogado de imigração, pela meticulosidade e paciência, e agradeço a Andrew Brenner por ter nos ajudado a encontrar Brian.

Agradeço a Tanya Hughes (por me oferecer um quarto só meu no começo deste processo) e Rayya Elias (por me oferecer um quarto só meu no final).

Agradeço a Roger LaPhoque e ao dr. Charles Henn pela hospitalidade e elegância no oásis acessível do Atlanta Hotel, em Bangcoc. O Atlanta é uma maravilha que é preciso ver para crer, e nem assim dá para acreditar.

Agradeço a Sarah Chalfant pela confiança infinita em mim e pelos anos de proteção envolvente e constante. Agradeço a Kassie Evashevski, Ernie Marshall, Miriam Feuerle e Julie Mancini por fechar o círculo.

Agradeço a Paul Slovak, Clare Ferraro, Kathryn Court e a todo mundo da Viking Penguin pela paciência enquanto eu escrevia este livro. Não resta muita gente no mundo das editoras capaz de dizer "Leve o tempo necessário" para uma escritora que acabou de furar um prazo importante. Durante todo esse processo, ninguém (a não ser eu mesma) me pressionou de modo algum, e essa foi uma dádiva rara. O seu carinho remonta a um modo mais antigo e gracioso de fazer negócios e sou grata por ter sido a destinatária de tanta decência.

Agradeço à minha família, principalmente aos meus pais e à minha avó Maude Olson, por não hesitar em permitir que eu examinasse por escrito os meus sentimentos mais pessoais sobre algumas das decisões mais complicadas que tomaram na vida.

Agradeço ao agente Tom do Departamento de Segurança Interna dos Estados Unidos por tratar Felipe com um grau de gentileza tão inesperado durante a sua prisão. E essa é a frase mais surreal que já escrevi na vida, mas aí está. (Nem mesmo sabemos se o seu nome é mesmo "Tom", mas foi assim que nos lembramos, e espero que pelo menos o senhor saiba quem é: um agente do destino muito improvável que tornou uma experiência ruim bem menos pior do que poderia ser.)

Agradeço a Frenchtown por nos trazer para casa.

Finalmente, ofereço a minha maior gratidão ao homem que hoje é meu marido. Por natureza, ele é uma pessoa discreta, mas infelizmente a sua privacidade acabou no dia em que me conheceu. (Hoje, uma quantidade absurda de estranhos do mundo inteiro o conhece como "aquele brasileiro de *Comer, rezar amar*".) Em minha defesa, tenho a dizer que lhe dei uma oportunidade prévia de evitar toda essa exposição. Naquela época, quando ainda estávamos namorando, houve um momento estranho em que tive de confessar que era escritora e explicar o que isso significaria para ele. Avisei que, se ficasse comigo, acabaria revelado nos meus livros e histórias. Não havia como contornar; simplesmente, era assim. Deixei claro que a melhor opção seria ir embora bem ali, quando ainda havia tempo para escapar com a dignidade e a discrição intactas.

Mas, apesar de todos os meus avisos, ele ficou. E ainda está comigo. Acredito que esse foi um grande ato de amor e compaixão por parte dele. Em certo ponto da história, parece que esse homem maravilhoso percebeu que a minha vida não teria mais um enredo coerente sem ele no centro.

Este livro foi impresso na
LIS GRÁFICA E EDITORA LTDA.
Rua Felício Antônio Alves, 370 – Bonsucesso
CEP 07175-450 – Guarulhos – SP
Fone: (11) 3382-0777 – Fax: (11) 3382-0778
lisgrafica@lisgrafica.com.br – www.lisgrafica.com.br